MAX PEINKOFER

Werke I

# Der Brunnkorb

Mit Zeichnungen
von Paul Ernst Rattelmüller

VERLAG PASSAVIA PASSAU

© 1988
4. Auflage
Printed in Germany
Gesamtherstellung: Passavia Druckerei GmbH Passau
Verlag Passavia Passau
ISBN 3 87616 060 X

## VORWORT

Dieses anspruchslose Heimatbuch, im Herbst 1947 erstmals in stattlicher Auflage erschienen und seit Jahren vergriffen, hat die Zustimmung der geneigten Leser und aller Besprecher gefunden. Es wurde und wird immer wieder verlangt. Daß mein »Brunnkorb« bei der Passavia eine gute neue Heimat finden durfte, freut mich um so mehr, als mich mit ihr seit mehr als vier Jahrzehnten freundschaftliche Zusammenarbeit verbindet.

Für diese Ausgabe haben sich einige Verbesserungen, Berichtigungen und Zusätze notwendig gemacht. Ausdrücklich sei bemerkt, manche der Abschnitte sind schon vor vielen Jahren erstmals veröffentlicht worden. Somit entsprechen leider einige Schilderungen, namentlich soweit es sich um Brauchtum und Volksleben handelt, nicht mehr unserer Gegenwart. Jedermann weiß,

wie umwälzend und veränderungsstark gerade auch in unserem Volkstum die letzten Jahrzehnte waren. Gleichwohl sollen diese Beiträge stehenbleiben, als Zeugen für eine Vergangenheit, deren wir Ältere uns gerne erinnern.
Aus dem Geleitwort zur Erstauflage seien etliche Sätze mit kleinen Änderungen wiederholt. Jene Vorrede schrieb ich am 3. Juli 1946, am hundertsten Geburtstag meiner geliebten seligen Mutter, die ihrem zehnten und jüngsten Kind Liebe zur Heimat und Wissen um sie vererbt hat. Das Bild über dem Vorwort zeigt das sehr bescheidene Elternhaus der Mutter in Spitzingerreut, Pfarrei Preying. Dort, inmitten weiter einsamer Wälder und unweit der Saldenburg, konnte die Mutter noch aus dem ungetrübten Quell von Heimat und Volkstum schöpfen. Ihrem besten Herzen winde dieses Heimatbuch einen Kranz dankbarer Liebe.
Das Buch will einem Brunnkorb gleichen, der aus den Tiefen der Heimat die Quellen sammelt und seine Wasser jedem bietet, der aus ihm trinken will.
Möchte auch der erneuerte »Brunnkorb« wieder heimatfreundliche Leser, namentlich auch in den Schulen und bei den Landsleuten in der Fremde, finden.

Bischofsmais bei Regen, Bayerischer Wald        Max Peinkofer
Allerseelen 1957

# WINTERLICHE EINKEHR

## Gäubodenfahrt im Advent

Ich war wieder einmal glücklicher Gast in jenem wohlumfriedeten Bauernhaus zu Straßkirchen bei Straubing, in dessen Gästebuch eine kluge geistliche Hand die treffenden Worte geschrieben hatte: »Hier ist das Herz des Gäubodens.« – Groß und schön ist der Hof, dem dieses hohe Lob gilt. Eine gescheite und tapfere Witwe und ihre fleißigen Kinder bewirtschaften ihn und gewähren allem Edlen und Schönen, vorab einer noblen Gastfreundschaft, gute Heimstatt.
Da steht in der behaglichen Wohnstube, in der wir immer so fröhlich sind, in der ich Jahr um Jahr reiche Gäukirchweih feiern darf, in der die angeregten Abendstunden immer so rasch verrinnen, ein mächtiger Bücherschrank mit vielen guten Werken. Sie stehen aber in den Fächern nicht etwa zum Prangen und Protzen, nein, sie werden fleißig gelesen, von Mutter und Kindern, man spricht ausführlich über sie, mag es sich um einen landwirtschaftlichen Ratgeber, um ein religiöses, dichterisches oder heimatkundliches Buch handeln. Denn Bücher sind diesem Haus unentbehrliche Freunde und Helfer. Den Ehrenplatz nimmt der brave alte schweizerische Jeremias Gotthelf ein, der evangelische Pfarrer, der Lieblingsdichter unserer geliebten Hausmutter Frau Maria Krinner, in gesuchten Urausgaben mit den Zeichnungen von Theodor Hosemann und in der prachtvollen Neuausgabe des Rentsch-Verlages. Neben Gotthelf stehen die anderen guten Meister des deutschen Hauses: Stifter, Raabe, Fontane (mein vertrautester Freund), Federer. Natürlich darf hier der Klassiker des Gäubodens nicht fehlen, der Herr Schloßbenefiziat Joseph Schlicht vom benachbarten Steinach, über dessen Wiedergeburt sich niemand mehr gefreut hat als diese bäuerliche Familie, die alles Echte und Wahre schätzt und Maulwerker, Modeschreier und Nachbeter nicht leiden mag.
Ja, wahrlich, hier ist das Herz des Gäubodens! Wie oft hab ich es

schlagen hören, wenn mir die Krinnerbäuerin erzählte von alten Heimatsachen und Heimatzeiten, wenn ich hier zusammen saß mit lieben Freunden wie Richard Billinger, Leo Hans Mally und meinem Landsmann Franz Schrönghamer-Heimdal, die sich alle dankbar eingetragen haben in die reichhaltigen Gästebücher mit Versen, andern Dank- und Preisworten, Zeichnungen und kleinen Malereien. Wer hier einmal weilen durfte, kommt gerne immer wieder.

Da saß ich aufs neue am Frauenfest der Empfängnis Mariens im Jahr 1928. Eine adventlich stille Welt schloß sich schirmend um den weitläufigen Hof, der zwischen Straßkirchen und dem Schloßdorf Irlbach, dem Sitz der Grafen von Bray-Steinburg, in einer sanften Talmulde liegt. Dünner Schnee rieselte hernieder auf den winterlichen Gäuboden, der nun ausruhte nach gesegneten Ernten. Ich las im Straubinger Tagblatt, daß im Nachbardorf Oberschneiding ein gar erschröckliches Theaterstück aufgeführt würde, das »Wildererblut«. Wir wollten uns an seinen Schauern ergötzen und beschlossen, eine kleine Fahrt zu den Wilderern auf der Dorfbühne zu machen. Aber eine ganz altmodische sollte es werden, nach Art des rauhen und doch so gemütvollen geistlichen Dichtermannes aus dem Schwarzwald, Heinrich Hansjakob, der im Jahr 1905 in seiner Leibkutsche und mit seinem bayernbierbegeisterten Fuhrmann Sepp eine gemächliche Wagenfahrt auch durch unser Niederbayern machte, die er dann in seinem Reisetagebuch »Sonnige Tage« so warmherzig, lobreich und krittelfroh beschrieben hat.

Die alte Hofkutsche war aber in der weiten Wagenschupfe ganz verstellt und versteckt, und deshalb bedurfte es einer fast festtagsschändenden Plackerei und Reißerei, bis sie glücklich im verschneiten Hof stand. Nun mag sie sich drüber gefreut haben, daß sie, die so oft bei Taufen, Hochzeiten, Leichen und zu Marktfahrten nach Straubing Dienst gemacht hatte, wieder einmal zu Ehren kam. Zu dritt fuhren wir nun hinein in den ruhigen Nachmittag: Rupert, der jugendliche Kutscher und künftige Hoferbe, seine Schwester Maria, Lehrerin in ihrem Heimatort, und der Heimatschreiber. Der Braune wieherte fröhlich. Es begegneten uns

viele Bauersleute, die zur Marienvesper nach Straßkirchen gingen. Bald wurden die Wege still, und wir fuhren an ausgestorbenen Dörfern und Höfen vorüber. Eine seltsame Ruhe lag über der weiten Landschaft. Drüben stiegen jenseits der Donau aus Nebel und Wolken die schneebedeckten Waldberge auf, leicht und zart gerötet vom spärlichen Schein der Nachmittagssonne. Bald wurde das Sträßlein so lettig und schlammig, daß wir fürchteten, steckenzubleiben, und ich meinte, wieder auf den flandrischen Kriegsschauplätzen zu fuhrwerken. Aber der junge Kutscher bewahrte uns glücklich vor Sturz und Versinken in der Gäubodenerde. Als wir endlich die schöne Landstraße erreicht hatten, die von Aiterhofen über sanftes Hügelland ins Isartal führt, wagte ich es, die Zügel zu ergreifen. Flott fuhren wir in Oberschneiding ein, wo wir dem Posthausl Roß und Kutsche übergaben.

Wir machten zunächst einen flüchtigen Gang durch das stattliche, saubere Pfarrdorf, eine der schönsten Siedlungen der Bayerischen Kornkammer. Diesem Ort galt schon lange meine heimliche Sehnsucht. Denn der Pfarrhof zu Oberschneiding ist jedem Heimatherzen heilig.
Hier wirkte volle siebzehn Jahre der heiligmäßige »Segenspfarrer« Franz von Sales Handwercher (* 1792 zu Loitersdorf bei Reisbach im Vilstal, † 1853 zu Oberschneiding) als außergewöhnlich begnadeter, eifriger und segensreicher Seelenhirte. Er verstand es, in einer Zeit, die noch unter den Nachwirkungen der sogenannten Aufklärung schwer litt, ein fast wunderbares Tatchristentum zu erwecken und lebendig zu halten. Man erzählt sich noch heute allerhand merkwürdige Dinge aus jenen Segensjahren. Morgen für Morgen wohnten Hunderte von Gläubigen dem täglichen feierlichen Amt bei. Die Bauersleute kamen, lehnten Sense, Rechen und Drischel an die Außenwände der Kirche, besuchten das Amt und gingen dann, wundersam gestärkt, an die Arbeit. An Sonn- und Feiertagen wurde das Gotteshaus von zwei Uhr früh bis spät in den Abend hinein nicht leer. Viele Pfarrkinder gingen, damals etwas Unerhörtes, täglich an den Tisch des Herrn. Tiefe und echte Religiosität adelte das Leben aller Familien. Feindschaften, Raufereien und Saufereien hatten ganz aufgehört. Von weither brachte man Kranke, daß der fromme Pfarrer sie segne und heile. Nahe und ferne Höfe erbaten seinen mächtigen Segen für Haus und Stall. Immer noch strömt reicher Segen von dem Schneidinger Grab des großen Gottesmannes aus, darin seine gütige Segenshand unverwest ruht, wie sich das Volk erzählt. Die Verehrung des Pfarrers Handwercher ist in unserer Zeit, die eine andere »Aufklärung« zu überwinden hat, neu erblüht. Viele seiner Verehrer verdanken seiner Fürbitte auffallende Erhörung und erhoffen, daß dem niederbayerischen »Segenspfarrer« die Ehre der Altäre zuteil werden möge.
Näher als der heiligmäßige Schneidinger Pfarrer stand mir damals der Schneidinger Kooperator Joseph Schlicht (* am 18. März 1832 zu Geroldshausen bei Wolnzach in der oberbayerischen Hallertau), der volles, noch unverdorbenes Bauernleben an bester Quelle stu-

dieren und aus ihr schöpfen konnte. Hier hat Schlicht mit Fleiß und Mühe jene lebendigen, wahren, in einem kraft- und blutvollen Bayerndeutsch geschriebenen Bilder und Erzählungen aus dem Gäubodenleben geformt, die er dann erstmals im »Straubinger Tagblatt« veröffentlicht hat, dessen geistlicher Schriftleiter Georg Aichinger den jungen Kaplan zur Mitarbeit eingeladen hatte. Diese Geschichten mehrten und rundeten sich, mischten sich aus ernsten und heiteren, durchwanderten das ganze Bauernjahr in Hallertau und Gäu und Vorwald und wuchsen schließlich zusammen zu dem großen einzigartigen Heimatbuch »Bayerisch Land und bayerisch Volk«, das Kenner, darunter Ludwig Thoma, den besten und echtesten Bayernspiegel genannt haben. Es erschien 1875 zu München, wurde viel gelobt und auch befehdet, weil die geistliche Feder einigen Gemütern manches zu naturgetreu aufgezeichnet hatte, und brachte dem Verfasser mehr Verdruß als Freude. Der grade Mann machte kurzen Prozeß, kaufte den stattlichen Rest der Auflage zurück und ließ ihn einstampfen. Elf Jahre später, 1886, gab er dann zu Augsburg eine stark verkürzte und verwässerte Fassung des klassischen Buches unter dem Titel »Altbayernland und Altbayernvolk« heraus. Über ein halbes Jahrhundert blieb die Urfassung von Schlichts Hauptwerk (von ihm haben wir noch mehrere andere Bücher) verschollen, bis sie dann ein opferwilliger Verehrer seiner Feder, Freund Leo Walther, nun auch schon seit Jahren unter der Erde, 1927 in seinem Verlag zu Straubing (Ortolf & Walther) unverändert und in sehr würdiger Ausstattung fröhliche Urständ erleben ließ. Das Werk ist vielen Heimatlern zum Hausbuch geworden.

Ein Heimatnarr wie unsereins sammelt im Lauf der Jahre vielerlei Papierdinge zu einem fast unüberblick- und kaum mehr verwahrbaren Heimatschatz. Darunter befinden sich auch zwei rare Schlichtreliquien.

Es war im ersten Weltkrieg, da ich mich als völlig unsoldatisch veranlagter »Herr Gefreiter« mit den Geheimnissen und Schauerlichkeiten des Maschinengewehrs in der Verbannung zu Grafenwöhr hinten abplagte. Da fiel es mir ein, im März 1917, daß mein verehrter Meister Schlicht, der mir schon am Lehrerseminar zu

Straubing zum geliebten Wegweiser zur Heimat geworden war, nun bald fünfundachtzig Jahre alt würde. Ich setzte mich hin und schrieb dem Teuren ein ebenso herzhaftes wie keckes Feldpostbrieflein. Bald darauf wurde mir beim Appell ein Brief mit auffallend altmodischer charaktervoller Handschrift ausgehändigt. Ich öffnete den Brief und las:

»Sehr verehrter und viel lieber Herr Hilfslehrer!
Habe zum Josefstage einen ganzen Stoß von Gratulationen bekommen. Das meiste ist herkömmlicher Schmarrn, der für die Katze ist. Eine Ausnahme sind Sie, Ihnen muß ich eine eigene Dankkarte schicken: weil Sie mir so viele Liebe und Verehrung entgegenbringen. Wenn Sie Herrgott wären, so würde ich 200 Jahre alt werden. Aber die Jahre lügen halt nicht. Ich wäre mit einem Lebensabend von fünf Jahren zufrieden. Der Kopf ist noch mein bestes Stückl. Aber auch er taugt nicht mehr viel. – Übrigens, wie Gott es fügt und will.
22. 3. 17.                    Unter herzlichem Handschlag
                    Ihr ergebener Schloßbenefiziat Schlicht«

Diese Zeilen mögen wohl etwas vom Allerletzten gewesen sein, was Schlicht geschrieben hat. Denn gut drei Wochen später, am 18. April 1917, ist er im Benefiziatenhaus zu Steinach im Straubinger Vorwald, wo er fast sechsundvierzig Jahre gelebt hatte, friedlich entschlafen. Für seinen lieben Brief konnte ich mich dankbar erweisen, indem ich in späteren Jahren in Schrift, Wort und Rundfunk meinen Landsleuten von Meister Schlicht und seiner unsterblichen Bauernfeder erzählte.
Meine glücklichen Niederalteicher Jahre führten mich auf lange Zeit zusammen mit dem ehrwürdigen Benediktiner P. Gotthard Lang OSB. (1861 bis 1954), dem Geschichtsforscher und verdienten Lebensbeschreiber unseres hl. Gunther. Der Mönch ist durch lange Jahre der Pfarrherr Schlichts in Steinach gewesen.
Die zweite Schlichtreliquie ist eine Lichtbildpostkarte, die mir die liebe Krinnermutter, die Schlicht noch gut gekannt hat, verehrte. Eine seltene, noch niemals veröffentlichte Aufnahme aus dem

Jahr 1912, da die Schneidinger Feuerwehr ihre Fahnenweihe hochfestlich feierte. Zu ihr wurde auch geladen und erschien der einstige Schneidinger Kooperator Joseph Schlicht. Auf dem Bild marschiert der kleine hagere geistliche Herr, der Schloßbenefiziat, gleich hinter den Festjungfrauen an der Spitze der männlichen Honoratioren in Gehrock und Zylinder. Schlicht aber, der in allem seinem Namen Ehre machte, hat seinen schwarzen Strohhut auf und weist einen uralten hohen Mann, der vielleicht einst die Feuerwehr hat mitbegründen helfen. Der Achtzigjährige ist sicher gerne auf seinen Kooperatorenposten gekommen, dessen Bauern dem jungen Kaplan oft Roß und Wagl überließen, wenn er stramm und schneidig in die Straubinger Stadt fuhr, hinaus auf die Nobelhöfe und zu seinen geistlichen Freunden.

Ich hatte also in Oberschneiding das erinnerungsreiche Pfarrhaus, die reiche Kirche und den Schulpalast gehörig bewundert. Jetzt ging es in Eilschritten in den Musentempel im Gasthof zur Post, wo der Schneidinger Gebirgstrachtenerhaltungsverein mit seinem reinrassigen Wildererstückl aufwarten wollte. Es ist eine recht merkwürdige Sache bei uns mit diesen begeisterten Verbänden, die sich um Belebung und Erhaltung einer angeblichen Gebirgstracht so hingebend bemühen, indes unser bäuerliches Niederbayern von allen Gebieten Bayerns die schönen alten Trachten, die wir am besten an den Votivtafeln unserer ungezählten Wallfahrten studieren können, zuerst abgelegt hat.

Das »Wildererblut« ging verheißungsvoll an, arbeitete mit den bewährten Mitteln und Gegensätzen und führte am Schluß des fünften Aufzuges die biedere und saubere Sennerin, die immer Loni heißt, in die Arme ihres verwegenen Toni, des Wildschützen. Die Liebe hat gesiegt, auch über halsstarrige Väter und die tiefe Kluft zwischen den Vertretern von Recht und Ordnung einerseits und verwegenem Wildererblut andererseits. Es geht also alles gut aus. Die Zugharmonie spielt den Haushamer Landler; es klatscht und patscht auf derben Schuhsohlen und nackten Burschenknien; weite Dirndlröcke drehen sich fröhlich im Wind; lustige Jodler jauchzen: Oberbayern in Niederbayern!

Mitten unterm Schlußjubel der dankbaren Zuschauer wird auf

der Bühne dem Spielleiter, einem jungen Lehrer, im Namen eines Unbekannten ein bunter bäuerlicher Strauß zur Anerkennung überreicht. Der Beschenkte verschwindet schnell hinter den Kulissen und liest die an dem Strauß angebundenen launigen Verse. Ein alter Freund war heimlich in einer Bauernkutsche nach Schneiding gekommen, um den himmellangen Weg- und Wandergenossen von einstens, den heutigen Bühnenleiter, zu überraschen und ihm zu gratulieren.

Inzwischen war es längst Nacht geworden und die Kutsche ohne mich nach Straßkirchen heimgefahren. Ich saß nun als Gast im Schulpalast, erst beim alten, dann beim jungen Lehrer, hörte gute Musik, sah schöne Bücher und im künstlerisch ausgestatteten Heim des Jungen Dinge, wie ich sie so sehr liebe: einen alten bunten Bauernschrank, alte Schnitzfiguren, Hinterglasbilder und irdene Teller, auch aus jenen Urväterzeiten, da man noch überall edle bodenständige Dinge in den Stuben traf. In einer antiken Vase prangte ein sehr farbenfroher Strauß: Eibenzweige, mit echten Papierblumen und bunten Seidenbändern geschmückt. Auf diesen Eibenzweigen konnte nun der Hausherr von dem Erfolg seines »Wildererblutes« ausruhen. Lorbeer war ja nicht aufzutreiben gewesen in Straßkirchen, als wir uns zur Theaterreise mit der Hofkutsche entschlossen hatten.

Spät, sehr spät gingen wir zu Bett, und sehr früh schon standen wir wieder auf, denn es lockte das Rorate des zweiten Adventsonntags. Es fröstelte und schläferte mich ein wenig, als wir durch den kalten und grauen Morgen zur Kirche gingen. Das Engelamt war weihnachtlich ahnungsreich, fröhlich und schön wie in den Tagen der Kindheit.

Dann saß man beim jungen Lehrer am trauten Kaffeetisch, indes das blonde Büblein des Hausherrn auf meinen Knien schaukelte. Ich nahm Abschied und fuhr mit dem Postauto durch das feierlich stille Land Straubing zu. Nebelschwaden verhüllten die weite Ebene, zarter Reif hing in dem kahlen Geäst der Alleebäume. Vom Turm der spätromanischen Kirche zu Aiterhofen, im Mittelalter hochbedeutsamer Ort der Donauebene, reich an geschichtlichen Erinnerungen, luden die Glocken zum Hochamt. Bald nahm mich die Stadt Straubing auf, diesmal nicht heiter und lebendig wie sonst. Auch sie feierte Sonntag und war durchwogt von leichten Nebeln.

Durch die dämmerigen Schiffe der Stiftskirche von St. Jakob, die man ein reiches Kirchenmuseum nennen kann, schwangen sich süß und mild die orgellosen Weisen einer Adventsmesse. An den schlanken hohen Pfeilern brannten die Lampen. Der Schrein vorne am Hochaltar war geschlossen und enthüllte so die ganze Lieblichkeit der altdeutschen Gemälde seiner Flügel. Düsterkeit verhängte die prunkvollen Seitenkapellen mit ihrer Fülle von alten Kunstwerken. Ganz im Schatten lag das wundervolle ernste Gesicht des 1431 verstorbenen Ratsherrn Ulrich Kastenmayer, der, angetan mit seiner Amtstracht, auf dem berühmten Marmorepitaph einer der Seitenkapellen schläft. Das karge Licht dieses grauen Sonntags konnte sich durch die herrlichen alten Glasfenster von St. Jakob keinen Weg bahnen. Alles hüllte sich in geheimnisvolles weihnachtliches Ahnen.

Dann bestieg ich die Eisenbahn, und bald saß ich wieder auf dem geliebten Hof, der das Herz des Gäubodens umschließt.

## St. Nikolaus

Das Spinnrad schnurrt,
Der Ofen purrt,
Dezemberwinde stürmen.
Schnee raubt den Weg,
Verhüllt den Steg
Und häuft sich auf zu Türmen.

Die Lampe scheint,
Das Kindlein weint,
Der Buchenbinken prasselt.
Die Mutter sagt:
»Sei nicht verzagt,
Wenn bald die Kette rasselt!«

Schon knarrt das Tor,
Es steht davor
Ein goldgezäumter Schimmel.
Und vor das Haus
Tritt Nikolaus,
Der Bote aus dem Himmel.

Die Haustür knarrt,
Das Kindlein harrt
Und fürchtet sich fast nimmer.
Ein schwerer Schritt,
Ein fester Tritt:
Sankt Niklaus steht im Zimmer.

Wie glänzen Kleid,
Stab und Geschmeid!
Sein Auge freundlich blicket.

Das Kindlein fleht,
Spricht sein Gebet
Und ist so reich beglücket.

Sankt Nikolaus
Fragt 's Kindlein aus
Und spricht: »Ich bin zufrieden!
Nimm diesen Pack
Aus meinem Sack,
Er sei dir gern beschieden!«

Sankt Nikolaus
Gibt nun dem Haus
Zum Abschied seinen Segen.

Der Vater lacht,
Wünscht: »Gute Nacht!
Fahr wohl auf deinen Wegen!«

Das Spinnrad schnurrt,
Der Ofen purrt,
Das Kind freut sich der Gaben.
So schön und fein
Kanns nur allein
Der gute Niklaus haben!

Sankt Nikolaus
Von Haus zu Haus
Setzt fort die Winterreise.
Bald schläft das Kind.
Es schweigt der Wind,
Und Flocken fallen leise.

## Luzia und blutiger Thomas

Die Dezembermitte bringt dem Jahr die längsten Nächte, in denen die Finsternis Herrschaft gewinnt über die Kraft des Lichtes. Diese düstere Zeit dachten sich unsere Altvordern erfüllt und bedroht von dem Walten böser Geister, der Dämonen, die sich bei ihnen zu bestimmten Schreckgestalten verkörperten. Einige von ihnen haben zwar längst christlichen Heiligen weichen müssen, aber ihr Auftreten und der mit ihnen verknüpfte Glaube und Brauch lassen noch heute deutlich Ursprung und Wesenszüge der vorchristlichen Zeit erkennen.

So führen unser volkstümlicher hl. Nikolaus, sein wilder Begleiter Klaubauf, Krampus oder Knecht Ruprecht, die gefürchtete Luzia und der blutige Thomas ihr Urbild zurück auf heidnische Anschauungen und Gepflogenheiten.

Der »bluatige Thamerl« wird zwar immer seltener. Noch häufig aber läßt sich am Vorabend des 13. Dezember die böse und grausame Luzia sehen, die überall eine andere Verkleidung und ein anderes Gebaren zeigt. Sie stattet meist nur bäuerlichen Orten ihren Besuch ab. Um Osterhofen trägt die unholde Frau einen blutroten Mantel und einen spitzen Hut. In Tettenweis im Rottal hüllt sie sich in Stroh und fuchtelt drohend mit einem Mordsmesser in der Luft herum. Im Vilstal trägt sie einen Teller, auf dem ein leibhaftiges blutiges Menschenhaupt liegt. In der Gegend von Landau wetzt sie vor den Kindern lang und laut das Riesenmesser und wirft die Unartigen ohne langes Federlesens in den Isarfluß. Bei Eisenstein im Böhmerwald bringt sie ein leeres Schwingerl mit, eine Art Korb, darin sie die Gedärme unfolgsamer Kinder sammeln möchte. Mit einer blutigen Sichel schlitzt sie ihnen den Bauch auf, um ihn, wenn die Gedärme herausgerissen sind, mit Kieselsteinen zu füllen und dann zuzunähen. Wenn sie sich entfernt, jubelt sie voll Schadenfreude: »Schwingerl voll Darm! Schwingerl voll Darm!« Bei uns zu Bischofsmais im

Hirmonsland trägt sie lange weiße Kleider, einen roten und einen weißen Strumpf und die Sichel, die sie fleißig wetzt. Auch unseren Kindern will sie den Bauch aufschneiden.
In der Gegend der kleinen Waldstadt Grafenau offenbart die Luzia einen geradezu wollüstig-grausamen Zug. Dort kriecht sie gleich auf allen vieren in die abendliche Stube und ist mit einem Trumm Stecken bewaffnet, den ungezogene Kinder ordentlich zu spüren bekommen. Lügnerischen Kindern schabt sie mit einem Glasscherben die Zunge, völlig ungezogenen sogar die ganze Haut ab. Die ganz Mißratenen zerrt sie dann auch noch ein gutes Stück mit hinaus in die stockfinstere Nacht.
In manchen Gegenden des nahen Böhmerwaldes nimmt die Luzia die Gestalt einer wilden Geiß oder eines anderen Untiers mit Vogelkopf und ungeheurem Schnabel an. Dort hat sie zuweilen auch die unheimliche Habergeiß bei sich, mit der wir bald bei einer Dreschersuppe Bekanntschaft machen werden. Von der Habergeiß konnten bis heut weder Name noch Bedeutung ergründet werden. Sie gehört zu den dunkelsten und merkwürdigsten Spukgestalten unseres Volksglaubens und spielte einst im wäldlerischen Brauchtum eine beherrschende Rolle.
Am Luzientag hängt auch die Wetterregel: »An Luzia geht der Tag irr.« Das heißt, der Tag bleibt stehen, er ändert sich nicht. Die Luziennacht weist auch zukunftsenthüllende Kraft auf. So ritzt man z. B. in Österreich in die Rinde einer Weide das Luzienkreuz, das die Schicksale des künftigen Jahres anzeigt. Dort feit man sich gegen die böse Luzia durch Ausräucherung des Hofes mit geweihter Kohle und mit Weihrauch.
Überall ist die Luzia der Schrecken der Kinder, von denen sie die unguten rügen und strafen will. Wenngleich sie von den Buben und Dirndln, namentlich den kleineren Jahrgängen, mit Angst und Zittern erwartet wird, wollen sie vielerorts nicht mehr recht an sie glauben. Sie lachen und narren das Winterweib aus, äffen es nach und fordern es heraus, indem sie rufen:

Luzia, Luzia,
dei Hemad steht für!

Geh außi, stecks eini,
nachand tanz i mit dir!

Ihr Auftreten belebt die bäuerliche Abendstube, nachdem die Unholde vorher tagelang genannt und den Kindern ihr Kommen angedroht worden war. Für jeden Fall bringt sie dem langen Winterabend willkommene Abwechslung, Erheiterung und düsteren Reiz. Grauenerregendes und Unheimliches hat noch allweil bei den Menschen seine Anziehungskraft erwiesen.

Der uralte Brauch des Luzienbesuches ist wie das Auftreten des hl. Nikolaus und des blutigen Thomas volkskundlich bedeutsam. Nur das völlig nüchterne Gemüt mag solche Dinge ablehnen. Es wäre schlimm, würde aus unserem Leben alles verschwinden, was über den Alltag und unsere Sinne hinausgeht. Unsere Bauernkinder sind auch nicht so zimperlich, daß sie gleich in die Fraisen fallen, wenn die vermummten Wintergestalten erscheinen. Sie alle möchte der Heimatfreund nicht missen, wünscht aber ihrem Auftreten rechtes Maß, Vorsicht und Zurückhaltung, denn jegliche Entartung ist verwerflich. Aber nicht jeder und namentlich nicht jedes Flegeljahrbürschlein ist berufen, diese Bräuche zu üben. Also auch hier beim Rechten bleiben!
Wie kommt nun die ob ihrer Tugend und Anmut berühmte frühchristliche Jungfrau und Martyrin St. Luzia in den Ruf, eine so unheilige und grausame Rolle zu spielen? St. Luzia, geboren zu Syrakus auf Sizilien, wurde um das Jahr 304 unter dem römischen Kaiser Diokletian wegen ihres Glaubens enthauptet. Die Legende weiß über sie mehr zu berichten als die Geschichte. Am bekanntesten ist folgender Zug ihrer Legende. Die Heilige hat durch ihre außergewöhnliche Schönheit und die reine Glut ihrer Augen die heiße Liebe eines heidnischen Jünglings entfacht. Um sich seiner Leidenschaft zu erwehren, reißt oder schneidet sie sich die Augen aus und läßt sie ihrem Verehrer auf einer Schale überreichen. Aber nun schenkt die Muttergottes der Heiligen noch schönere Augen. Deshalb ruft man St. Luzia als Patronin der Augen an. Schon seit dem frühen Mittelalter genießt sie die Verehrung der Kirche, die ihren Namen jeden Tag nach der Wandlung im Kanon der Messe nennt.
Der Luzientag galt bis zur Einführung des Gregorianischen Kalenders 1582 als der kürzeste Tag des Jahres, dem die längste Nacht folgte, in der nach dem Glauben der alten Zeit die Dämonen ihre größte Macht entfalten.
Anschauungen, die sich in den frühen Zeiten der Menschheit festgesetzt haben, lassen sich nicht leicht ausrotten. Hiefür haben wir in unserem gesamten Brauchtum und in vielen Gepflogenheiten des Alltags eine Fülle von Beispielen, namentlich wir Baiern, die

wir unter allen deutschen Stämmen am längsten auf der gleichen Scholle sitzen. Das Volk der Baiern, im wesentlichen noch heute bäuerlich, hängt aber auch am zähesten an seiner alten Sprache und an seinen alten Sitten. In der Zeit der Ausbreitung des Christentums beließ die Kirche in kluger und gütiger Schonung dem Volk ein gut Teil der ihm teuren ererbten Glaubenszüge und Sitten und gab ihnen christliche Deutung und Form. So trat die hoheitsvolle Martyrin St. Luzia an die Stelle einer vorchristlichen frühwinterlichen Schreckgestalt. Drum haften ihr noch heute Unheimlichkeiten an, die einst der längsten Nacht des Jahres eigen waren. Mit dem Luzientag begänne, so wähnte man, das Licht des Tages wieder zu wachsen. Noch heute sagt man bei uns in Bischofsmais: »An Luzia geht der Tag hinfür.« Daß St. Luzia als Lichtbringerin galt, mag teilweise auch ihr Name erklären. Er stammt vom lateinischen Wort lux = Licht, heißt »die Glänzende« und hängt zusammen mit dem Titel des Höllenfürsten Luzifer, der vor seinem Fall der erste Engel und oberste Lichtträger war.

Weil der Luzientag die allbelebende Sonne an Kraft wachsen ließ, gab er in vielen Gegenden und Ländern Anlaß zu hoher Festesfreude. Je mehr Üppigkeit dabei gezeigt wurde, desto fruchtbarer würde das kommende Jahr werden, so glaubte man. In Schweden ist noch heute der Luzientag eines der volkstümlichsten Feste des Jahres. Man begeht seinen Anbruch mit reichlichstem Essen und Trinken, mit Musik und Tanz und einer Fülle von Lichtern. Im Mittelpunkt des schwelgerischen, oft tollen Festes steht die Luzienbraut, die auf ihrem Haupt eine Krone mit brennenden Kerzen trägt. Dort gilt die Luziennacht noch heute als Mittwinternacht, die hoch in Ehren gehalten wird.

Am Vorabend des Apostelfestes St. Thomas (21. Dezember) erscheint in manchen Waldgegenden und auch anderswo hin und wieder der »bluatige Thamerl«, der ein blutbesudeltes Bein zur Tür hereinreckt, die Stube aber niemals zu betreten wagt. Zuweilen zeigt sich der Thamerl auch mit einem Hammer, mit dem er Kindern das »Hirn« einschlagen will. Sein Auftreten in dieser Form soll an den altdeutschen Gott Donar, den Donnergott, er-

innern, der mit seinem Hammer an die Wolken schlug und so den Donner erzeugte.
So zeigt er sich beispielsweise um Mitterfels im oberen Waldgebirge deutlich als der Nachfahre Donars. Hier tritt er als Schmied auf. Mit einem schweren Hammer pumpert er erschreckend an die Stubentür. Er stellt sich dann vor, wobei er sich frevlerisch und sozusagen hochstaplerisch als den großen Heiligen Thomas von Aquin (1225 bis 1274), den bedeutenden Kirchenlehrer und Weltweisen aus Italien, bezeichnet. Aber er tut das wohl nur des Reimes wegen, wenn er sagt:

> I bin der Thomas von Aquin,
> in mein' Sackl han i mein' Hammer drin.

Die Thomasnacht ist tatsächlich die längste Nacht des Jahres. Sie gilt in meiner Waldheimat als erste Losnacht. Der Weihnachtsabend und der Vorabend von Dreikönig bringen die anderen beiden Losnächte: die Mettennacht und die Rauhnacht, alle geheimnisumwittert, gefahrenreich, bedroht von dem Treiben finsterer Mächte, umrankt von Abwehrzauber und anderm seltsamem Brauchtum. Die Thomasnacht gestattet einen Blick in die Zukunft. Strohsacktreten, Scheitlklauben, Bleigießen, Pantoffelwerfen, Zaunsprießlzählen und Schütteln des Zwetschgenbaumes geben Heiratslustigen erwünschte Auskunft.
Die Hochwaldleute am Lusen schleudern den Pantoffel mit dem Fuß über die Schulter der Tür zu. Weist nun die Schuhspitze zum Stubenausgang, muß einer der Hausinsassen im kommenden Jahr die Heimstatt verlassen, oder es muß eins hinaus in die Fremde.
Vom Thomastag zum Heiligen Abend sind nur mehr wenige Tage. Rasch vergessen unsere Kinder die Schreckensgestalten der Luzia und des blutigen Thomas. Aus der ewigen Dämmerung der kurzen Tage bricht schon leise das Licht des Weihnachtssternes, das alle Finsternis der Herzen und der Nächte sieghaft überstrahlen wird.

## Advent in der Waldheimat

*Jugenderinnerungen aus dem Dreiburgenland*

Der Kreislauf des Kirchenjahres nimmt wieder seinen Anfang mit den vier stillen und stimmungsreichen Wochen des Advents. Bald ist er zwei Jahrtausende alt, dieser Kreislauf, und immer wieder beglückt er die frommen Herzen mit der Fülle seiner Ahnungen und Geheimnisse, mit dem Reichtum seiner Feste, die in den Ablauf der vier Jahreszeiten so weise eingeordnet sind.
Advent! Etwas Großes, Heimliches, Bezauberndes, etwas unnennbar Feierliches liegt über den grauen und stillen Tagen dieser verdämmerten Zeit. Oft ist es uns, mitten unterm Tag oder wenn wir in der langen Nacht plötzlich erwachen, als klängen von fern her leise Glocken in unsere erwartungsvollen Seelen. Wir Alten und Älteren, die wir so oft und so tief dem Leben ins erdenschwere, leidgetrübte Auge gesehen haben, werden wieder zu Kindern, die mit verklärtem Blick das fahrtbereite Christkind schauen und sein Fest, das schönste aller Feste, erwarten.
Die mannigfachen Sorgen und Nöte des Alltags beginnen zu schweigen, wenn die Geheimnisse des Advents leise, ganz leise zu uns reden. Schon glänzt der Weihnachtsstern in unsere Herzen, Heimstätten und Kirchen. Über unserem Tisch grünt der Adventskranz; seine roten Wachslichter, entbrannt in abendlicher Weihestunde, melden uns, wie viele Wochen wir noch haben, ehe wir das Lied von der stillen heiligen Nacht anstimmen dürfen.
Früh stirbt der Tag, damit der ahnungsreiche Abend und die erwartungsfrohe Nacht recht lange währen. Bis in den Vormittag hinein dauert der nächtliche Morgen. Aber der Klang der Rorateglocken weckt frühzeitig die tiefverschneite Nacht.
Die hohen Fenster der Heimatkirche leuchten auf, und jeder weihnachtsfrohe Christenmensch rüstet sich zum nachtumdunkelten Gang in die Kirche. Denn dem altbayerischen Landvolk sind seine Rorate oder Engelämter die herzliebsten Gottesdienste; selbst die Mannsleute, die zuweilen gerne die Kirche meiden, wollen keines

der Engelämter versäumen. Jedes christkindfrohe Herz will sich an den Freuden dieses frühmorgendlichen Gottesdienstes erbauen. Jeder Bauer und Landbürger, der noch etwas auf Ansehen und gutkatholische Urvätersitte hält, schafft sich schon im frühen Herbst vorsorglich »sein Rorate« an. Zuweilen steuern ganze Dorfschaften zusammen zu einem eigenen Engelamt. Auch die frommen Vereine wollen ihr Rorate haben. Und so kommt es, daß so ein Pfarrherr oft nicht mehr weiß, wann er all die vielen Engelämter halten soll. Und er muß gleichsam anstücken an die Adventswochen, um in der Zeit nach dem Fest die bestellten Rorate anzusetzen. — —
Engelamt! Rorate! Die fernen Tage der waldlerischen Kindheit steigen auf in den Erinnerungen meiner Seele. Licht und froh wird es in mir, wenn ich mich so ganz versenke in jene schönsten Wochen entschwundener Jugend.
In der freundlichen Nachbarschaft einer schönen und großen Marktkirche, zu Tittling, bin ich aufgewachsen. Eine gute, schlichte, fromme Mutter, die viel Leid starkmutig ertrug, hat meine Kindheit betreut und das Herz des künftigen Mannes gesegnet mit dem Licht des Glaubens und dem Licht der Heimat, von der sie mehr zu erzählen wußte als hundert gescheite Bücher zusammen. Damals gab es noch echte, tiefe Waldwinter, die rechtzeitig kamen und gingen und mit dem Schnee nicht sparten. Verschneit lag der heimatliche Marktflecken. Und zu Ende ging die Nacht, obschon noch ein unendlicher Sternenhimmel über dem Dreiburgenland glänzte. Wenn dann die große Glocke einsam und feierlich durch den nächtlichen Morgen sang und zum Rorate rief, schliefen wir Schmiedbuben noch fest. Bis auf einmal die gute Mutter, tröst sie der liebe Gott, mit dem Kerzenlicht vor unserer Bettstatt stand und uns aus den Träumen weckte, in denen uns der Nikolaus beschenkte, der wilde Klaubauf schreckte oder gar schon das Christkind erschien.
»Aufstehen, Buben, tummelt euch! Ins Rorate!« mahnte der milde mütterliche Ruf. »Das Viertel läuten sie schon!« Und wir rissen uns aus den Betten und vernahmen es, wie die Rorateglocke schwer und andächtig die Beter zur Kirche lud.

Rasch zogen wir uns an und eilten hinunter in die warme Stube, in der die unermüdliche Mutter schon alles so freundlich und behaglich geordnet hatte. Traulicher denn sonst dünkte uns der Schein der alten Öllampe; vom krachenden Herd her duftete der Kaffee. Aber das Frühstück mußten wir uns erst durch den Besuch des Rorateamtes verdienen.
Noch eine Bitte an die Mutter: »Mutter, darf ich heute ein Wachsstöckl nehmen?« »Nun ja, nimmst halt das kleine, in Gottes Namen! Aber tu fein beten auch und nicht wieder das ganze Rorate hindurch lichteln und tandeln mit dem Wachs! Und für den Vater selig auch ein paar Vaterunser beten, gelt!«
Schnell gings hinunter zur nahen Kirche. In Scharen kamen die Markt- und Dorfleute herbei zum Engelamt, alle dicht in Tücher und Hauben vermummt und viele vorsorglich ausgerüstet mit

der hilfreichen Laterne, wenn etwa Mond und Sterne erloschen waren und es so heftig wachelte, daß man kaum drei Schritte weit sehen konnte. Schnee lag auf den Mützen und Tüchern, Reif hing an den Bärten und Kleidern. Immer neue dunkle Gestalten huschten hervor aus der Tiefe der Nacht und stauten sich mit ihren Vorgängern an den Kirchentüren.
Von allen Seiten kamen sie, die guten Rorateleute. Rüstigen Schrittes stiegen sie die beschwerlichen Wege herauf von der alten Bauernwelt der Ilzleiten; sie kamen von den Einschichten und Dörfern zwischen Berg und Wald, junge und alte, große und kleine, in schweigsamen und feierlichen Scharen, in deren Augen ein Strahl des Weihnachtslichtes funkelte. Und ehrfürchtigen Fußes betraten sie das Gotteshaus, indes die mächtigen Akkorde des Zusammenläutens durch den Gottesmorgen sangen.
Schon sind die Kerzen am Hochaltar, dem goldenen, angezündet. Blaue Tücher verhüllen seine edlen Bildwerke; denn die Zeit der Buße und Einkehr ist angebrochen. Die Sitzplätze des Kirchenschiffes sind dicht besetzt. Das junge Mannsvolk drängt sich nach allgemeinem Brauch in das Dunkel der Empore und auf die Treppen, die zur Orgel führen. Bald leuchtet ein Wachsstock nach dem andern auf, bis schließlich viele Hunderte von milden weißen Flammen das Gotteshaus in eine Lichterfülle tauchen, in einen weihevollen Schimmer, wie er durch noch so große und helle elektrische Lampen nie erreicht werden wird.
Die helle Sakristeiglocke erklingt; die Orgel setzt mit einem fröhlichen Vorspiel ein; Rauchwolken steigen empor; die Hände des Priesters erheben segnend die goldene Monstranz; andächtig klopft alles Volk an die Brust. Das Engelamt nimmt seinen Anfang, und der Priester fleht: »Rorate coeli desuper!« »Tauet, Himmel, den Gerechten!«
Droben auf dem Chor musizieren und singen sie jetzt eine weihnachtlich heitere Messe. In wiegenden Weisen fleht das Kyrie, in muntern Sechzehnteln jubelt die Flöte, andächtig singt die Geige. So anmutig vereinen sich die vielerlei Stimmen der Sänger und Sängerinnen zum Lob des Christkindes, das uns bald den Himmel aufsperren wird.

Und nach dem Credo wird alles mäuschenstill im weiten Gotteshaus. Man hält den Atem an, traut sich nicht mehr zu husten und zu räuspern, zieht sich ganz zurück in seine Seele, die nun erhoben ist über alle Erdenschwere in ein Reich ewiger Glückseligkeit. Alle Augen schließen sich; die Gebetbücher werden weggelegt, die Rosenkränze um die Hand geschlungen. Denn nun beginnen sie auf dem Chor droben das wunderschöne Frauenlied. Freilich, man kann sie längst auswendig, die Worte und Weisen dieser volkslieben Gesänge zum Lobpreis der Himmelsjungfrau, die uns im armseligen Stall von Bethlehem den Erlöser bringen wird. Ja, man kennt sie längst, aber immer wieder packen sie uns aufs neue mit ihrer lieblichen Gewalt. Und wenn die amtliche Kirche sie beim Rorate auch nicht gerne hört, diese Gesänge in der Sprache und Herzlichkeit des Volkes, unser Herrgott und die Liebe Frau freuen sich sicher über diese fröhlich gesungenen Lobpreisungen. Immer noch klingt ihr in meinem Herzen, ihr alten Frauenlieder! Und als ich Orgelherr gewesen bin in der hochwaldumrauschten einsamen Marienkirche droben im weltfernen Ruselgebirge, in dem kleinen Wallfahrtsort Greising, da haben wir sie wiedererweckt, diese Lieder, meine zwei fleißigen Sängerinnen, Nahterinnen und Schwestern, und ich, zur Freude des mühseligen Gebirgsvolkes, dem wir Anno 1920 in seiner noblen Barockkirche auch die erste Christmette bereitet haben. Und dann sangen wir diese Lieder wieder zu Bischofsmais, nicht weit von Greising, wo ich im letzten Krieg zur Aushilfe ein paar Jahre die altväterliche Orgel geschlagen habe. So erklangen sie hier wie dort aufs neue, die alten und ewig jungen Lieder:

> Ein Bild ist mir ins Herz gegraben,
> ein Bild, so schön, so wundermild,
> ein Bildnis aller guten Gaben,
> es ist der Gottesmutter Bild.
>
> Kennt ihr das Bild dort am Altar,
> so mild, so freundlich, wunderbar?
> Maria ists, die Himmelsbraut,
> die huldvoll auf uns niederschaut.

In einem vergessenen oder verstaubten Winkel des Notenschrankes der Orgelempore oder droben auf dem Dachboden des Schulhauses schlafen die alten Partituren und Stimmen, die vor vielen Jahrzehnten ein kunstbegeisterter Schulmeister nach dem ermüdenden Tagewerk für Schule, Kirche und Gemeinde um Gotteslohn säuberlich abgeschrieben hat. Und längst ruht im Grab jener wackere Schulmann meiner Heimat, der verdiente alte Lehrer Johann Nepomuk Klee, der mit seinem Orgelspiel und seinen Gesängen, unterstützt von braven Musikanten der alten musikbeflissenen Familie der Neumeier, durch vierzig Jahre die Gemeinde erbaut und erfreut hat in ungezählten Stunden der kirchlichen Feier und Andacht, der jene schönen Frauenlieder immer wieder lebendig werden ließ an den Marienfesten, zur Maiandacht, und sie mit besonderer Liebe sang bei den weihnachtsverheißenden Engelämtern. — — —

So schmückte und segnete das Rorate jeden Adventsmorgen unserer Kindheit. Dann kamen noch mancherlei ereignisreiche Tage, lang ersehnt von den Kindern. Sie erhöhten die Stimmung dieser gottversenkten Zeit und waren lautere Sterne am nicht mehr wiederkehrenden Kinderhimmel.

Da meldete sich am Abend des Andreastages der hl. Nikolaus erstmals an. Er hatte eingekauft im Waldmarkt jenseits der Ilz, in Perlesreut, beim Andreaskirta, war nun, schwer beladen, auf dem Heimweg begriffen, kam auch durch unsere Heimat Tittling gegangen in später nächtlicher Stunde, mit freudigem Bangen erwartet. Er schlug scheppernd die Kette an die Stubentür, öffnete sie ein wenig und warf ein paar Äpfel und Kletzen in die Stube, verließ sogleich wieder das Haus und schritt weiter durch die tiefverschneiten Gassen. Jetzt wußten wir es, daß er auch heuer wieder seinen ordentlichen Besuch abstatten würde. Bis er dann in höchsteigener Person erschien, mit goldener Mütze und Stab und weißem Bart, begleitet von dem fürchterlichen Klaubauf, der die riesige Kette schwang und den gefährlichen Sack oder die kinderverlangende Kirm auf seinem Rücken trug. Das war dann ein Freuen und Zittern zugleich, ein Beten und Bitten und Danken, eine Viertelstunde von nicht auszumessender Kinderseligkeit, die

freilich getrübt wurde von der Furcht, daß einen der Klaubauf mitnehme, um dann den kleinen Hauptsünder in den großen Rottaumühlweiher zu werfen! Aber es ging immer gut ab, und reichlich waren jedesmal die Gaben, vor denen man dann so überglücklich saß, während man hoch und heilig versicherte, daß man sich auch nicht ein kleins bißl gefürchtet habe!
Und ehe man zu Bett ging, stellte man seinen Teller auf; denn während der Nacht würde St. Nikolaus, der sogar durch das Schlüsselloch schliefen könne, nochmals kommen und »einlegen«. Man schrieb seinen Namen sorgfältig auf einen Zettel und kennzeichnete damit seine Gabenschüssel, damit Verwechslungen vermieden werden konnten. Denn wir waren eine kinderreiche Familie. Morgens stand man dann früher auf als sonst und stand beglückt vor dem gegupft gefüllten himmlischen Teller mit seinen brotenen Nikolausmännern und Hirschen, den Äpfeln, Nüssen und Kletzen, den Lebzelten, goldenen Griffeln und anderen Dingen, die man kaum zu berühren wagte, weil sie nicht von dieser Erde waren.
Die stillen verträumten Wintertage verflossen geruhig und rasch. Weihevolle Stille herrschte in den Häusern und im Markt. Verpönt waren Tanz und alle lauten Unterhaltungen des Wirtshauses. Die Wochen des Advents gehörten dem kommenden Erlöser; denn es war heiliges Herkommen, ihn zu erwarten in Ruhe und leiser Vorfreude. Wie wohl würden auch heute der Menschheit solche Wochen der Einkehr in sich selber und in die Geheimnisse der Erlösung tun! In jener Zeit war auch die Unsitte, schon viele Wochen vor den Festen die Geschenke und festandeutenden Dinge in den Kaufgeschäften zur Schau zu stellen, gottlob noch nicht bekannt. Diese bedauerliche Gepflogenheit zieht Erhabenes in den Alltag, stumpft ab, entweiht; und wenn dann der heilige Tag gekommen ist, ist der Mensch von heute jener Gaben und Güter fast satt und müde geworden, die einst unsere Feste zierten und auszeichneten.
Wenige Tage vor dem Fest erst stellten die Kaufleute meiner Heimat ihre Christkindgeschenke aus. Schlicht und unaufdringlich. In einem Schaufenster des uralten Geschäftes Martin Mach-

haus lagen warme Wintersachen, Josef Machhaus zeigte die einfachen Spielsachen, im Fenster der Konditorei Rosenhammer grünte ein kleiner Christbaum. Und vor diesen drei Fenstern standen wir Kinder so gerne und so lange, viele heiße Wünsche in den Herzen, die wir dem lieben Christkind auf Umwegen zu wissen machen ließen.

Eine Weihnachtskrippe, früher und Gott sei Dank auch heute wieder nicht wegzudenken von den weihnachtlichen Freuden, gab es damals weder in der Kirche noch in den Heimstätten des Marktes. Fromme Mütter pilgerten mit ihren Kindern hinauf nach Fürstenstein, wo die Nonnen des Klosters alljährlich in ihrer Marienkirche mit Liebe und Mühe eine reiche Krippe aufrichteten. Und am Ende der Herrengasse wohnte eine alte einsame Frau, die Aufschlägerin, die ein paar köstliche alte Krippenfiguren besaß. Mit ihnen stellte sie ein paar Tage vor dem Fest zwischen Fenster und Winterfenster im waldgrünen Moos ein hübsches Kripplein auf. Es war recht einfach, und doch erschien es uns Anspruchslosen als ein heiliges Stück erdgewordenen Himmels, das uns jetzt viel stärker ergötzte als das muntere Eichkätzchen, das im anderen Fenster der Aufschlägerin seine beengten Sprünge machte.

Einige Bürgerfamilien pflegten damals noch den sinnvollen Brauch des Herbergsuchens. Neun Tage vor dem Weihnachtsfest ging eine Statue der herbergsuchenden Gottesmutter von Haus zu Haus und bat um Quartier für einen Tag. Überall wurde sie mit Freude und mit Gebeten empfangen und auf einem geschmückten Tischlein aufgestellt. Hier brannte ununterbrochen ein geweihtes Licht, man verrichtete eine häusliche Andacht vor dem himmlischen Gast und trug ihn nächsten Abend ins Nachbarhaus, wo man ihn mit gleicher Liebe und Bereitwilligkeit aufnahm.

Daß im Advent zwei schreckliche Unholde die Behausungen aufsuchen, die böse Luzia mit dem drohenden langen Messer und der blutige Thomas, der ein besudeltes Bein zur Tür hineinsteckt, wußten wir glücklicherweise bloß vom Hörensagen. In den Markt herein, dessen Brauchtum halb bürgerlich, halb bäuerlich war, wagten sich die zwei grausamen Feinde der Kinder nicht.

Inzwischen kam der Heilige Abend immer näher. Wir Kinder bemühten uns, immer braver und fleißiger zu werden. Das Geheimnisvolle der stillen Wintertage steigerte sich, wenn hinter dem Rücken der Kinder dem Christkind fleißig an die Hand gearbeitet wurde und ein merkwürdig feiner Duft das Haus erfüllte, wann wir von der Schule nach Hause kamen. Wir ahnten es, daß das Christkind in unserer Stube gebacken haben müsse. Denn nur himmlische Bäckereien können so wundervoll duften!
Immer stiller wurde die Zeit, immer stiller wurden wir selber. Unsere Herzen drohten vor Freude und Erwartung zu zerspringen; in unseren Kinderaugen lag wohl ein Strahl überirdischen Glanzes; die »schöne Stube« im Obergeschoß des Elternhauses war mit einem Male versperrt; niemand vermochte den Schlüssel aufzufinden. Es hatte ihn ja das Christkind selber geholt, um ungestört da drinnen, zwischen den gefeierten Betten, die Bescherung vorzubereiten.
Und es wurde Heiliger Abend. Dieser heißersehnte Tag forderte schon in der Frühe ein kleines Opfer. Man mußte dem Christkindlein zuliebe bis zum Fastenessen des Mittags nüchtern bleiben. Wer sich diese Buße auferlegt, der würde sicher das Goldene Rößlein sehen, so versicherte uns Jahr für Jahr die Mutter. Und wir verzichteten gerne auf die Morgensuppe und lehnten Stunde um Stunde am Fenster und blickten sehnsüchtig hinaus auf die Dächer der Nachbarhäuser und hinauf auf den hohen Kirchturm. Und wann werden wir es erblicken, das himmlische Rößlein, wie es leicht und rasch und funkelnd springe von einem First zum andern? Raubt uns das heftige Wachelwetter den Anblick des göttlichen Boten, oder sind wir nicht rein genug, um es leiblichen Auges schauen zu dürfen? Jahr für Jahr haben wir an diesem Tag, dem »fastenden Weihnachtstag«, stundenlang seiner geharrt, und nie wurden wir seines Anblicks gewürdigt! Um wieviel ärmer waren wir Kleineren als unsere größeren Geschwister, die in diesen ewigen Wartestunden immer wieder beteuerten: »Grad ist es über das Dach hinübergesprungen! Müßt halt besser aufpassen, dann seht ihr das Goldene Heißerl auch!«
Es verging der Tag und nahte endlich der Abend. Die Schmiede

hatte früher als sonst Feierabend gemacht. Werkstatt und Haus waren säuberlich geordnet. Vor ein paar Tagen hatte das einzige Schweinlein sein Leben für Mettenwurst und Weihnachtsbraten allzufrüh opfern müssen. Schon im Sommer waren beim »Holzmachen« die festesten und knorrigsten Buchenklötze ausgewählt worden, damit sie in der Mettennacht als ehrfürchtig behandelte »Mettenbinken« das Feuer wachhielten. Die Mutter richtete dünne Brotschnitten, geweihtes Salz und geweihte Sämereien her für die segenkräftige und unheilbannende Losnachtspeisung der beiden Kühe. Für uns lagen Kletzenbrot und eine Flasche Kümmelschnaps

aus der Apotheke bereit. Da noch strengster Fasttag war, durften wir als Abendkost nichts anderes erwarten als die herkömmliche »saure Suppe«. Die älteren Brüder hantierten, zum Schrecken der Schwestern, mit Terzerol und Gewehr, damit sie würdig das Christkindl anschießen konnten. In der verschlossenen oberen Stube ging es geheimnisvoll zu. Geheimnisse heute überall!
Leise entschwand der geheimnisschwere Tag. Früh wurde es Abend. Sechs Postschlitten verließen unter den Klängen des Posthorns den Marktplatz und durchschnitten sicher die Schneewehen der weiten und nahen Weihnachtswege. Und wir lauschten dem kunstreichen Postillon von Thurmannsbang, der so wunderbar weich und beseelt auf seinem Horn das Lied »Stille Nacht, heilige Nacht« blies, indes er die Ziegelgasse hinunterfuhr. Der Mond stieg auf am Weihnachtshimmel der Heimat, und von der Ferne noch hörten wir die selige Weise, die uns versicherte, daß nun wirklich der Heilige Abend, die Mettennacht, angebrochen war.

## Die Krippenlegung in der Basilika zu Niederalteich und im Bistum Passau

Wir möchten uns das katholische Kirchenjahr nicht vorstellen ohne das reiche innige und oft so gedankentiefe Brauchtum, womit das Volk es umrankt. Viele der frommen alten Sitten waren im Lauf der letzten Jahrzehnte in Vergessenheit geraten, manche sind für immer ausgestorben. Im großen ganzen hat aber gerade das weihnachtliche Brauchtum in unserer Zeit eine erfreuliche Neubelebung und Veredelung erfahren. Soll unsere Volkskultur wieder aufblühen, dann müssen Kirche, Staat und Schule den wertvollen Volkssitten wieder alle Pflege angedeihen lassen. In dieser Hinsicht können namentlich unsere Rundfunksender beispielgebend wirken.

Was ein glücklicher Gedanke, guter Wille und die Liebe in solchen Dingen zu erzielen vermögen, zeige ein Beispiel aus unseren Tagen: die feierliche Krippenlegung anläßlich des Mitternachtsgottesdienstes der Heiligen Nacht, die zuerst in der Basilika zu Niederalteich geübt wurde und sich dann rasch in Hunderten von Kirchen Heimatrecht verschafft hat. Da ich den Brauch ins Leben rufen konnte, mag in diesem Buch einiges über Ursprung, Durchführung und Ausbreitung erzählt werden.

Von Jugend auf sind die Wochen vor Weihnachten die Lieblingszeit meines Herzens gewesen. Das mag auch davon herkommen, daß wir als Kinder schlichte, innige und fromme Weihnachten feierten. In zahlreichen Aufsätzen über weihnachtliches Brauchtum, in Gedichten, Liedern, Erzählungen, größeren und kleineren Spielen für Nikolaus und Christfest, in Vorträgen, Aufführungen und Rundfunksendungen habe ich mich seit fast vier Jahrzehnten bemüht, den Weihnachtsgedanken im Volk vertiefen und ihm die schönste Zeit des Jahres inniger gestalten zu helfen.

Im Jahre 1922 erschien die erste Auflage meines Büchleins »Waldweihnachten«, das ich als junger Lehrer im einsamen Hochwalddörfl Greising bei Deggendorf geschrieben habe. Im Frühjahr 1923

erledigte sich die Stelle des Schulleiters an der Volksschule zu Niederalteich. Das genannte Büchlein brachte es zuwege, daß ich, der Jüngste unter Dutzenden von Bewerbern, auf diesen Posten berufen wurde. Die Knabenschule und meine Wohnung waren inmitten jenes langen Klosterflügels untergebracht, der seit 1918 wiederum von Benediktinern bezogen war. Mettener Mönche hatten im letzten Jahr des ersten Weltkrieges die schwere Aufgabe der Wiederbesiedlung der seit 1803 aufgehobenen Abtei, eines der ältesten und einst eines der größten und berühmtesten Klöster des Reiches, übernommen.
Vom ersten Tag an ergab sich ein eifriges und freundschaftliches Zusammenarbeiten zwischen den liebenswürdigen Mönchen und dem jungen Lehrer. Ein trefflicher Hilfslehrer und Musikus, Bruno Heindl, und die Frauen des Englischen Institutes vervollständigten die kleine Arbeitsgemeinschaft. In Dutzenden von Veranstaltungen, wie Theatervorstellungen Einheimischer, Gastspielen namhafter Künstler, in Konzerten und Vorträgen, den »Niederalteicher Volksabenden«, bereiteten wir dem Volk aus nah und fern Feierstunden.
Im Sommer 1927 erlebte der noch immer kleine Konvent eine ungeahnte Vermehrung. Eine große Anzahl von Benediktinern aus Innsbruck und Volders bei Innsbruck erhielt Altach als neue Heimat zugewiesen. Die neuen Mönche brachten neuen Eifer mit und unterstützten mich in meiner Arbeit für Jugend und Volk mit allen Mitteln. Mönche aus dem Krippenland Tirol waren an die niederbayerische Donau verpflanzt worden. Mein Weihnachtsbüchlein hatte mich nach Niederalteich geführt und ist für mein Leben und Schaffen bestimmend geworden. Nun fügte es sich, daß wir miteinander dem Christkind in der Krippe jene Huldigung bereiten konnten, die sich bald den Weg in die Welt bahnte und seither fast überall bei uns zu jeder Christmette gehört.
Woher kam der zündende Gedanke? Ich hatte, wohl im Januar 1927, im Altöttinger Liebfrauenboten gelesen, daß der eifrige und volksverbundene Pfarrherr von Aldersbach, der heutige Geistliche Rat Josef Wieslhuber, in seiner herrlichen ehemaligen Klosterkirche die Christnachtfeier des Jahres 1926 durch Einlegung einer

dramatischen Szene belebt hatte: St. Josef und St. Maria legten das Christkind in die Krippe. Pfarrer Wieslhuber soll seine Anregung aus Schlesien geholt haben, wo man wieder zurückgegriffen hatte auf den großen Heiligen von Assisi, Franziskus, der 1223 die Krippenlegung des göttlichen Kindes erstmals feierlich begangen haben soll. Das Gelesene erweckte in mir die Absicht, die Feier in unserer prunkvollen Barockkirche nachzubilden.

In einem Adventsabend des Jahres 1927 bat ich die maßgebenden Herren des Konvents zu einer gemütlichen Kaffeestunde in meine Arbeitsstube, einst Mönchszelle gewesen wie jeder Raum meiner vielzimmerigen Wohnung. Ich erzählte von meinem Plan und fand sofort freudige Zustimmung. Wir legten in gründlicher Aussprache alle Einzelheiten der vorgesehenen Feier fest und gingen schon am nächsten Tag an ihre Vorbereitung.

Als dann die Mettennacht 1927 anbrach, war alles wohl hergerichtet und eingeübt. In unerwartet großen Scharen kamen Christnachtgäste aus nah und fern herbeigeeilt. Sie kamen zu Fuß und mit Fahrzeugen aller Art und waren teilweise stundenweit gegangen, aus entlegenen Dörfern und Einschichten des tief verschneiten nahen Waldgebirgs. Als dann der mitternächtliche Gottesdienst begann, waren Unter- und Oberkirche des großen Münsters dicht gefüllt. Die Feier verlief schön und würdig und machte auf die Gläubigen tiefen Eindruck.

So war es 1927, und so blieb es die folgenden Jahre. Ich bechreibe nun kurz die Krippenlegung, wie ich sie zuletzt 1933 in Altach miterlebt habe.

Weit hinaus in Gäu und Wald leuchten die hohen Fenster der Basilika, die ringsum die Lande beherrscht. Sie ist ein steinernes Sinnbild einer zwölfhundertjährigen bedeutenden Geschichte. Die große Glocke ladet mit wuchtigen Klängen zur Mette. Die Kirche ist überfüllt. Sie hat reichsten Weihnachtsschmuck angelegt. Über die Empore der Oberkirche schwingen sich purpurne Tücher. Hunderte von Lichtern funkeln auf den Galerien. Überall an den Altären grünen Christbäume mit glitzernden Silberfäden. Kostbares altes Gerät ist zur Schau gestellt. Die schönste Barocksakristei Deutschlands hatte ihre prunkvollen Schränke geöffnet,

um alle Wertstücke zur Verherrlichung des Christkindes in der Krippe herzugeben. Vom Gewölbe des Presbyteriums leuchtet der Weihnachtsstern auf das noch leere Kripplein. Es steht auf einem kostbaren Teppich und ist umstellt von lichterprangenden Christbäumen und hohen Silberleuchtern mit Kerzen. Droben auf der Empore mit der prachtvollen Barockorgel stimmen sie schon die Instrumente.
Die Matutin, die Mitternachtsvesper, die schon um zehn Uhr begonnen hatte, wandelt die Unruhe in Stille. Jedes Herz ist ergriffen von den zeitlosen Weisen des Chorals. Die Matutin ist beendet. Die Mönche, noch angetan mit den weiten faltenreichen Festmänteln, den »Flocken«, verlassen ihre Chorstallen und ziehen zurück in die Sakristei. Wie wird es dort jetzt bunt und lebendig!

Altachs achtzigster Abt, Dr. Gislarius Stieber (1891 bis 1956), legt die Pontifikalgewänder, der Konvent die herrlichen alten Ornate an. Nun ist es halb zwölf Uhr geworden. Die Sakristeiglocke ertönt, und die große Christkindlprozession zieht aus der Sakristei in die Hallen des Münsters. Ein Engel mit dem Weihnachtsstern eröffnet den Zug. Es folgen andere Engel und die Meßbuben in festlicher Gewandung, der Haupttrupp im Rot der Kardinäle, der stattliche Konvent in reichen Ornaten, der Herr Prälat mit Inful und Stab. Unter dem Baldachin, getragen von Männern des Dorfes in wallenden weißen Mänteln, schreitet der Senior der Abtei. Er hält in den Armen das Christkind: das wunderholde wächserne, anmutig bekleidete Fatschenkindlein aus der Rokokozeit, das der letzte Abt des alten Klosters, Kilian Gubitz, nach seinem Ableben seiner verwaisten Klosterkirche vermacht hatte. Er starb 1824 zu Regen, nachdem ihm der Schmerz über den Untergang seines Hauses das Licht der Augen geraubt hatte.
Dreimal hält der Zug inne. Jedesmal singt der Abt, immer um einen Ton höher: »Ehre sei Gott in der Höhe!« Jubelnd antwortet der vielstimmige Chor: »Und Friede den Menschen auf Erden...!« Man zieht durch das Mittelschiff an die Stufen des Presbyteriums. Mönche, Ministranten und Engel ordnen sich um das Kripplein. Der Abt legt Weihrauch ein und beräuchert dreimal die leere Krippe. Dann nimmt er aus den Armen des Priestergreises das göttliche Kind und legt es behutsam auf Heu und Stroh, es dreimal mit Weihrauch begrüßend. Der erste Kantor singt in deutscher Sprache die Frohbotschaft der Christnacht, indes ihn die Orgel ganz leise begleitet.
Jetzt betet der Abt das deutsche Weihnachtsgebet aus der Mitternachtsmesse. Aus dem Mönchschor hinterm Hochaltar erklingt, wie Gesang aus geheimnisvollen Sphären, das mehrstimmige Lied: »Schlaf wohl, Du Himmelsknabe Du!« Nun bereiten die Schulkinder dem Gotteskind in der Krippe ihre Huldigung. Sie singen »Jesukindlein, komm zu mir!«, treten paarweise an das Kripplein und küssen die Füße des Kindes. Das Lied von der stillen heiligen Nacht, von allem Volk gesungen, beschließt die Krippenlegung. Inzwischen haben sich Abt und Konvent und Ministranten in die

Sakristei zurückgezogen, um sich für das Pontifikalamt zu rüsten, in dem nun wieder die unverrückbaren Gesetze der Liturgie herrschen werden.
Nach der ersten Krippenlegung von 1927 waren in der Presse Berichte über sie erschienen. Das Bischöfliche Ordinariat Passau nahm mit Befriedigung Kenntnis von der Feier und ging in erfreulichem Eifer daran, der Krippenlegung den Weg in die gesamte Diözese zu ebnen. Es traf sich gut, daß damals eben das Rituale des Bistums Passau neu bearbeitet wurde. Bischof Sigismund Felix Freiherr von Ow-Felldorf († 1936) und sein Generalvikar Dr. Franz Seraph Riemer, heute auch Prälat, Dompropst und Apostolischer Protonotar, führten mit der zuständigen hohen Stelle in Rom die Verhandlungen zur allgemeinen Einführung des neuen Brauches in der Diözese Passau. Rom gab die Erlaubnis, und so konnte die Feier ins neue Rituale, das mit Beginn des Kirchenjahres 1929/30 in Kraft trat, aufgenommen werden. In diesem Amtsbuch ist in lateinischer Sprache nähere Anweisung für die würdevolle Durchführung der Krippenlegung enthalten. Überall, auch in der einfachsten Dorfkirche, kann sie abgehaiten werden, wenn anders bereiter Sinn, guter Wille und rechte weihnachtsfrohe Herzen vorhanden sind. Größte Schlichtheit und Vermeidung aller Maskerade empfehlen sich von selbst.
In der Christnacht 1930 wurde die Krippenlegung bereits in einer großen Zahl von Pfarrkirchen in Stadt und Land unseres Bistums abgehalten. Überall nahm das Volk den neuen Brauch mit dankbarer Freude hin. Seither bildet die Krippenlegung mit der Auferstehungsfeier am Karsamstag die volkstümlichen Gipfelpunkte des Kirchenjahres. Rasch erwarb sich nun die Krippenlegung Freunde auch in anderen deutschen Bistümern. Auch in Österreich, Böhmen und Norddeutschland hat sie sich dauernde Heimstatt geschaffen. Damit hat Niederalteich, das im Laufe seiner reichen Geschichte so Großes geleistet hat, dem deutschen Volk ein »Christkindl« geschenkt, das die schönste und heiligste Nacht des Jahres bereichert. Die Krippenlegung will und soll aber nichts sein als ein sinnfälliges und anmutiges Bild und Gleichnis, gestaltet nach dem Herzen unseres Volkes.

## Totenbewirtung in der Heiligen Nacht

Der Glaube, daß Verstorbene immer wieder nachschauen in ihrer Heimstatt, ist so alt wie die Menschheit selbst und überall durch viele Sitten und Sagen bestätigt. Bei uns öffnete man einst nach dem Ableben eines Angehörigen sofort die Fenster, damit die Seele rasch der Ewigkeit zufliegen konnte. Man verbrannte seinen Strohsack, damit er, wenn er etwa wiederkehrt, keine Liegerstatt mehr findet. Noch heute senkt man beim Hinaustragen des Toten aus dem Haus den Sarg dreimal über der Haustürschwelle. Damit will man wohl dem Toten sagen: »Merk es dir, du mußt hinaus für immer!«

Im ersten Weltkrieg half ich zweimal aus in Thaldorf unweit Weltenburg. Dort betreute meinen flüchtigen Haushalt ein braves altes Mütterlein. Ehe die Wittib vor dem Bettgehen unser Stüblein verließ, besprengte sie jedesmal die Tischplatte mit Weichbrunn, damit die armen Seelen gut ausrasten können, wenn sie um Mitternacht wiederkommen, sagte sie mir. Als wir uns einmal über solche Dinge unterhielten, berichtete sie: »Als ich noch jung gewesen bin, übte man bei uns in Affecking (bei Kelheim) in der Christnacht einen schönen Brauch. Kamen die Kirchenleut von der Mette nach Hause, war auch für das im letzten Jahr Verstorbene das Mettenessen hergerichtet. Man ließ die Mahlzeit unberührt. Kam der Tote nicht, schenkte man die Mettenwurst am Tag darauf einem Armen.«

## Mettennacht

Jetzt kimmt dös größa Fest im Jahr,
jetzt kimmt dö schöna Zeit,
denn d' Mettennacht steht vor da Tür.
U mei, is dös a Freud!

Dös is a Fest, dös Wunda tuat.
Is 's Herz aa krank und müad,
so ist 's ganz gewiß, daß 's um dö Zeit
vom Elend nix mehr gspüat.

A Stuck vom Himmi wird uns gschenkt
mit tausnd liachte Stern.
Doch, wer a rechte Freud habn will,
muaß wiara Kindal wern!

Hell leucht da Schnee im Sternenglanz;
es betnt Wald und Feld.
Denn 's Christkindl floigt staad und leis
jetzt durch die ganze Welt.

Und tausnd Engal, dö floingt mit
und singand wunderschä.
Und überm Kirchal, houh am Berg,
da bleibns auf oamal stäh.

Da kracht a Schuß durch d' Mettnnacht,
es zittert jeda Baam.
Da Himmi glanzt; da Schuß, der rollt,
wia wann a Wöda kaam.

Und nachand hebts ös 's Läutn an.
Wia seltsam daß 's heut klingt!
Wia wann a Gsang vom Himmi drobn
auf d' Erdn abadringt.

Und 's Reh lust unterm Tannabaam.
Da Vogl afn Ast,
der schüttlt sö und schaut und specht,
denkt nimma an sei Rast.

Lus nur, du Vogal drobn am Zweig,
dös Läutn ist 's scha wert!
Aso a Musi hast na nia
im Holz heraußtn ghärt.

Lebendi wirds jetzt umadum
von rundum kemmand d' Leut.
Denn neamd will bei da Mettn feihn,
koa Weg is z' schlecht und z' weit.

Dort hatscht a alta Mann daher,
da stieföd durchn Schnee
a Muattal mit da Stallatern
und schaut voll Freud in d' Höh.

Im Kirchal drin, da is 's so liacht,
es funklt da Altar.
Im Krippal drin liegt 's Kind und spielt
mit seine kraustn Haar.

Auf oamal wird alls mäusalstaad,
koan Atm härst mehr gäh;
denn jetzad singans 's Hirtnliad
so hoamli und so schä.

Dazwischn jubelt laut a Geign,
es trillat 's Klarinett.
Dö liabe Frau am Krippal woant,
da Joseph aber bet'.

Und 's Kindal richt' sö auf im Strouh
und schaut uns an und lacht
und gfreut sö selba, wias ma scheint,
jetzt üba d' Mettnnacht.

## Wie zu der Schergenfranz das Christkind gekommen ist

Dort, wo sich der düstere Hochwald zu einem sonnigen Berghang öffnet, steht im Schatten alter Fichten und Buchen eine kleine hölzerne Behausung, menschenfern und weltverloren. »Auf der Schergenhöh« heißt mans hier. Denn an der Stelle, wo heute die friedliche Heimstatt steht, drohte vor vielen Jahren der Galgen, waltete der Scherge seines blutigen Amtes. Noch erzählt man sich an langen Winterabenden gruselige Geschichten und Mären von feurigen Männern, die da droben in unheimlichen Losnächten den verspäteten Wanderer erschreckten. Wer zu nächtlicher Stunde hinauf muß in die entlegene Einöde der Schergenhöh, macht weite Umwege.

Die dort droben im Schergenhäusl wohnt, die Schergenfranz, die ledige Franziska Gschwendtner, ist selber eine lebendige Sage. Seltsam ihr Aussehen, seltsam ihre Lebensweise. Seit sie nimmer herunterkommt in die fruchtgesegneten Talgründe, haben böse Menschen über sie unheimliche Gerüchte erfunden und verbreitet. Denn die Welt wird nie solche Menschenkinder lieben und verstehen, die eigene Wege gehen und ihr Seelenheil suchen in stillen Winkeln, in die der Lärm des Alltags nicht zu dringen vermag. Immer schon ist sie eine eigene Person gewesen, die Franz. Als sie noch auf den großen Höfen gedient hat, wurde schon gemunkelt, daß sie »spinne«. Aber sie hat geduldig jenen Spott ertragen. Böse Worte konnten das gütige Leuchten ihrer Augen niemals verdunkeln, und obwohl sie in ihrem langen Leben nicht viele gute Tage gehabt hatte, hat man sie nie mürrisch und verdrossen gesehen. Sie gehörte zu jenen Verkannten und Unverstandenen, die sich in dieses Leben nie recht hineinschicken können, denen das trostvolle Wort gesprochen ward: »Selig sind die Armen im Geiste, denn ihrer ist das Himmelreich!«

Nun war die Schergenfranz alt und schwach geworden. Die geringen Kräfte ihres Körpers reichten kaum mehr aus, den ein-

fachen Haushalt und die einzige Kuh zu versorgen. Man hatte ihr nahegelegt, ins Armenhaus zu übersiedeln oder in ein Spital. Da hatte sie weinend geantwortet: »Laßt mich heroben, wo ich auf die Welt kommen bin und meinen Eltern die Augen zugedrückt hab! Ich paß nimmer unter die Leut und müßt auf der Stell sterben drunten im Armenhaus! Laßt mich heroben da in Gottes Namen!«
Aber sie hatte kaum mehr so viel, um ihr altes Leben zur Not fristen zu können. Es gab keinen Verdienst mehr durch Leichenbitten, Arnikabrocken, Flicken und Stricken. Die schwachen Füße vermochten den Körper kaum mehr zu tragen. Die schwieligen Hände, die Zeugnis ablegten von einem Leben voll Arbeit und Mühe, waren müde geworden und zitternd. Die reichen Bauern drunten im Tal, sie hatten wohl die gesunde und kräftige Franz gut brauchen können. Aber der hilflos und arm Gewordenen gedachten sie nimmer. Manchmal ist die Franz noch heruntergestiegen, Hilfe heischend. Aber die großen Bäuerinnen wiesen sie mit wohlfeilen Ausreden ab. Da hat die Alte feierlich den Schwur getan, nicht mehr an die Türen der Hartherzigen zu pochen, und sich von da an noch dichter eingesponnen in die Geheimnisse und den Frieden des sagenumwobenen Schergenhäusls.
Winter wars geworden. Die bittere Kälte und der schneidende Wind, der aus dem Böhmerwald pfiff, vernichteten die schwächliche Gesundheit der Schergenfranz fast ganz. Aber sie ist drüber nicht traurig geworden. Über ihr mildes Gesicht legte sich nun neuer friedlicher Schimmer. Die Bewegungen ihres zitternden Körpers wurden feierlich und gemessen. Tagsüber saß sie oft stundenlang auf der alten Truhe, traumversunken, ganz still. Dann zauberte wohl die Erinnerung schöne Bilder aus vergangenen Tagen in ihre ruhevolle Seele. Dann plauderte sie mit der guten Mutter, dem immer kränklichen Vater, den vielen Geschwistern. Alle waren sie tot, und lange kamen sie nicht, so lange nicht, sie, die Vergessene, abzuholen, die nichts mehr zu suchen hatte auf dieser Welt. Aber trotz allen Elends war sie stolz und glücklich darüber, als Letzte ihres Stammes das bescheidene Erbe ihrer Ahnen betreuen zu dürfen. Als nach dem Tod des

ältesten Bruders das überschuldete Anwesen unter den Hammer kommen sollte, hatte sie die paar Hunderter, die sie sich einst als lebfrische Dirn drüben im Rottal vom Mund abgespart hatte, zusammengekratzt und die geliebte Heimat vor der Versteigerung errettet.

Zwei Freunde waren der Alten noch geblieben: draußen im Stall die Kuh, die Muckl, und der schwarzgestriemte Kater, beide alt und nicht mehr viel nutz. Aber sie kannten und verstanden die Franz und waren dankbar für jedes gute Wort und jede Liebkosung; denn die Tiere haben eine feine Witterung für die Art des Menschen. Drum kamen im strengen Waldwinter auch gerne Scharen lustiger Vögel an die Fensterlein des Schergenhäusls, an denen immer Futter bereitlag. Die sonst so scheuen Raben nahten sich krächzend, um mit ihren dicken Schnäbeln Brot aus der dürren Hand der Alten zu picken. Droben in der tiefen Einsamkeit war sie immer mehr verwachsen mit Tier und Blumen, Baum und Strauch. Ihre einfache Seele verstand die Sprache der Schöpfung, die viele unter uns nicht hören.

Es war Dezember geworden. Der Schnee wurde immer mehr, das Licht immer weniger. Ehe es die Franz in ihrem zeitlosen Dahinleben gemerkt hatte, kam der Heilige Abend. Da wurde die Alte kinderfroh. Festliches Leuchten floß aus ihren Augen, die allein noch frisch geblieben waren. Eine seltsame Freude durchströmte ihr Herz. Es war ihr, als sollte heuer reichster Segen des Christkindes auf sie herniederkommen. Doch, was sollte ihr das Fest bringen? Zeitlebens hat sie kein Geschenk zum Weihnachtsfest bekommen; und heuer sollte ihr selbst die überirdische Pracht der Christmette versagt sein. Der Schnee lag hoch, der Weg zur Pfarrkirche war weit und beschwerlich. Dennoch war die Franz voll frohen Mutes, kraft der himmlischen Verheißung, die einst den Hirten von Bethlehem und mit ihnen allen Friedvollen ward. Wie sie es ihr ganzes Leben lang geübt hatte, so wollte sie auch heuer Mettennacht und Christfest feiern. Einfach und innig, ganz hingegeben dem Segen des Christkindes und seinem Zauber.

Mit Aufwendung aller Kräfte macht die Franz nachmittags ihr Stübchen sauber, das zum Wohnen, Schlafen und Kochen zugleich

dient. Es gelingt den müden Händen, das armselige Heim mit traulichem Feierabendzauber zu erfüllen. Oft muß sie unter der Arbeit erschöpft innehalten, denn ihr Atem ist kurz geworden und ihre Kraft dem Erlöschen nahe. Mitten unterm Aufräumen überfällt sie der Gedanke, daß sie heuer zum letzten Male Weihnachten feiere. Diese Überzeugung gibt ihr Mut und Stärkung zu all den Verrichtungen, die ihrer harren. Vom finstern Dachboden herunter schleppt sie ein paar knorrige Holzklötze, die Mettenbinken, die ihr Stübchen warm halten sollen bis Mitternacht, in der sie noch einmal die Weihnachtsglocken hören will.
Ein früher Abend sinkt hernieder. Immerzu schneit es, den ganzen Tag und auch in die Heilige Nacht hinein. Nun zündet die Alte das winzige Öllämpchen an und ißt aus einer Schüssel den dünnen Kaffee, den sie von gestern her aufgewärmt hat. Jetzt sucht sie mit zitternden Händen im Wandschränkchen nach dem Säckchen mit geweihten Kräutern, wie sie jeden Sommer ein Klosterbruder bringt. Sie bestreut eine Schnitte Brot mit den gesegneten Blüten und Samen, besprengt sie mit Weihwasser und geht hinaus in den Stall, die liebe Kuh mit dem Geweihten gegen Unglück und Zauber zu schützen.
In der tiefen Nische des Stallfensters steht das kleine Licht. Gebeugt lehnt am granitnen Barren die Franz. Sie redet der Kuh zu: »Da, nimm das Geweihte, Alte! Sollst auch ein bißl was haben zum Christkindl! Bist halt auch ganz allein in der Mettennacht und hast Zeitlang! Aber das Geweihte wird dir guttun! Nimms nur, Alte, und schlünd es gleich hinunter, damit dir nichts passiert!« Liebkosend streichelt die Franz den Hals der Kuh. »Schau, Alte, was tät ich, ich könnt mir keine Suppen aufschmalzen und keinen Zwirl machen! Denn wann ich dich nicht hätt, dann gäbs bei mir nie einen Kaffee! Ein Fleisch kann sich ja unsereins nicht kaufen vor lauter teuer! Drum ists gut, daß ich dich hab, du braves Kuhl! Bist halt auch schon alt wie ich! Überall kann man bei dir die Beiner greifen! So, und jetzt legst dich wieder schön nieder auf deine Streu und tust gut schlafen!«
Die Franz geht zurück in ihr Stübchen. Auf dem Bett schnurrt behaglich der alte Kater. Die Alte lockt ihn: »Steh auf, Muckl,

jetzt darfst was sehen!« Mit einem Sprung sitzt die Katze auf der Schulter der Franz und legt schmeichelnd den Kopf an ihre grauen Strähnen. Die Franz öffnet mühsam eine alte Truhe und nimmt aus ihrer Tiefe einen Gegenstand, der in ein weißes Tuch gehüllt ist. Freudestrahlend löst sie sorgfältig die Umhüllung. Gold und Silber, eitel Blumen und Sterne, liebliche Locken und seliges Lächeln kommen heraus aus dem Linnen, ein allerliebstes Christkindl mit wächsernem Köpfchen und ebensolchen Händchen, in alte herrliche Kleider getan. Nun stellt die Franz die köstliche Figur auf den Tisch, entzündet daneben zwei Kerzen, rückt einen Stuhl heran und nimmt den Kater in ihren Schoß.

Im milden Schein der Wachslichter lächelt das Jesulein hold und weihnachtlich. Golden strahlen die dichten Locken aus echtem Haar, die das pausbackige Gesichtchen des göttlichen Kindes fröhlich umrahmen. In feinen Farben leuchten die Blätter und Blumen des golddurchwirkten Brokats, aus dem das lange faltenreiche Kleidchen gefertigt ist. Ein nobler Mantel aus azurblauer Seide, mit breiten echten Goldspitzen besetzt, legt sich in fürstlicher Pracht um das Kind. Schühlein und Gürtel sind mit blitzenden Steinen und Sternen belegt. An der rechten Hand hält das Jesulein eine blaue Traube, am Finger gleich vornehmen Menschenkindern ein zierliches Ringlein. Ein Kranz von Sternen umgibt als Heiligenschein das liebliche Köpfchen des Kindes.

Wurde dieses Bildwerk aus fernen kunst- und farbenfrohen Klosterzeiten in diese düstere Kammer gezaubert, sie mit himmlischer Heiterkeit und christnächtlicher Anmut zu beleben? Die Schergenfranz liest die vergilbten Schriftzüge auf dem alten Zettel am Boden des Sockels:

»Dises Jesukindl hab ich kaufft beim Dandler in Passau am Blasitag anno 1856, wie ich vom Rotthal heimkommen bin vom Dienst und had kost drey Gulden und ist vom Kloster Fürstenzehl.

                                Franziska Gschwendtner.«

Tränen rollen über die verwitterten Wangen der Franz; denn ihre einstige Handschrift läßt gleich Nebelschleiern Bilder aus den Jugendtagen durch ihre Seele ziehen. Aber schnell faßt sie sich

wieder. Zärtlich streichelt sie Gesicht und Kleidchen des Kindes und sagt: »Gelt, Christkinderl, jetzt hast wieder herausdürfen aus der finsteren Truhen! Hat sich halt allerhand verändert seit Lichtmessen, wo ich dich allemal wieder aufheb, damit du nicht sternvoll Staub und Rauch wirst! Alle zwei sind wir halt wieder um ein Jahr älter geworden seither. Freilich, du bist noch alleweil schön und sauber, und ich bin ein alter Scherben geworden! Keinen Zahn mehr im Mund, schwache Füß, matte Arm, den Atem schon ganz heroben und alleweil so ein Sausen im Hirn! O mein, weißt es ja selber gut genug, was es alles gibt unter den Leuten! Bist selber arm und klein gewesen, wie du auf die Welt kommen bist, und hast nicht einmal eine Heier, eine Wiegen, gehabt. Gezogen hats in deinem Stall, und das Liegen auf dem Stroh wird sicher nicht leicht gewesen sein! Und bist doch unser Herr und Heiland selber und so ein nettes Putterl, daß man dich gleich erdrücken könnt!« Die lange Rede hat die Alte über Gebühr angestrengt. Sie atmet, rastet, streichelt das Kindlein und fährt fort: »Hör nur, Jesukinderl, wie ich schnaufen und resseln muß! Und möcht immer mit dir reden und dich immer anschauen! Dein schönes Gewand, die feinen Schuherl, das goldene Ringlein – alles so akkurat und so fein, wie es sich halt gehört für dich!« Die Franz nimmt die Figur in die Hände und läßt das Jesulein umherblicken im ganzen Stüblein. »Einen Christbaum findest bei mir wieder nicht. Bei mir ists halt nicht wie bei den nobligen Leuten in den Märkten und Städten. Muß halt die Mettennacht recht armselig feiern: in der Schublade kein Bröckerl Kletzenbrot, keinen Tropfen Kümmelgeist wie sonst, nicht einmal eine Mettenwurst! Weißt es ja selber, daß ein Armes nichts erwischt! Aber ich hab wenigstens dich, und was brauch ich dann mehr? Kann dich anblicken heut stundenlang und diskurieren mit dir, weil ich nicht hinuntergehen kann zur Christmetten! Ich könnts nimmer machen, nein! Darfst mir drum nicht harb sein, liebes Christkinderl! Dafür bet ich ein paar Rosenkränz und les ich das Evangelium von deiner Geburt und die Hausmesse aus der Goffine! Und du wirst das alles gelten lassen und mir beistehen heut und alle Zeit und in Ewigkeit! Amen!«

Franz läßt sich nieder und betet halblaut. Dann schlummert sie ein. Ganz still ist es im Weihnachtsstübchen. Feierlich tickt die alte Wanduhr. Der Kater schnurrt. Ruhig flammen die Kerzen und beleuchten das liebliche Angesicht des Christkindes. Im Halbschlaf beginnt Franz zu singen, leise, sehr leise, doch klar, aber mit einer seltsamen erdentrückten Stimme. Ein uraltes Weihnachtslied, lange vergessen, lehrt sie der Traum wieder:

Frohlockets im Himmel, frohlockts auf der Erd,
daß Gott bei uns Sündern und Sünderinnen einkehrt!
's Kind liegt in der Krippen auf Stroh und auf Heu
beim Ochs und beim Esel im Winkel hiebei.

Daneben kann man sehn eine schöne Jungfrau,
so schön wie ein Engel, man mags nöt genug schaun:
zwei Wangerl wie ein Apfel, zwei Augn wie Kristalln.
Ich hab d' Kaiserin gesehn, hat mir nöt aso gfalln.

Im Winkel hiebei ist ein kreuzbraver Mann,
hat d' Augen voller Wasser, schaut 's Kind sinnla an.
Wart, wart, du kleines Manderl, ich weiß, was ich tu,
ich kauf dir ein Gwanderl, ein Pfoaderl dazu!

Ein damastenes Häuberl, dein Nam muß drauf stehn,
deine Mutter wird selbst sagen: »Dies Häuberl is schön!«
Ein Stern tut uns leuchten, eine Schrift steht dabei:
»Gloria in excelsis!« »Der Fried mit euch sei!«

Dann verstummt das Lied, und die Alte sinkt in tiefen Schlaf. Lange, lange schläft sie. Der Waldwinter stürmt und wachelt um das verschneite Schergenhäusl. Zuweilen flackern die Kerzenflammen. Denn der Schneewind bläst durch die Ritzen der Fensterlein. Bald werden die Kerzen verzehrt sein. Immer noch lächelt und segnet das Christkindlein.

Mittendrin verkündet die Wanduhr mit lautem Schlag die Mitternachtsstunde. Franz wacht auf, erschrickt, fährt sich über die Augen und merkt, daß sie lange geschlafen und daß sie geträumt habe. Schon zwölf Uhr! Mitternacht! Nun wird man gleich zusammenläuten zur Christmette drunten im Pfarrdorf. Franz erhebt sich, öffnet mühsam ein Fenster und horcht hinaus in die Heilige Nacht.

Ihre Augen, tief und dunkel wie die Bergseen ihrer Waldheimat, suchen vergebens nach den Sternen der Christnacht und dem Silberglanz des Mondes. Da tönen einsame Schüsse durch das Purren des Schneewindes. An den Hängen der Berge hallen die Schüsse wider. Unter dem Donner der Ehrensalven hält das Christkind seinen Einzug bei den Menschen. Nichts kann die Franz sehen von den leuchtenden gotischen Kirchenfenstern der Pfarrkirche, nichts sehen von seliger Lichterfülle, nichts hören von holder Hirtenmusik und wiegendem Krippenlied, nicht knien am Stall des Kripplems.

Endlich hebt die Luft an zu zittern in ehrfürchtigem Schauer: die Glocken der Mettennacht! Der erste Ton der großen Glocke, der Stürmerin, eröffnet den melodischen Reigen. Dazu gesellen sich die milden und lieblichen Stimmen der übrigen Glocken, Akkorde voll heiliger Harmonie, Jubel und Frohlocken durchbrechen Wind und Schneeschauer, tönen durch die Nacht, breiten sich aus im weiten Talgrund, steigen heran die Hänge und Berge, schwingen sich hinein in die Tobeln und Schlüfte und streichen hindurch zwischen den Ästen der schneebedeckten Tanne. Und die Vögel, die in ihren Zweigen schlafen, wachen auf und schütteln verwundert die Köpfchen. Das Brausen der Glocken wird immer mächtiger. Es ist, als ob sich alle Glocken des Waldgebirges zusammengefunden hätten zu einem einzigen weihnachtlichen Frohlocken.

Die heiligen Akkorde finden das offene Fenster droben auf der Schergenhöhe, dringen in das arme Stüblein und umschmeicheln das Christkindlein im goldenen Brokatgewand, das ihnen Sprache und Klang gegeben hat.

Die Ohren der Schergenfranz, die das hohe Alter beinahe verschlossen hatte, tun sich auf, und die Musik der Christglocken erfüllt die Seele der Alten mit süßem Ahnen und reinem Glück. Freudestrahlend sinkt sie in die Knie, den Blick auf das liebe Christkindlein richtend. Und wieder hebt sie an zu singen, ganz leise und verklärt:

> Ein Stern tut uns leuchten, eine Schrift steht dabei:
> »Gloria in excelsis!« »Der Fried mit euch sei!«

Dann verstummt der Gesang. Dann verstummen die Glocken. Abglanz des Himmels liegt über dem verklärten Antlitz der Schergenfranz.
Und das Christkindlein im goldbrokatenen Gewand segnet lächelnd das Haupt einer Toten — — —

## Unheimliche Mettennacht

*Christnachtsagen aus dem Bayerischen Wald*

In der Tittlinger Pfarr ist am fastenden Weihnachtstag ein Bauer gestorben. Alle Leut vom Hof sind in die Christmette gegangen. Bloß der Hiasl, der alte Knecht, ist daheim geblieben, ganz allein, und hat seinem toten Bauern die Wache gehalten. Der Bauer ist in der Stube hinten im Eck auf der Ofenbank gelegen, hemdärmelig, die Zipfelhaube auf, die weißen Söckel an, wie es früher der Brauch gewesen ist. Der Knecht ist vorn am Tisch gesessen und hat aus einem heiligen Buch, dem »Himmelsschlüssel«, gelesen. Jetzt erschrick mir ja nicht! Der tote Bauer läßt mittendrin einen Arm fallen. Der Hiasl geht hin, meint nichts dabei und richtet den Arm wieder schön hinauf, legt die Hände wieder schön zusammen und wickelt den Rosenkranz wieder um sie herum.
Es dauert nicht lange, läßt der Bauer einen Fuß herunterfallen über die Bank. Der Hiasl geht hin und tut ihm den Fuß wieder hinauf. Der Knecht ist wieder vertieft in sein schönes Lesen, da wird der Bauer völlig lebendig, steht auf und hebt das Reden an: »Brauchst nöt erschrecken, Hiasl, ich will dir bloß was sagen! Merk es dir für alle Zukunft, daß man in der hochheiligen Mettennacht nie allein bei einem Toten aufbleiben darf! Unsere Macht ist heute so groß, daß ich dich auf der Stelle in tausend Trümmer zerreißen könnt! Es soll dir aber nichts passieren; denn du hast mir allweil redlich gedient!«
Kaum hat der Bauer das gesagt, legt er sich wieder auf seinen alten Platz, tut die Hände wieder zusammen, macht seine Augen zu und wird wieder stumm und steif wie von eh. Den Hiasl aber hat eine hitzige Krankheit gepackt. Wie dann endlich die Mettenleut heimgekommen sind von der Kirche, hat er ihnen noch mit Hundsschanden erzählen können, was ihm untergekommen ist. Nach etlichen Tagen aber hat ihn sein Bauer abgeholt. Tröst sie alle zwei der liebe Gott!

In der Ilzleiten bei Tittling haben frevelhafte Leut in der Mettennacht einen Totenkopf ausgegraben, gesotten und alsdann auf den Tisch gestellt. Dann haben sie ihn um allerhand ausgefragt, und siehe, der Totenkopf hat ihnen auf alles Antwort gegeben. Er hat den Leuten aber auch so fürchterliche Dinge erzählt, daß sie den Totenkopf wieder hätten wegnehmen und in sein Grab bringen wollen. Aber kein Mensch konnte den Schädel heben, so schwer war er geworden.
Da haben sie dem Pfarrer von Tittling die Post getan, auf der Stell möcht er kommen und den Totenkopf ansprechen. Der Pfarrer kommt, stellt sich vor den Totenkopf hin und betet, was er herausbringen kann. Allein das Beten fruchtet nichts, der Schädel rührt sich und reibt sich nicht. Aber er fangt an zu winseln und zu weinen und macht den Leuten Vorwürfe, weil sie seine Grabesruh gestört haben.
Die Leut haben sich nimmer zu raten und zu helfen gewußt. Schließlich ist ein Bauer mit einem laufenden Fuhrwerk nach Passau gefahren und hat einen neugeweihten Herrn geholt. Der kommt, verrichtet seine Gebete, nimmt den Totenkopf mit leichten Händen weg und bringt ihn glücklich zurück in sein Grab. Seitdem verlangt es sich in der Ilzleiten niemand mehr, in der Heiligen Nacht einen Totenkopf auszufragen.


Wer sich in der Mettennacht unter den Futterbarren legt, kann das Vieh reden hören. Das ist eine alte Wahrheit, und ein Bauer in der Pfarrei Oberkreuzberg hat sie ausprobieren wollen. Wie er also so ganz heimlich drinliegt in seinem Stall, hebt der eine Ochs das Reden an: »Ein schlimmes Jahr haben wir vor uns, Scheckl!« »Warum denn?« fragt der Blaßl. »Ja, warum? Weil wir im neuen Jahr unseren Bauern auf den Kirchenberg hinauffahren müssen, in den Freithof!«
Da ist dem Bauern zweierlei geworden, versteht sich, und hat schleunig den Stall verlassen. Und von dieser Stunde an hat er gekränkelt. Bald aber ist es so gekommen, wie es die Ochsen

vorausgesagt haben. Im frühen Auswärts legt sich der Bauer hin und stirbt. Und seine zwei Ochsen, der Scheckl und der Blaßl, haben ihn auf dem Leiterwagen die bergige Straß in den Gottesacker hinaufgebracht.
Zum ewigen Gedächtnis haben seine Hinterbliebenen eine schöne Tafel malen lassen, auf der diese merkwürdige Geschichte abgebildet ist. Und wer das nicht glauben will, der kann noch heut in der Kirche zu Oberkreuzberg diese Tafel sehen und betrachten.


Was ich jetzt erzähl, ist passiert in der Kirchberger Pfarr in der Gegend von Regen. Da ist eine säumige Bäuerin gewesen, die hat gern das Hinterste vor dem Vördersten getan und drum sich auch das Krapfenbacken bis in die Mettennacht verspart. Grad unterm hochheiligen Mettenamt steht das Weib in der Kuchl vor der heißen Schmalzpfanne und dreht die Krapfen um mit dem Spieß. Da klopft jemand ans Fenster, und schon glotzen zwei feurige Augen herein in die Kuchl. Gott helf uns, der leibhaftige Teufel ist es gewesen! Und mit schnarrender Stimm fährt der Hörndlmeier Sepperl (so heißt man bei uns den Teufel) die Bäuerin an:

> Alte Fretten,
> geh in d' Metten!
> Back deine Krapfen
> nach der Metten!

Da hat die zu Tod erschrockene Bäuerin auf der Stell die Pfanne weggerückt vom Feuer und das Krapfenbacken aufgehört. Und fürderhin hat sie die Mettennacht heiliggehalten wie andere Leut auch.


In Abtschlag, liegt auch wieder in der Gegend von Regen, ist in der Mettennacht der Sohn vom Bauern ganz allein daheim geblieben und hat das Essen für die Mettenleut hergerichtet. Da geht er

zum Dorfbrunn hinaus, um das Knödelwasser zu holen. Auf einmal wird es ganz licht um ihn, und er sieht einen großen Leichenzug daherkommen. Voran trägt einer die Fahne, dann tragen sie eine weiße Totentruhe daher, hinter ihr geht der Geistliche mit den Ministranten. Und dann sind seine Eltern gekommen und seine Geschwister und haben recht geweint. Und viel Leut sind hinterdrein gegangen und haben laut gebetet: »O Herr, gib ihm die ewige Ruhe!« Und unter den Leichleuten sind viele gewesen mit fremden und unheimlichen Gesichtern.
Ist leicht, daß da den blutjungen Burschen ein gacher Schrecken gepackt hat! Auf der Stell hat er sich ins Bett legen müssen, und schon nach drei Tagen haben sie ihm die Augen zugedrückt. — Ja, was es nicht alles gibt auf dieser Welt!
Diese Geschichte hat mir die Wirtin von Greising erzählt. Und derjenige, der in der Mettennacht seine eigene Leiche gesehen hat, ist ihr Vetter gewesen.


Wo sich zwei Wege kreuzen, auf denen Tote zum Friedhof gefahren werden, kann man in der Mettennacht den Teufel beschwören. Wer das will, muß vielerlei wissen und können und darf keine Furcht haben. Das haben einmal meine Landsleute ausprobiert, und zwar an der Wegkreuzung, wo sich die alte Landstraße mit dem Weg schneidet, der von Loizersdorf nach Hörmannsdorf führt. Gewagt haben das Stückl die Tittlinger, weil sie vom Teufel haben Geld haben wollen.
Also, da zieht einer um Mitternacht mit seinem Hakelstock einen Kreis um das Straßenkreuz, und die anderen stellen sich rund herum. Das heißt man das »Kreisstehen«. Hundert schreckliche Dinge kommen über solche Leute, und wer sich nicht fürchtet, der hat gewonnen. Wer aber auch nur mit einem Fuß in den Kreis hineinkommt, der ist verloren für alle Ewigkeit; denn er gehört dem Teufel. Wer aber standhaft bleibt, kann vom höllischen Satan verlangen, was er will; der Teufel muß es ihm geben.
Als es die zwölfte Stunde schlägt, erscheint der Teufel unter

fürchterlichem Krachen und fragt die Männer nach ihrem Begehr. Der Anführer sagt: »Einen Sack voll Goldstückl möchten wir haben!« Und schon steht ein mordsgroßer Sack, gefüllt mit lauter Goldgeld, da. Aber der Teufel will auch seinen Lohn haben und meint: »Aber einer von euch muß mir seine Seele geben!« Und er fragt den nächstbesten: »Ist dir deine Seele feil?« Der antwortet: »Mir nicht! Aber dem neben meiner!« Jetzt fragt der Teufel den Nachbar, und der hat die gleiche Ausred. Und so foppen die Tittlinger den Schwarzen herum in der Runde. Da kommt der Teufel zum letzten und stellt wieder die gleiche Frage. Der aber hat ein hochgeweihtes großes Kreuz dabei; das hat er sich auf seinen Buckel gebunden gehabt. Jetzt reißt er es schnell herunter und hält es dem Teufel vor die glosenden Augen. Brüderl, da ist er wild geworden! Und er hat gebrüllt und — mit Respekt gesagt — gestunken wie sieben Teufel miteinander, und er ist auf und davon und hinuntergefahren in sein höllisches Loch.

Aber den Geldsack hat er dalassen müssen. Und den haben die Männer heimgetragen. Aber bald hätten sie den Markt nicht erreicht. Denn ein so schreckliches Unwetter ist ausgebrochen, daß man gemeint hat, jetzt geht auf der Stell die Welt unter. Aber die Männer haben das Teufelsgeld richtig heimgebracht und unter sich verteilt. Ob ihnen mit diesem Geld viel geholfen gewesen ist, weiß ich nicht. Recht viel Segen kann nicht dabei gewesen sein! Übrigens hat an der gleichen Stelle noch im Jahr 1909 ein böhmischer Steinhauerschmied, der in meiner Heimat in Arbeit stand, das Kreisstehen probiert. Aber der gute Wenzel hat weder den Teufel noch ein Goldstückl zu sehen gekriegt.


Neun Tage vor Weihnachten mußt du anfangen und es so machen, dann kannst du in der Mettennacht die Hexen sehen: Du darfst dich nicht mehr waschen und kämmen, darfst in keine Kirche gehen und nichts beten und dir keinen Weichbrunn nehmen! Mach dir ein Schemelchen aus neunerlei Holz, das nimmst du dir in der Mettennacht mit in die Kirche, aber ganz heimlich,

und da kniest du dich darauf! Und wenn dann der Priester aufwandelt, kannst du alle Hexen sehen; denn während der heiligen Wandlung muß jede umschauen.
»Also, das mach ich auch, vielleicht ist meine Alte auch darunter!« hat sich vor Zeiten ein Tittlinger denkt, der seine Behausung in der Spektakelgasse gehabt hat. Und er hat sich drauf vorbereitet, wie es vorgeschrieben ist. Richtig sieht er beim Mettenamt unter der heiligen Wandlung, wie die Hexen alle umschauen. Und wie fuchtig und wild haben sie den Neugierigen angeglotzt! Er ist drüber erschrocken, daß es unter seinen Bekannten so viele Hexen gibt. Sein Weib ist aber nicht dabei gewesen.
Als die Kirche aus war, wollte er schnell mit seinem Schemel nach Hause eilen. Aber vor der Kirchentür haben die Hexen schon auf ihn gewartet. Sie haben ihn angefaucht, ihm das Gesicht zerkratzt und das Gewand bös zerfetzt und eine Ohrfeige nach der anderen gegeben. Das Schemerl haben sie ihm auch herausgerissen unter seinem Rock. Mit Müh und Not hat der Bedrängte seine Heimstatt erreicht.


Zum Schluß noch ein Stückl aus der Deggendorfer Pfarr! Ja, gewußt hat ers freilich, der stockverliebte Bauernsohn aus Breitenbach, der Wolfgang, daß es ein Frevel ist, wenn man in der Heiligen Nacht zum Kammerfenster geht. Aber die Lieb läßt sich halt nicht so leicht bändigen. Drum will unser Gang auch in der Mettennacht sein Weiberleut aufsuchen. Wie er sein Dörferl hinter sich hat, stellt sich ihm ein mordsgroßer Geißbock entgegen. Es war in einem finsteren Hohlweg. Der Bock läßt den Burschen einfach nicht weitergehen. Der Gang springt jetzt die Böschung hinauf, der Bock springt ihm nach. Der Gang steigt wieder in die Hohlgasse hinunter, sofort ist auch der Geißbock neben seiner. Da will sich der Bursch durch einen kecken Sprung von dem Untier freimachen. Aber der Bock kommt ihm zuvor, fährt dem Gang zwischen die Beine, so daß der Liebeshungrige auf einmal verkehrt auf dem Bock sitzt. Hui, hebt jetzt ein wilder Mettenritt an! Im Saus gehts dahin, der Stadt Deggendorf zu, hindurch durch ihre verschneiten Gassen und Straßen, die so feierlich still sind, und ans Ufer hinunter. Auf der Donau treibt mit Krachen und Poltern ein wilder Eisstoß. In rasendem Ritt muß jetzt der zitternde Bursch die Donau überqueren. Sie sausen vorbei am Natternberg und erreichen Michaelsbuch. Als der Bock mit dem schweißtriefenden Gang am Freithof vorbeijagen will, läutet es groß und schön zur Christmette. Da ists auf der Stelle aus mit der Macht des Leibhaftigen. Denn niemand anders als er hatte sich in dem Bock versteckt. Das höllische Tier machte einen gewaltigen Satz, schleudert den Gang über die Freithofsmauer und verschwindet. Frühmeßleute haben dann am Christmorgen den Frevler gefunden, in Holzschuhen, hemdärmelig und nicht bei sich selber, hinter einem Grabstein liegend.

# Die Heiligen Drei Könige mit ihrigem Stern

Die Nacht vor dem Fest der Heiligen Drei Könige, die in meiner Waldheimat die Rauhnacht oder Rauhernacht heißt, umkränzen Kirche und Volk mit schönen alten und sinnvollen Gepflogenheiten. In den Gotteshäusern, die um Weihnachten herum die Kindheitsgeschichte des Heilands in bunten und lebendigen Krippenvorstellungen vorführen, tut sich jetzt eine neue Welt auf. Die bäuerlichen Hirten haben die Anbetung des göttlichen Kindes vollzogen und kehren wieder zu ihren einsamen Herden zurück. Dafür füllen sich jetzt die Fluren von Bethlehem mit echt morgenländischem Leben. In prunkvollem Aufzug reiten die Könige dem wunderbaren Stern nach, der nun auf einmal über einem verfallenen Stall stillsteht. Kostbare Gewänder und erlesene Geräte funkeln, eine vielköpfige Dienerschaft ist des Winkes ihrer hohen Gebieter gewärtig, Elefanten und Dromedare tragen wertvolle Lasten herbei. Die Könige beugen ihre Knie vor der Krippe und opfern ihre Gaben. Und viele kinderfrohe Augen, junge und alte, drücken sich wieder an das Holzgitter der Krippe und bewundern andächtig die seltsame Pracht.

Am Nachmittag des Festvorabends versammelt sich in der Kirche eine große Volksmenge, heute in der Hauptsache Kinderwar, alles ausgerüstet mit Krügen, Töpfen und Flaschen. Jede gutchristliche Familie der Pfarrei entsendet ihren Vertreter, damit er das hochgeschätzte Dreikönigswasser, geweihte Kreide und Weihrauch mit nach Hause bringe. In langen Weihegebeten spendet der rauchmantelgeschmückte Pfarrherr diesen Dingen Kraft und Segen des Himmels, damit sie Menschen und Tier, Heimstatt und Stall bewahren möchten vor den Mächten der Finsternis.

Kaum hat der Priester das weihebeschließende Amen über die Wasserzuber gesprochen, stürmen Krüge und Flaschen, voraus die der lebfrischen Jugend, auf den heiligen Brunnen zu, tauchen mit fast unheiliger Hast das Geschirr ins geweihte Wasser und suchen das Gefäß des Nebenmannes zu verdrängen. Denn das ist uralter Volksglaube: Wer zuerst aus dem Dreikönigszuber schöpft, empfängt die kräftigste und beste »Weich«. So ist es zu verstehen und wohl auch zu vergeben, daß der Kampf um die erste Dreikönigsweich oft wirtshausmäßig grob wird. Dann gebietet aber der Mesner Einhalt, damit von dem hochgeweihten Dreikönigswasser nicht allzuviel vertuscht und somit verunehrt wird.

Frohgemut und stolz eilen dann die Weichholer der abendlich gewordenen Heimstatt zu, wo sie sogleich verheißungsvoller Schmalzgeruch begrüßt. Ja, an diesem Nachmittag steht über jedem waldlerischen Herdfeuer der Höfe die Krapfenpfanne; denn zu der Rauhernacht gehören die Krapfen, heute Rauhernudeln geheißen, wie die roten Eier zum Osterfest. Kinder und Ehhalten und alle anderen Hofinsassen, Nachbarsleut, geringes Volk und die Sternsinger warten auf die Rauhnachtskrapfen, und die Rauhernudeln warten in der Speiskammer auf sie in hohen Richten und Schichten. Jeder Krapfen preist mit seinem gleichheitlich braunen Ranft und der zarten, hauchdünnen hellgelben Grube die Koch- und Backkunst der Bäuerin.

In meiner Heimat gilt die Rauhernacht als die letzte Losnacht. Noch einmal umspinnt uralter Glaube und uraltes Brauchtum, zum Teil dem Heidentum entsprossen, aber durch das Licht des Christentums geadelt und erhellt, den Abend mit düsteren Reizen. Diese Nacht ist besonders bedroht von den Unholden, die heute alle unterwegs sind, um der gesamten Kreatur zu schaden. Man kann aber ihre unheimliche Macht mit den geweihten Dreikönigsgaben bändigen. Wie in der Mettennacht bekommt auch heute das liebe Vieh geweihte Kräuter und geweihtes Salz auf einer dünnen Schnitte Hausbrot gereicht. Dann durchschreitet die Hausmutter mit einer Glutpfanne, der würziger teufelverjagender Weihrauch entsteigt, alle Räume des Hauses; betend folgen ihr die Kinder. Eine geübte Hand schreibt mit der gesegneten Kreide die Anfangsbuchstaben der Namen der heiligen Könige säuberlich an die Türen und Tore und fügt drei Kreuzlein dazu und die Zahl des neuen Heilsjahres. Jemand anderer sprengt das Dreikönigswasser aus. So ist nun der Hof wohlgefeit gegen Neid und Macht

der Unholde, jeder Eingang begnadet und gesegnet. Glück und Segen mögen nun kraft des Himmels aufs neue einziehen in die vielfach geweihte Heimstatt.
Wie erfinderisch das Volksgemüt in solchen Dingen sein konnte, zeigte sich früher in der Gegend von Bischofsmais. Dort sollten nicht bloß die Innenräume von Haus und Hof teilhaben an der Segensfülle des Dreikönigswassers, sondern auch alle Gebäude des Anwesens. Deshalb tauchte man Schneebälle in dieses Wasser und warf sie in kühnem Schwung über sämtliche Dächer und Firste des Hofes.
In meinem Elternhaus bekam alle Jahre in der Rauhnacht sogar jegliches Stück der Hauseinrichtung an verborgener Stelle seine drei Kreidekreuzlein, jeder Tisch und Sessel, jede Bank und jeder Schemel, der Kasten und das Kanapee, die Anrichte, der Backtrog und nicht zuletzt, versteht sich, jede Bettstatt und Heier oder Wiege. Dann reihten sich die neuen Kreuzlein vielen, vielen Vorgängern längst verflossener Jahre an, bildeten mit der Zeit eine ganze Heerschar von Kreuzchen und vermehrten so die Kraft ihrer Abwehr.
Ich habe die Nächte meiner Kindheit noch auf einem braven Strohsack verschlafen und in einer Bettstatt, die durch die Dreikönigskreide nicht bloß mit drei kleinen Kreuzen, sondern auch mit dem geheimnisvollen fünfzackigen Druden- oder Hexenstern, der ohne Anfang und ohne Ende ist, gezeichnet war. So konnte uns keine Hexe überfallen und die zaundürre und langhaxete Drud nicht drücken in mitternächtiger Stunde; denn das Drudenkreuz zwang sie alle zur Umkehr. Der Glaube an Hexen und Druden ist in unserem Volk unsterblich.
Meine teure Mutter hütete gleich einem heiligen Feuer die ehrwürdigen Weistümer und frommen Bräuche der Waldheimat. Sie redete nicht viel über sie und übte sie mit andächtiger Gelassenheit und Selbstverständlichkeit. Das war ihre beste Aussteuer, dieser Schatz von Heiligtümern der Heimat, den sie mitgebracht hat aus dem dürftigen und sorgenvollen, aber doch so reichen Leben ihres waldumrauschten Elternhauses zu Spitzingerreuth in der Öd, dem herrlichen weiten Wald zwischen Tittling und Schön-

berg, darin die altersgraue stille Saldenburg, die »Waldlaterne«, steht und der tief verborgene merkwürdige Sesselstein, darauf die hl. Familie gerastet hat, als sie auf der Flucht nach Ägypten auch in unser Waldland gekommen ist. Dort hörte die Mutter noch den Urlaut der Heimat, den wir Suchende in Büchern zu finden wähnen und ins tote Papier der Bücher bannen wollen.

Diese schlichte, durch vielfaches Leid gestärkte Mutter war es auch, die unserer Rauhnacht alljährlich einen überaus schönen und sinnvollen Brauch einfügte, der sonstwo kaum bekannt war.

Ich habe den Brauch in meinem Leben erhalten bis auf die Stunde. War die Arbeit getan, die Nachtsuppe eingenommen und alles erfüllt, was die heilige Zeit verlangte, so stellte die Mutter in der Mitte der Stube ein Gefäß mit glühenden Kohlen auf den Fussboden und legte Weihrauch auf die Glut. Mutter, Kinder und Schmiedgesell rückten ihre Sessel an die Glutpfanne, setzten sich im Kreis um sie und hielten unter stillem Gebet die bloßen Füße, die alle vorher eigens festtägig gereinigt worden waren, über die geweihte Glut. Roter Schein malte sich auf den Gesichtern, langsam stiegen die Wolken des Weihrauches empor zur Decke der niederen Stube, feierliche Stille waltete. So wurden unsere Füße geweiht und gekräftigt für die Wanderung durch Alltag und Leben, die manchem unter uns mühsam und düster genug geworden ist.
Weshalb fehlte der Vater in dieser andächtigen Runde? In meinen Bubenjahren ist er niemals mehr mit uns an der Glutpfanne gesessen. Ein schweres unheilbares Leiden hat den riesenstarken Mann, der ein Hufeisen mit leichter Hand umbog, den kunstreichen und kunstverständigen Schmiedemeister, den unermüdlichen und sparsamen Familienvater, den Freund guter Bücher, den humorbegnadeten Oberpfälzer aus der Chamauer Gegend, der auf seiner Gesellenfahrt an der fleißigen Oberwirtsdirn von Tittling hängengeblieben war, frühzeitig an ein sechs Jahre währendes martervolles Krankenbett gefesselt. Als ich kaum acht Jahre zählte, haben wir ihn, Anno 1899, ins Grab gebetet...
Ich habe bis jetzt den sinntiefen Brauch der Fußräucherung nirgends in dem so reichen volkskundlichen Schrifttum erwähnt gefunden, wie überhaupt unser niederbayerisches Brauchtum darin recht stiefmütterlich behandelt ist. Der Brauch der Fußräucherung soll noch da und dort üblich sein, wie man mir erzählte. Im obstreichen Lallinger Winkel übt man in brauchtreuen Häusern die Sitte noch heute und hält dort einen Laib Brot über die Glutpfanne. Im Landzwickel zwischen Donau und Inn hat sich die Bäuerin ganz allein über das Glutbecken gesetzt und dabei über und über mit einem Leintuch verhüllt. Dadurch sollte alle Kraft des geweihten Rauches der Hausmutter zugute kommen.

Froh belebt sich die gemütliche Rauhnachtstube, wenn die drei Könige oder die Sternsinger einkehren, meistens arme Kinder oder auch Burschen und zuweilen sogar weibliche Wesen, die weniger des Verdienstes als vielmehr des Herkommens halber die Rolle der Könige aus dem Morgenland übernehmen. Da werden wollene Decken zu Königsmänteln, funkelndes Goldpapier wird zu Königskronen, Schuhwichs oder Ofenruß verzaubert den Waldlersprößling in einen leibhaftigen Mohrenfürst. Wie blitzt dann das Weiß seiner Augen und Zähne, wenn er mit seinen zwei Begleitern das Lied singt von den drei Königen mit ihrigem Stern, die da essen und trinken, aber zahlen nicht gern!
Auf Gutessen und Bezahlung aber hoffen auch die Sternsinger. Ihr Hauptlohn ist heute der goldene Krapfen. Daneben trägts aber auch Geld ein. Zögert die Hausmutter mit der Verabreichung der herkömmlichen Gaben, schicken die Könige ihrem Sang eine recht unkönigliche Mahnung im reinsten Waldlerdeutsch nach:

> Und wanns uns ebbs gebn wollts,
> so gebts ös 's uns bald,
> denn auf enkerna Gass'n,
> is 's Singa alls z' kalt!

Oder sie erinnern geradeswegs an die köstlichen Rauhernudln, die sich der König aus dem Morgenland in seinem Privatleben nicht zu leisten vermag. Der Spanschnitzer, das Spanmesser, soll nur die Kuchltür aufspreizen, damit die Krapfen leicht herausfliegen können.

> Spaaschniatzer, Spaaschniatzer,
> spreiz d' Kuchltür auf!
> D' Köchin is drinnad,
> wirft d' Krapfa heraus.

In guten Zeiten hat das Rauhernudlsingen oft Berge von Krapfen und ein schönes Geldl eingetragen, so daß dann mancher Arme von der Einnahm, die er beim Sternsingen machte, wochenlang leben konnte.

Sehr, sehr selten ist es geworden, daß die drei Könige auch wirk-

lich einen Stern mitführen. Er ist kunstreich gefertigt, geheimnisvoll beleuchtet und dreht sich feierlich, wenn das Sternsingerlied erklingt. Dieser Stern, Erfindung und Werk eines klugen Waldlergemütes, strahlt wundersam hinein in den Zauber der Rauhernacht, das Gestirn, das einst in der ersten Dreikönigsnacht über jenem verfallenen Stall stehenblieb, darin sich das größte und erhabenste Wunder, zugleich das trostreichste der ganzen Menschheitsgeschichte, begeben hat. Manchmal, auch nur sehr selten, brachten die Sternsinger ein kleines Kripperl mit, das sie trugen oder fuhren. Dieses Kripplein war ein kleines lebendiges

Theaterchen; denn seine Gestalten und Tiere bewegten sich, wenn einer der Könige den verborgenen Werfel, die Kurbel, drehte.
Wie stehts nun mit den Sternsingerliedern, von denen es ungezählte gibt, kunstreiche und nüchterne, arme und reiche? Nicht selten leiern die Könige ein recht nichtssagendes, plumpes Allerweltsversl herunter, wie jenes allbekannte, das bei uns so anhebt:

> Heunt is d' Rauhernacht!
> Wer hats aufbracht?
> An oida Mann
> is über d' Stiagn awerkrocha,
> hat sich d' Biel und d' Boal abbrocha.
> Krapfa heraus, Krapfa heraus,
> oder ich stich enk a Loch ins Haus!

Aber auch schöne und sinnvolle Dreikönigslieder, zuweilen sogar mehrstimmig gesungen, tauchen wieder auf, wie ich das oft in Passau habe hören können, wo gutgekleidete drei Könige schon tagelang vor dem Fest von Gasthaus zu Gasthaus gezogen sind und den Leuten am Biertisch wahre Freude bereitet haben. Gerne hat alles zugehorcht, wenn die Weisen aus dem Morgenlande, richtig gesagt, aus der Ilzstadt, aus Grubweg oder anderen Dorfschaften am Rand der Dreiflüssestadt, ihr Lied gesungen haben zu Ehren des göttlichen Kindes, zu dem die drei Könige aus weltweiten Fernen gezogen sind.
Vor dreißig Jahren haben in Niederalteich drei wackere Schüler ihren Lehrer mit einem innigen zweistimmigen Krippenlied und einem netten beweglichen Kripplein überrascht, das der kunstfertige Schmiedemeister Josef Voggenreiter, Gott hab ihn selig, ersonnen und hergestellt hat.
Unter den Dutzenden von Sternsingerliedern unserer niederbayerischen Heimat beginnt eines der bekanntesten so:

> Die Heiligen Drei König sand hochgeborn,
> sie reiten daher mit Stiefel und Sporn,
> sie reiten wohl vor dem Herodes sein Haus,
> Herodes schaut grad zum Fenster heraus:

»Kehrts ein, kehrts ein, Ihr Weisen drei!
Ich will Euch halten ziehrungsfrei,
ich will Euch zu essen und trinken gebn
Und heute nacht Euch schlafen legn!«

Ich habe unseren Sternsingern einige Lieder volkstümlicher Art und im Ton unserer Waldlersgesänge geschrieben. Eines davon erklinge am Schluß unseres Berichtes über die heimatliche Rauhernacht.

Es ist erfreulich, daß wertvolles weihnachtliches Brauchtum in den letzten Jahren trotz starker kirchenfeindlicher Strömungen und neuheidnischer Bestrebungen vertieft und neu belebt werden konnte. In vielen großen und kleinen Orten, nicht zuletzt in unseren Städten, feierten manche vergessene Weihnachtssitten eine fröhliche und bleibende Urständ. Der Nikolausbesuch wurde veredelt, das Herbergsuchen erweckt und in unseren Tagen, die das große Elend der Heimat- und Herberglosen miterleben müssen, mit zeitgemäßem Sinn erfüllt. Die liebe Weihnachtskrippe feiert allgemeine Auferstehung, die Christnacht wird feierlich und volkstümlicher gestaltet, der unerschöpfliche Reichtum alter Hirten- und Krippenlieder und -spiele neu erschlossen und dem Rauhnachtsingen wieder Würde und Leben gegeben. Kirche, Schule, Vereine, Sing- und Spielgruppen helfen zusammen, damit dem Volk wieder Gemütswerte zugeführt werden. Unsere Zeit verdient also auch Lob, und der Heimatler freut sich, daß gerade die schönsten und innigsten Wochen des Kirchenjahres mit vermehrter Kraft beitragen zur Veredelung und Beglückung des Volkes, für das es keinen besseren und tröstlicheren Weg gibt als den zur armen und doch so reichen Krippe von Bethlehem.

Hier darf aber auch betrübt hingewiesen werden auf die bedauerliche geschäftliche Auswälzung des christlichen Weihnachtsgedankens, die allzu häufige Vorverlegung einschlägiger Feiern und namentlich die meist recht unwürdigen sogenannten Christbaumfeiern der meisten unserer Vereine, die alles andere als christliche und besinnliche Weihestunden sind. Christbaum und Krippenlieder passen nicht zu Wirtshausgaudi, »komischen Vorträgen« und Schuhplatteln.

## Waldlerisches Sternsingerlied

Wir sind die drei Könige, wohlbekannt,
wir kommen grad her aus dem Morgenland.
Die Nacht ist stockfinster, der Weg so lang.
Wir stehen und singen auf euerem Gang.

Du, Hausherr, du, Bauer, mach auf die Tür!
Du, Bäuerin, reich uns die Krapfen herfür!
Die Krapfen, die nehmen wir gerne mit
und singen zum Dank euch ein fröhliches Lied.

Wir singen das Lied vom Herrn Jesu Christ,
der für uns Menschen geboren ist.
Im Stall zu Bethlehem ist es geschehn,
wir haben das Kindlein ja selber gesehn!

Das Kindlein ist gelegen auf Heu und Stroh,
wir haben gebetet und waren so froh
und opferten Weihrauch und Myrrhen und Gold.
Der Herodes das Kindlein gleich umbringen wollt!

Du schlimmer Herodes, du grausamer Mann,
wir kommen nicht wieder und foppen dich an!
Nicht lockt uns dein Bratl, nicht lockt uns dein Wein,
in Jerusalem kehren wir nimmermehr ein!

Und fragt euch Herodes, verratets ihm nicht,
daß sich unser Herr nach Ägypten hat g'flücht!
Unterm Schutze der Engel er fröhlich jetzt reist,
Sankt Josef ihn weist und Maria ihn speist.

Du, Hausherr, du, Bauer, gib uns deine Hand!
Der Stern zeigt schon wieder in ein anderes Land.
Der Kaspar, der Melcher, der Balthasar,
die wünschen euch allen ein fröhliches Jahr!

# Die Speisung der Achttausend im alten Niederalteich

Das im Jahre 741 gegründete Benediktinerstift Niederalteich verehrt als weltlichen Gründer und großen Wohltäter den Bayernherzog Odilo († 748) aus dem Geschlecht der Agilolfinger, die ihre Residenz zu Regensburg, der damaligen Hauptstadt Bayerns, hatten. Der Fürst, der in der Nähe von Altach, zu Osterhofen, eine Pfalz und reiche Krongüter besaß, stattete die junge Mönchssiedlung, der er die Rodung eines weiten Gebietes des rauhen Nordwaldes, unseres Waldgebirges, übertrug, mit stattlichem Grundbesitz und anderen Einkünften aus. Auch Odilos Sohn und Nachfolger, Herzog Tassilo III. († 794 in der Verbannung), der ein tüchtiger Fürst war und seine Auflehnung gegen den großen Frankenkaiser Karl mit seiner Absetzung bezahlen mußte, wandte der rasch aufblühenden und segensreich tätigen Abtei Gunst und reiche Schenkungen zu.

Zur steten Ehrung seiner erlauchten Gönner und zu ihrem Seelenheil hielt das Kloster alljährlich am 18. Januar einen feierlichen Dank- und Gedächtnisgottesdienst. Damit verband es nach schönem mittelalterlichem Brauch eine großzügige Almosenabgabe, die berühmte »Spendt«, zu der jeweils rechtzeitig von allen Kanzeln der umliegenden Klosterpfarreien öffentlich eingeladen wurde. Als Abt Joszio Hamberger (1700 bis 1739), der große Bauherr, der Barockprälat des Stiftes, die mittelalterliche Stiftskirche glänzend barockisieren und neu ausstatten ließ, wurden in den beiden Seitenschiffen der Kirche die großen Bildnisse Odilos und Tassilos angebracht. Sie zeigen in flotter Malerei auf Leinwand die fürstlichen Guttäter des Hauses in höfisch prunkvoller ritterlicher Rüstung.

Zur winterlichen Spendt fanden sich in friedlichen Zeiten in Altach alljährlich über sechstausend, manchmal sogar an die achttausend Bedürftige ein. Jeder erhielt zwei Laibchen Brot und ein Stück Speck, also eine kräftige Brotzeit. Abt Paulus Gmeiner (1550 bis 1585), dessen Rotmarmorgrabmal mit der vollplastischen Figur des Verewigten noch heute in der Basilika zu sehen ist, vermerkt in seinen Auffschreibungen, daß die Spendt alljährlich sieben Scheffel Getreide und 36 Mastschweine erforderte.

Es ist zu vermuten, daß die Verabreichung von Speck erst später dazukam. Sie soll nach Meinung einiger Geschichtsschreiber dem Andenken der beiden Herzoge von Bayern und Kärnten aus dem Geschlecht der Luitpolder Berthold († 947) und Heinrich III., genannt Hezzilo († 989), gegolten haben, die dem Kloster große Eichenwaldungen zwischen Altach und Winzer, die Osterau, vermachten. Manche nahmen an, daß diese beiden Fürsten im Münster zu Altach begraben worden seien. Jedenfalls errichtete ihnen das Kloster später jenen herrlichen, in seiner Schlichtheit klassischen hohen Gedenkstein mit den eingemeißelten zwei Schwertern, der von Kunstfreunden so sehr bewundert wird. Die beiden Herzoge ehrte das Kloster auch durch einen eigenen Jahrtag, und zum bleibenden Andenken an ihre Schenkung soll es zur Brotgabe die Speckspende gefügt haben.

An die achttausend Menschen aller und oft sonderbarster Art an einem einzigen Wintertag in den Höfen und zwischen den Mauern und Wassergräben des alten Klosters: Bettler, Minderbemittelte, Dürftlinge oder Krüppel, Kinder und Greise, Frauen und Männer, Gauner, die Armut und Gebrechen vortäuschten, Musikanten, Gaukler und anderes fahrendes Volk aller Zeichen, dazu ungezählte Zaungäste – welch buntes und vielgestaltiges Leben, welche Figuren, welch lebendige Szenen von unerhörter Mannigfaltigkeit! Wahrlich würdig des kräftigen Pinsels eines Brueghel, des saftigen Niederländers, dessen derbe und humorvolle Ausschnitte aus dem Volksleben des 16. Jahrhunderts hier in Altach bayerische Gegenstücke hätten finden können! – Mit dem gewalttätigen Jahr 1803, das bei uns alle Klöster auflöste und enteignete, fand auch die über tausend Jahre alte Spendt in Niederaltaich für immer ihr Ende.

## Auf zur Dreschersuppe!

Still liegt sonst die Nacht über der Berggegend des unteren Waldes. Zur Ruh sind längst die Bewohner aller Dörfer und Einschichten gegangen und erloschen die kleinen schneeverwehten Fenster der winterverborgenen Holzhäuser. Nur das Heulen eines frierenden Hofhundes unterbricht hin und wieder die Ruhe der Nacht.
In dieser Nacht aber ists lebendig auf allen Wegen und Steigen. Junges und mittelaltes Waldvolk zieht einzeln oder in fröhlich plaudernden Gruppen dem hochgelegenen Ammerhof zu, von dem schon vor einigen Tagen an die ganze Umgebung die Einladung ausging: »Auf zur Dreschersuppe!« Und diese Aufforderung wurde überall mit Dank und Freuden vernommen; denn die Dreschersuppe unterbricht den eintönigen Waldwinter auf angenehme Art und versammelt eine Schar lustiger Leute zu einem willkommenen Trunk und allerhand Kurzweil. Und da heutzutage die so gemütlichen »Heimgärten« und die erst recht unterhaltlichen »Rockenreisen« fast ganz aus der Mode gekommen sind, freut man sich doppelt über die Winterabendfreuden der Dreschersuppe.
Die Dreschersuppe ist nämlich nicht bloß eine armselige Suppenmahlzeit! Nein, mit diesem Ehrentitel meint der Waldler einen ganz erlesenen Festabend, an dem sich, wie wir schon andeuteten, Magen, Herz und Tanzbein Freuden in Fülle erwarten können.
Die Dreschersuppe — sie führt in verschiedenen Waldgegenden verschiedene Namen — beendet und bedankt dem Bauern und seinen Ehhalten in feierlicher und festlich lauter Art das mühsame und langwierige Geschäft des Dreschens, das noch vor wenigen Jahrzehnten lediglich mit der Drischel besorgt wurde, während jetzt in den meisten Fällen die Maschine, »der Dampf«, oder der Motor rasch und gründlich die Körner aus den Ähren nimmt. Das Dreschen in den Altväterzeiten nahm auf großen Höfen häufig Wochen und Monate in Anspruch, und in vielen Fällen war schon

der Bauernfasching angebrochen, wenn man endlich die müde Hand von der Drischel lösen durfte. Und hat auch die Maschine das Druschgeschäft so stark verkürzt und erleichtert, die winterliche Dreschersuppe ist auf allen Höfen in Brauch geblieben, die noch etwas auf Vätersitte und Ansehen halten. Und wo im Waldland in einer Nachbarschaft viele große Höfe stehen, da gibt um die Zeit des aufgehenden Faschings sozusagen eine Dreschersuppe der anderen die Hand. So ists recht und gut, dann hat der Bauernmensch auf den Dörfern und Einschichten draußen auch seine Faschingslust, die dem Stadtmenschen in so reichem Maße dargeboten wird!

Was erwartet uns alles bei einer solchen unterwäldlerischen Dreschersuppe? Zuerst werden selbstverständlich die Haupthelden des Abends verdienterweise ausgezeichnet. Das sind die Hofleute einschließlich der Dienstboten, die sich heut an einen festlich bestellten Eßtisch setzen dürfen. Es gibt Gesottenes und Gebratenes, also nicht bloß eine dünne »Herbstsuppe«, und dann noch obendrein die Hauptzierde einer jeglichen Waldlertafel, die Krapfen, das heißgeliebte Nobelgebäck aller Festzeiten unseres Bauernkalenders, und andere Köstlichkeiten, die heraussteigen durften aus der spendefreudigen bäuerlichen Schmalzpfanne!

Und was wär für uns Waldler ein Festessen ohne Bier! Drum hat der Ammerbauer richtig vorgesorgt und ein paar kleine Fasserl heraufbringen lassen vom Bräu und ein paar Tragerl mit Flaschen obendrein. Und schon steht hinten im Eck der weiträumigen Bauernstube ein Fasserl und benimmt sich recht freigebig. Denn wer so lang, so schwer und so fleißig gearbeitet hat mit der Drischel oder an der Maschine, der darf sich heut schon ein ganz besonderes Essen und Trinken erlauben. Der Ammerbauer und sein Weib vergönnen ihren wackeren Arbeitsleuten diese Magenlust ja auch und denken mit Freuden an die riesigen Haufen Korn und Weizen, die den ganzen Treidboden ausfüllen und Brot in Menge geben fürs laufende Jahr und schöne Aussaat für den Auswärts versprechen. Der Segen Gottes muß aber bei allen Arbeiten des Bauern dabei sein, sonst hilft alles menschliche Plagen und Kümmern nichts. Drum hat auch der Bauer mit dem Finger in jeden

Treidhaufen ein deutliches Kreuz gemacht, damit Gottes Güte den bescherten Vorrat bewache und erhalte ...
Jetzt ist alles satt; sogar der gfedere Hütbub gesteht: »Ich könnt nimmer, ich könnt nimmer!«, legt seinen Löffel und die Gabel aus der Hand und gießt einen festen Trunk Bier hinunter. Er kann es nimmer erwarten, bis sie kommen, die Dreschersuppengäste, die Musikanten, die »Maschkera« und der Weber-Pauli, der ein so großer Juxvogel ist und immer so lustige Spaßln macht und die Leut recht zum Narren hält.
Da hört man sie schon herannahen, groß und klein und jung und alt. Rasch ist der Tisch abgeräumt; aber der Laib Brot bleibt liegen; denn es ist ein altes Recht, daß jeglicher Gast, der den Hof betritt, sich einen Scherz abschneiden kann. Und die Bäuerin hat noch Schüsseln voll Krapfen bereit, und das leere Bierfaßl darf einem vollen weichen.
So groß ist die Ammerbauernstube und so viel Sitzplätze bieten die Wandbänke und die gemütliche Ofenbank. Aber sie reichen heut nicht, drum muß die Dirn noch Stühle und Fürbänke herbeischaffen, damit alles ein gutes Sitzen hat. Bald versteht man sein eigenes Wörtl nicht mehr, so geht jetzt die frische und fröhliche Rede durcheinander. Und der Sigl-Franz stellt jetzt die Zither auf, stimmt sie und spielt einen kecken Landler.
Der Hausmann bellt jetzt in seiner Hütte wie wild. Leise geht die Tür auf, und ganz still wird es in der Abendstube. Zwei Maschkera schleichen sich herein, seltsam vermummte weibliche Gestalten mit larvenverhüllten Gesichtern. Sie geben dem Bauern und der Bäuerin die Hand, verneigen sich vor allen Gästen, und den Xaverl, den kleinen Knecht, packen sie bei den Ohren und beuteln ihn ein wenig. »Ich fürcht euch nöt«, sagt der Xaverl und stößt die Unheimlichen von sich, »ich kenn euch schon, du bist der Stadler-Hans und du bist der Aulinger-Sepp!« Da schütteln die Maschkera ihre Köpfe und setzen sich ins hinterste Eck und wissen nicht, was sie jetzt eigentlich anfangen sollen. Bis die allgemeine Gaudi losgeht und sich ein buntes Leben und Lachen auftut wie auf der Maidult zu Passau. Ja, so schön ists auf der Welt und in der Jugendzeit!

Immer noch treten Gäste ein, neue Maschkera kommen und sind schweigsam wie alle Maschkera der Welt. Ein paar sind dabei, die machen eine wilde Musik mit Trichter, Hafendeckeln und einer ganz verstimmten Zugharmonika.
Die große Dirn, die Res, die ihr Tanzbein nimmer länger bändigen kann, fängt das Ausräumen an und fragt den Bauern: »Dürfen wir schon?« Der Bauer kennt sich aus und sagt: »Alleweil, Res! Aber erst nimmt ein jedes noch einen festen Trunk, damit ihr einen richtigen Mut kriegts und Schwung zum Tanzen!« Der Maßkrug macht die Runde, das letzte Quartl gönnt sich der Häuslmann und meint selig: »Ein Bier ist halt ein Bier!« Und der Bauer füllt den Krug aufs neue, trinkt an und reicht ihn weiter.
Jetzt sind Stimmung und Mut da zum lustigen Tanz. Der Sigl-Franz greift in die Zithersaiten, der Binder-Michl meistert die Zugharmonie, jedes Mannerleut packt ohne lange Fragerei ein Weiberleut, und schon drehn sich die Paare so schnell wie der Wind. Damit der Staub nicht gar zu lästig wird unterm Tanzen, hat vorsorglich die Bäuerin den Fußboden ein wenig mit Wasser besprengt. Landler und Schottisch, Hirtenmadl und Spinnradltanz, Galopp und Walzer wechseln ab. Die zwei Musikanten mischen auch Zwiefache drunter. Das sind merkwürdig gebaute, kräftige Bauerntänze, die bald den drei- und bald den vierteiligen Takt aufweisen und ein rasches Umstellen des Tanzschrittes erfordern.
Unbemerkt geht die Tür auf. Die kleine Dirn tut einen lauten Schrei, so daß alle Tanzenden innehalten. Die Tür geht weiter auf, Zither und Zugharmonika verstummen plötzlich, und alle tänzerischen Füße machen auf einmal Feierabend: Ein schreckliches Ungetüm steigt nun ganz leise in die nächtliche Stube herein. Die Weiberleut tun ganz erschrocken und flüchten sich ins hinterste Eck oder gar auf die Bänke oder in die Kuchl hinaus. Denn das böse und schreckliche Ungetüm hat es zuvörderst auf die Weiberleut abgesehen, will sie erschrecken oder gar aufarbeiten, wenigstens gebärdet es sich so, dieses unheimliche Gespenst, dessen Erscheinen den Höhepunkt der Dreschersuppe darstellt.

Und wer ist dieses Gespenst, und was stellt es denn dar? Heißen tut es die Habergeiß, und hinter ihr stecken zwei kecke Burschen, die sich unter einem weißen Leinentuch verstecken und die Gestalt einer Ziege nachbilden. Aus dem Tuch schauen ein drohender Schnitzkopf mit zwei mordslangen Hörnern und zwei böse Glotzaugen heraus. Und diese Geiß hat ein Leben wie der Teufel und eine Wut, nicht zu sagen. Warum dieses Tier noch das Wort »Haber« in seinem Namen trägt, das hat noch niemand erklärt. Aber das weiß man, daß es im Brauchtum des unteren Waldes, besonders im Winter und Fasching, eine wichtige Rolle spielt und daß in manchen Gegenden einst sogar der hl. Kinderbischof Nikolaus von einer Habergeiß begleitet war.

Also, die Habergeiß bleibt aber beileibe nicht unterm Türstock stehen. Gleich hebt sie an zu hüpfen und zu springen wie närrisch, sie streckt den Kopf immer weiter aus dem unförmigen Leib heraus und hat ein schreckliches Verlangen auf die jungen Weiberleut. Grad springt sie auf die Seppnbauern-Marie zu und will ihr die Hörner in den Leib bohren. Aber die Marie weiß das Untier rasch bei den Hörnern zu packen. Die Mooser-Agnes schreit wie eine Besessene, denn nun richtet die Habergeiß ihren Schädel auf sie. Immer toller wird das Geschrei und das Treiben des tierischen Gespenstes. Bis dann schließlich der große Knecht und der Möginger-Karl der Gaudi ein Ende machen: sie kommen mit zwei festen Prügeln und fangen an, das Haupt der Habergeiß mit waldlerischer Manneskraft so lange zu bearbeiten, bis sie den Kampf aufgibt, ihr zerschlagenes Gehörn senkt und ihr Fell ablegt. Und heraus steigen der Dichtl-Girgerl und der Daschner-Maxl, schwitzend wie Ernteknechte, und dürfen nun den Lohn für ihre Viecherei einheimsen, jeder eine frische Maß, die mit einem Zug geleert ist.

Dann geht das Tanzen weiter; in den Pausen werden noch allerhand zünftige Stückl eingelegt; der Weber-Pauli weiß dann wieder so lustige Spassettln zu erzählen, daß sich alles biegen muß vor Lachen. Bis dann gegen Mitternacht der hausbesorgte Bauer auf die Uhr zeigt, die allzufrüh zum Heim- und Bettgehen auffordert.

## Wanns im Wald Winter ist

Drinnat im Wald
hats a kloans Schneewerl gschneibt.
Drum is 's so kalt
drinnat im Wald.

So beginnt ein waldlerisches Winterliedl, das gern angestimmt wird, wenn der Winter uns nicht bloß ein kleines »Schneewerl«, sondern Schnee in Haufen bringt, oft noch zu einer Zeit, da man schon nach dem Auswärts ausschauen möchte. Dann stiefeln wir durch Schneeberge und zwischen Schneemauern und setzen uns abends gemütlich zusammen am warmen Kachelofen, indes es draußen im Stil des echtesten Waldwinters purrt und wachelt.
Dann kommt die Red gern auf die viel gestrengeren Winter verflossener Jahre. Wenn damals auf einem entlegenen Gehöft ein Bauernmensch die abgerackerten Hände zur ewigen Ruhe gefaltet hatte, war es nicht selten unmöglich, den Toten rechtzeitig zum Friedhof des Pfarrdorfes zu bringen. Da hat man dann den Abgelebten auf dem düsteren Dachboden verwahrt, bis die Wege wieder aper wurden und die herkömmliche feierliche Leich abgehalten werden konnte.
In stark bevölkerten Höfen lagen für solche Fälle immer ein paar Särge bereit, die in einem Eck unterm schneebedeckten Schindeldach standen und vorderhand zum Aufheben von Dingen gebraucht wurden, die nichts mit Sterben und Tod zu tun hatten. Da gibt es nun ein paar uralte Geschichten, halb traurig, halb lustig, die hierher gehören und immer wieder aufgetischt werden.
Erstens: Da ist einmal irgendwo im hintersten und höchsten Waldgebirg der brave alte Bauer gestorben, mitten im schärfsten Winter. Weil man den Toten nicht hat eingraben können, nahm man die Leiche und bettete sie in stiller Trauer in eine der vorrätigen Totentruhen droben auf dem Dachboden. Das war also eine schlimme Dachbodenstimmung für furchtsame Leut!

Wie alle Jahr ist auch diesmal wieder der Auswärts gekommen, so daß man den Verewigten schön und würdig drunten im Familiengrab des Gottesackers bestatten konnte. Es dauert nicht lange, da richtet die Bäuerin zum Kletzenbrotbacken her. Sie steigt hinauf auf den Boden und öffnet die Truhe, darin sie seit dem Herbst die Kletzen und anderes Dörrobst aufgehebt hat. Aber da erschrickt sie bös! Denn statt der Kletzen liegt der tote Altbauer im Sarg, hat immer noch den Essighadern auf dem friedvollen Antlitz und die emsigen Arbeitshände fromm gefaltet. Jetzt muß nochmal eine Leich angefriemt werden! Diesmal aber die echte und rechte! Aber vorher muß aus dem Grab die Totentruhe geholt werden, darin man die guten Kletzen, die gedörrten Zwetschgen und die getrockneten Äpfelspeitel unter so viel Beten und Weinen beerdigt hatte.
Zweitens: Ganz hoch droben auf der hochgelegenen einsamen Oberbreitenau, im Deggendorfer Hochgebirg sozusagen, wo einst eine stattliche Dorfschaft und ein urwüchsiges Volk mutig dem

unbarmherzigen Winter und anderer Unbill der Tausendmeterhöhe trotzten, hat man den toten Ahnherrn, der gleichfalls mitten im schneereichsten Winter zur ewigen Ruh heimgegangen war, in den Keller gelegt, bis endlich die Zeit zum Eingraben gekommen ist. Vorher aber hat man zu dem weitberühmten Doktorbader von Bischofsmais geschickt, daß er nach Vorschrift und Herkommen die Leichenschau halte.
Der Bader kommt aus dem Keller herauf, betritt mit ernster Miene die Stube und fragt die Bäuerin: »Was ist denn Eurem Vater passiert? Der Alte hat ja ein völlig verzogenes Maul! Und zu Lebzeiten ist doch sein Gesicht und sein Mund nicht anders gewesen wie bei mir!«
Betroffen spekuliert die Bäuerin ein bisserl nach. Dann schnauft sie erleichtert auf und sagt unter Lachen: »Jamein, Bader! Da brauchst du dir keine Gedanken nicht machen! Wann ich halt im Winter in den Keller gegangen bin und hab das Kraut abputzt oder Erdäpfel geholt, dann hab ich den Kerzenleuchter dem Vater ins Maul gehängt! Das ist so viel kommod gewesen und hat dem Vater, tröst ihn der liebe Gott, nicht weh getan!«
Drittens und letztens die Zwillingsgeschichte von dieser: Eben da droben, auch auf der Oberbreitenau, ist, wieder im allerstrengsten Winter, der alte Sixt gestorben, ein rechtes Viech, landbekannter Spaßmacher und Juxvogel und in allem ein braver Mann, bei dem in seinem gemütlich-altväterischen Hof die Wandersleute gern Rast gehalten haben. Beim Sixten haben sie einen vorrätigen Sarg nicht gehabt, denn niemand hätte dran denken mögen, daß der Alte so schnell Knauking zureisen, das heißt sterben müßte. Eingraben kann man jetzt den Sixten nicht, versteht sich!
Praktisch muß man sein und erfinderisch, und ein Waldler besonders! Wie käm er sonst durch diese bucklige Welt und sein mühsames Dasein! Drum nehmen die Hofleut den Toten und lehnen ihn einfach im Dachboden in ein finsteres Eck. Da ist der leblose Leib bald völlig zusammengefroren, von wegen der bitterscharfen und ewigen Kälte da droben. Ganz gemütlich, haben sie erzählt, ist der Alte dagelehnt und hat keiner Seel etwas zuleid getan oder eine erschreckt.

Es war zu der Zeit, da noch der brave Kienspan im Waldland regierte, wenn man ankämpfen mußte gegen die Finster. Wenn nun die Sixtin auf dem Dachboden etwas heraussuchen oder holen mußte, hat ihr der tote Bauer noch einen recht guten Dienst erweisen können. Denn die findige Hausfrau hat einfach den brennenden Span ihrem Eheliebsten in den schweigsamen zahnlosen Mund gesteckt.
Wie dann im Märzen die Gefrier ein wenig nachläßt, benutzt die Sixtin die tote Körperschaft ihres Mannes wieder einmal als willigen Spanhalter. Da knickt der Leichnam gach zusammen. Die Sixtin klopft ihrem Hiasl vergnügt auf die Schulter und sagt: »Bist halt allerweil ein rechter Kalfak gewesen, Vater! Und jetzt möcht er mich als Toter noch zum Narren halten! Nutzt dich nixi, nutzt dich nixi, ich kenn deine Faxen schon!«

## Die Hex von Wittersitt

*Ein Hexenprozeß aus dem Bayerischen Wald aus dem Jahre 1703*

Wittersitt ist ein kleines Dorf, und sein Name wäre dem Volk ebenso fremd wie der von tausend anderen stillen und entlegenen Walddörfern, könnte man nicht von ihm Dinge melden, die der weltfernen Siedlung seit mehr als zweihundert Jahren einen traurigen Ruhm verschaffen. Denn in diesem Wittersitt wohnte jene arme Dienstmagd Afra, die angeblich um 1703 als Hexe verbrannt wurde, nach der Überlieferung des Volkes in jener Gegend das letzte Opfer des Hexenwahns.

Wittersitt gehört zur Pfarrei des Waldmarktes Perlesreut, der in neuester Zeit als Erzeugungsstätte von Schnupftabak aus echtem Brasil und von Stumpen und Zigarren in ganz Deutschland bekannt geworden ist. In der nahen und weiten Umgebung von Perlesreut ist der Ausdruck »die Hex von Wittersitt« noch heute ein geflügeltes Wort. Und weil bei uns im Waldland gern die Rede auf Gespenster und ähnliche Erscheinungen kommt, wird auch die Hex von Wittersitt immer wieder genannt. Dem Volk ist das Wissen um unheimliche Mächte wohlvertraut, und wie vor wenigen Jahren eine Gerichtsverhandlung bewies, ist der Glaube an Hexen und Druden in unserem Landvolk noch immer nicht ausgestorben.

Über den Hexenprozeß der Dienstmagd Afra aus Wittersitt hat sich im Pfarrhof zu Röhrnbach ein ausführliches Protokoll erhalten, das uns genaue Auskunft gibt über die Aussagen der wegen Hexerei angeklagten Frauen und der einvernommenen Zeugen. Mit leisem Schauern nimmt man die alten Akten zur Hand und enträtselt nur ungern die krause Handschrift, die in ihren verblassenden Zeilen so viel Elend umschließt.

Jenes Protokoll gewährt einen tieftraurigen Einblick in den damals herrschenden finsteren Aberglauben, der den angeschuldigten Personen alle möglichen unheimlichen Kräfte zusprach und den persönlichen Verkehr mit dem Teufel als etwas Selbstverständ-

liches voraussetzte. Auch die Aussagen der Angeklagten und der Zeugen halten diese Dinge für etwas Alltägliches. Die Hauptangeschuldigte, die Dienstmagd Afra, berichtet von sich selbst Dinge, die sie in schwerster Weise belasten. Man fragt sich, erfolgten diese Aussagen aus Angst — die Befragung war ja angeblich eine »gütliche« und also keineswegs mit Folterqualen verbunden — oder hatte sich das junge Mädchen so sehr in ihren Teufels- und Hexenglauben verstrickt, daß sie die Vorkommnisse für wahr hielt, die sie so eingehend schildert? Oder war ihr Geist umnachtet, war sie, wie man heute sagt, hysterisch?
Die Afra diente bei dem Bauern Frueth in Wittersitt, dessen Nachkommen bis vor wenigen Jahren auf demselben Hof saßen. Sie war angeklagt des Giftmordes, der Verhexung von Mensch und Tier, der Verbindung mit anderen verhexten Personen und endlich des buhlerischen Umgangs mit dem Teufel. Mitangeklagt waren das dreizehnjährige Hüterdirndl Maria, das beim gleichen Bauern im Dienst stand, und die als sehr abergläubisch verschriene Bäuerin Maria K. von Neidberg, die man schon wegen ihres Äußeren für eine Hexe hielt. Sie trug »Pinkeln« oder Knoten am Hals, in denen sich angeblich zwei vergiftete Zettel befanden, und hatte wegen ihrer offenen Füße einen hinkenden Gang.
Diese drei Frauen wurden in der »Fronfeste« zu Perlesreut gefangengehalten und an mehreren Tagen des Februar 1703 eingehend und »gütlich« befragt. Die zuständige Gerichtsbehörde war das fürstbischöfliche passauische Pfleg- und Landgericht Fürsteneck, Vorsitzender der Untersuchungskommission der Richter Gottfried Wagner, Führer des Protokolls J. W. Lorenz. Als Beisitzer waren berufen worden der Gastgeb Simon Daikh, Josef Schonauer und der Bader von Perlesreut, Korbinian Wenkh. Die Befragung fand vermutlich zu Perlesreut statt.
Afra hatte zweiundvierzig Fragen zu beantworten. Ganz offen und nahezu treuherzig erzählte sie, wie sie ihre Jugendjahre verbracht habe, wie sie mit dem Teufel bekannt und vertraut geworden und endlich der Böse in sie gefahren sei, wie er sie zu verbrecherischem Umgang verführt habe, wie sie kraft ihrer teuf-

lischen Gewalt Kühe verzauberte und so Milch, Rahm und Schmalz in Unmengen gewonnen, zu allen Behausungen und Stallungen heimlichen Zutritt gehabt, wie sie nächtliche Ritte auf einer Gabel unternommen und wilde Gelage mit fremden Mannspersonen, darunter einigen Böhmen, abgehalten, sonst allerhand Teufelswerk ausgeübt habe und wie sie endlich auch mit der berühmten Hexensalbe verfahren sei.

Das Hütmädchen Maria, das mit der Afra die Schlafkammer teilte, erhielt zwanzig Fragen vorgelegt. Es wußte geschickt zu antworten und in allen Fällen zu seinen eigenen Gunsten auszusagen. Zwar habe sie an der Dirn Afra allerhand Auffälliges und Sonderbares wahrgenommen, allein sie habe nicht das geringste Wissen gehabt von den Hexereien der Afra und sich noch viel weniger daran beteiligt.

Weniger glimpflich kam die Neidberger Bäuerin Maria weg, die auf dreizehn Fragen Red und Antwort geben mußte. Der Anklage nach soll sie an den Hexereien der Afra teilgenommen haben. Die Bäuerin sagte aus, daß sie wohl von diesen angeblichen Vorkommnissen gehört habe, aber nicht im mindesten beteiligt gewesen sei. Sie habe mit der Afra weder nächtliche Ausritte auf einer gemeinsamen Gabel gemacht noch mit ihr Ställe und Scheunen angezündet oder durch Hexenkünste Milch und Butter gewonnen.

In der elften Frage hielt man der Bäuerin vor, daß man bei der Haussuchung in ihrem Hof in einer Truhe 34 merkwürdige und verdächtige Dinge gefunden habe, wie z. B. Salben, Wachs, Salz, Pech, Zwiebelsamen, Blutsteine, Scher- oder Maulwurfshäutel, Holz, Späne, Seide, Garn und Riemen. Die Anklage behauptete, daß diese Dinge zum Hexen benutzt worden seien. Die Beschuldigte verteidigte sich, indem sie angab, sie hätte diese Dinge zu gewöhnlichen Verrichtungen des Alltags benötigt, als Heilmittel und namentlich zur Pflege der offenen Beine.

Nunmehr wurden drei »Erfahrungspersonen« oder Zeugen vernommen, Männer aus Neidberg im Alter von 31, 49 und 59 Jahren. Sie stellten alle drei folgendes fest: Ihre Kühe seien verhext gewesen, weswegen sie an Milch, Rahm, Butter und Schmalz

starken Abgang gehabt hätten. Der Mann der Bäuerin Maria aus Neidberg, ihr Nachbar, sei mit großen Mengen Schmalzes nach Passau gereist und hätte es dort verkauft; dieses Schmalz könne nur durch Hexereien gewonnen worden sein. Öfter habe man in Neidberg oder in der Nähe des Dorfes mannsfaustgroße Rahmbrocken gefunden, die hätten die Hexen beim Heimreiten verloren. Die Bäuerin Maria schelte ärger als ein Landsknecht, auch in Gegenwart ihrer 15 Kinder, gehe schon längere Zeit in keine Kirche mehr, außerdem habe sie ehebrecherischen Umgang mit ihrem Knecht Andreas.
Eine wichtige Rolle in der Aussage dieser drei Bauern spielt der »feurige Drach«, von dem der Volksglaube des mittleren und unteren Bayerischen Waldes noch heute viel zu berichten weiß und der angeblich noch in den letzten Jahren dort gesehen worden sein soll. Dieser Drache habe die Gestalt eines langen, glühenden Wiesbaumes, sause in gewissen unheimlichen Nächten mit rasender Schnelligkeit durch die Luft, wobei unzählige Funken von seinem Leib sprühen, fahre plötzlich in einen Rauchfang und bringe dem Haus, in dem er einkehrt, Unheil. Er suche auch solche Behausungen heim, deren Bewohner mit dem Teufel im Bund stehen. Die drei Neidberger Zeugen berichteten, sie hätten den feurigen Drachen wiederholt wahrgenommen. Einmal sei er gegen das Haar- oder Brechhaus in Ringelai geflogen. Da haben ihn kundige Leute angeschrien: »Saukot! Saukot!« Auf diesen Anruf hin habe er auf der Stelle in die Erde fahren müssen.
Hören wir nun, was der jüngste der drei Neidberger Bauern anzugeben weiß. »Ich muß sagen, daß in dergleichen Fällen bös zu reden ist! Aber das stimmt, daß wir in unserem Dorf oft große Not mit unseren Kühen gehabt haben, ich und die Nachbarn. Wann mein Weib die Kühe melken wollte, ist nicht allein recht wenig Milch hergegangen. Es waren dem Ansehen nach die Stricherln vom Euter (die Zitzen) alle zerbissen, und die Milch ist ganz schleimig gewesen. Ich kann zwar nicht sagen, wer das verursacht hat, allein in unserer Nachbarschaft ist vielfältig solches Hexenwerk vorkommen. So ist der Nachbar, der Mann von der Maria, im Sommer sowohl als auch im Herbst immer mit Schmalz

nach Passau verreist. Darum haben wir einen Argwohn gehabt gegen ihn und sein Weib, sintemalen durch ihn und auch andere der fliegende Drach vielfältig ist gesehen worden, wie er auf unser Dorf zugeflogen ist. Ich hab ihn auch gesehen, bin aber daran sehr erschreckt und ins Haus gelaufen, so daß ich nicht hab sehen können, in was für ein Haus er hineingefahren ist. Soviel kann ich auch noch sagen, daß wir im Sommer öfter, wann ich in der Früh mit meinen Knechten zum Mähen gegangen bin, auf unserer Wies in der Nähe von Ringelai mannsfaustgroße und auch kleinere Brocken gefunden haben, die sind von Milchrahm gewesen. Ich habe einen Knecht gehabt, der hat vor fünf Jahren bei mir gedient, ist aber nachher nach Wien gefahren. Der hat einmal in der Früh unter meinem Hoftor einen so großen Brocken gefunden, halb Milchrahm und halb Butter, und er hat gesagt, er will es probieren, etwas davon aufs Brot zu streichen. Ich muß auch noch sagen, daß die Maria ein Weib ist, die an den Füßen halb aussätzig ist, aber sonst kann man eine Krankheit an ihr nicht verspüren, zumal dieselbige unter ihren Kindern herumschilt wie ein Landsknecht. Jetzt ist sie schon lange Zeit in keine Kirchen mehr kommen. Das weiß ich auch, daß sie ihrem vorigen Mann nicht treu gewesen ist. Sie haben damals einen Knecht gehabt mit Namen Andreas, das war ihr Mitbuhle. Das weiß ich davon her, daß der Adam Drexler, der mit dem Andreas beim gleichen Bauern gedient hat, nachgehend bei mir eingestanden ist. Und er hat mir das alles umständlich geoffenbart, denn er hat mit dem Andreas in einem Bett geschlafen.

Mit der Wiedergabe der Zeugenaussagen schließt das Protokoll. Über den weiteren Verlauf des Prozesses und besonders über das Urteil konnten bis heute urkundliche Belege nicht aufgefunden werden. Doch müssen wir annehmen, daß die Volksüberlieferung recht hat, wenn sie behauptet, daß die Afra als Hexe verbrannt worden sei. Die Hinrichtung soll auf einem Hügel in der Nähe des Schlosses Fürsteneck vollzogen worden sein. Die Afra aus Neidberg sei die letzte gewesen, die im Fürstbistum Passau als Hexe den Scheiterhaufen besteigen mußte als Opfer eines uns heute unmenschlich erscheinenden Wahns.

Die Kunde von den angeblichen Untaten der jugendlichen Hexe, dem Prozeß und der Vollstreckung des Urteilsspruches ist vielleicht nach damaliger Weise durch gedruckte Flugblätter, sogenannte »Urteln« oder Urteile, Moritatensänger und Volkslieder verbreitet worden. Noch vor einigen Jahren konnte man in der Gegend von Perlesreut allerhand Lieder und Gsangl hören, in denen die Hex von Wittersitt auf volkstümliche Art besungen wurde. Sie sind heute leider fast alle verschollen. Schade, daß sie nicht rechtzeitig aufgeschrieben wurden und uns so als wichtige Zeugnisse der Volkskunde und Heimatgeschichte erhalten blieben! Nur ein einziges Gsangl, bestehend aus zwei schnaderhüpflartigen Vierzeilern, hat sich in unsere Zeit herübergerettet. Es bildet einen der wenigen noch lebendigen Belege für das traurige Schicksal jener bedauernswerten wäldlerischen Bauernmagd, die als »Hex von Wittersitt« immer wieder genannt wird: Jenes Gsangl aber heißt:

> I bin ja vo Wittersitt,
> wo dö zwoa Häuser stehnt.
> Herenterhalb uns habns ja
> D' Hexn verbrennt
>
> D' Hexn verbrennt
> und an Toifi derschlagn.
> Iatz därf ma auf d' Ewigkeit
> nimmer Sorgn habn!

An die Hex von Wittersitt erinnert auch noch eine Sage, die man sich in Prag bei Fürsteneck erzählt hat. Die Geschichte hat sich beim Frueth-Hansl begeben, dem Bauern in Wittersitt, bei dem die Afra gedient hat.
Da sitzen also die Hofleut in der Rauhernacht beisammen und waschen sich für die Fußräucherung die Füße. Da sagt die junge Afra, die schon als Hex verschrien gewesen ist, zur großen Dirn: »Willst auch einmal heiraten?« »Ja freilich!« erwiderte diese. »Dann such dir nur einen aus!« fordert die Junge die Ältere auf und zeigt ins Fußwasser. Und da drin sieht man nun wahrhaftig

die Gesichter von einigen Burschen. Einer davon hat der Groß-
magd ausnehmend gut gefallen, hat auf ihn gezeigt und gesagt:
»Den da möcht ich haben!« Da springt dieses Mannsbild heraus
aus dem Wasserschaffel und beißt die Heiratslustige so in den
Finger, daß er heftig blutet.
Der Bursche ist aber niemand anderer gewesen als der leibhaftige
Teufel. Er schreibt sich den Namen der Afra mit dem Blut der
großen Dirn in sein Büchl und verschwindet. Jetzt aber haben es
alle gewußt, daß die Afra wirklich eine Hex gewesen ist.

## Geweihtes Wachs

An dem schönen Frauentag Mariä Lichtmeß (2. Februar), der von unserem Volk einst hoch in Ehren gehalten wurde, mögen wir dankbar an den Segen des geweihten Wachses denken, das uns getreulich und schirmend durch unsere Erdentage geleitet. An diesem Festtag erstrahlt die Pfarrkirche im hellsten Lichterglanz. Vom lang verflossenen Weihnachtsfest grüßt noch ein letzter Schimmer herüber. Heute ist die feierliche Weihe des Wachses mit der stimmungsreichen Prozession, dem Tragen der Kerzen, deren Flamme uns ein Sinnbild des Herrn und Heilands ist, den inhaltsreichen Gebeten, Anrufungen und Gesängen.
Auf dem Speisgitter und auf den Altären leuchtet heut eine reiche und bunte fromme Pracht auf. In schmucken Körbchen, die säuberlich mit einem blühweißen Tuch ausgeschlagen sind, harren weiße, gelbe und rote Kerzen, kleine und große Wachsstöcke aller Farben, dünne rote Pfennigkerzlein und blitzbannende Wetterkerzl der Verleihung himmlischer Kraft.
Freudig und stolz tragen nach der Wachsweihe unsere Frauen und Mädchen ihre wächsernen Schätze der verschneiten Heimstatt zu, allwo es sogleich an ein fröhliches Verteilen geht. Was übrigbleibt, wird sorgfältig im Gläserkastl oder im Prunkschrank aufgerichtet, damit der heilige Wachsschatz des Hofes ja nicht ausgehe und immer zur Hand ist, wenn man seiner bedarf.
In einem christlichen Hauswesen gibt es aber auch Anlässe gar viele, da man geweihtes Wachs zu Hilfe nimmt. In der düsteren Allerseelenzeit leuchtet die geheiligte Flamme des Wachsstöckleins bei den ernsten Abendrosenkränzen und will Hilfe für die armen Seelen erflehen. Wie oft nehmen nach dem Glauben des Volkes die leidenden Seelen selbst die Gestalt eines Flämmchens an und irren in den Seelennächten durch Moor und Wald und bitten um Erlösung durch kräftiges Gebet oder das heilige Opfer. Klopft der unbarmherzige Sensenmann, der Tod, an die Tür einer

Krankenstube, zünden die Angehörigen des Sterbenden die Totenkerze an, auf daß ihr Schein seinen Weg ins Jenseits erhelle und erleichtere. Kerzenflammen begleiten den Toten auf seiner Fahrt zum Gottesacker; Wachsstöcke brennen bei den Trauergottesdiensten und an den Gedenktagen der Abgeschiedenen.

In manchen wohlhabenden Bauerngegenden, besonders im Gäuboden, hat jeder Hof seine eigene stattliche Hauskerze, die bei besonderen Anlässen angezündet wird. Bei Beerdigungen wird sie mit einer schwarzen Schleife versehen und hinter dem Sarg mitgetragen, meistens von einem Patenkind des Verstorbenen. Bei uns in Bischofsmais werden Palmgerten am oberen Ende des Schaftes säuberlich mit einem Wachsstrang umwickelt. Bloß kurz erwähnt sei hier die wichtige und schöne Aufgabe, die das geweihte Wachs in der reichen Liturgie unserer katholischen Kirche erfüllen darf.

Bei der Taufe begrüßt den jungen Christen der Schein der geweihten Kerze; bei der ersten Speisung mit dem Leib des Herrn trägt das Kind eine brennende Prachtkerze in der Hand; der Firmling erhält vom Paten den reichverzierten Firm-Wachsstock, die Braut an ihrem Freudentag ein blendend weißes Wachsstöckl zum frommen Gebrauch beim Hochzeitsamt; bei der Spendung der Letzten Ölung erglüht wieder die milde Flamme des gottgeheiligten Wachses. Ihr Schein begnadet den Menschen auf allen Stationen seines Erdenwallens. Darum freut er sich auch auf den Tag, an dem die edle Gabe der emsigen Biene den Segen der Kirche erhält.

Ziehen sich schwarze Wolken über dem Hof zusammen, drohen Blitz und Unwetter, dann langt die fromme Hausmutter nach dem wohlverwahrten und hochgeschätzten schwarzen Altöttinger Wetterkerzl, damit seine Flamme Hof und Flur vor dem Zorn der entfesselten Naturkräfte beschütze.

Am Abend des Lichtmeßtages sieht die gemütliche Heimatstube eine schöne christliche Lichtfeier. Auf einem sauberen langen Span sind so viele rote Pfenniglichtlein aufgestellt, als die Familie samt Gesinde Köpfe zählt. Wer in dieser Abendstunde, in der feierlich der Rosenkranz gebetet wird, das winzige Häuflein Asche ißt, das vom Docht des Lebenskerzleins übriggeblieben ist, braucht das ganze Jahr über kein Kopfweh zu fürchten. Auch kann einen dann, so sagte uns Kindern die liebe selige Mutter, die unheimliche »Bärmutter« nicht fressen.

Der Lichtmeß bringt aber auch gewissen Mannsleuten ein unerläßliches Wachsopfer. So einer ein geliebtes Mägdlein oder eine Braut hat, muß er ihr ein nobles Wachsstöcklein verehren. Mit dem gleichen Geschenk dankt der Knecht der Dirn, die ihm Tag für Tag das Bett ordnet und seine Wäsche reinigt. Am Morgen des Lichtmeßtages findet sie beim Aufbetten unter dem Tuchent des Knechtes einen Wachsstock, der aber ja nicht bettelmännisch aussehen darf.

Bist du ein ständiger Wirtshausgast und hast du ein eigenes Mundgeschirr, ein Stammkrügl mit Zinndeckel, so mußt du der Kellnerin als Putzerlohn ebenfalls ein ordentliches Wachsstöckl verehren. So kann dich also, lieber Junggesell, der Lichtmeßtag gleich *drei* Wachsstöckl kosten!

Nicht vergessen seien die zahlreichen und mannigfachen, oft recht kunstreichen und anheimelnden Wachsopfer in unseren vielen Gnadenstätten. Hier vertritt das Gebilde aus weißem oder rotem Wachs gleich solchem aus Silber, Eisen und Holz den Menschen, die siechen Glieder seines Leibes und sein Vieh. In der fränkischen Wallfahrt Vierzehnheiligen sah ich alte wächserne Kinderfiguren in Lebensgröße. Ein irgendwie unheimlicher Anblick! Diese Wachsgebilde sind das Erzeugnis unserer oft recht uralten berufstreuen Wachsziehergeschlechter. Ich erwähne hiervon einige: die Familie Steigenberger—Straßer—Simon in Passau, L. Wiedemann in Deggendorf, J. Krönner in Straubing und J. Günther in Bogen. Sie alle besitzen eine Menge wertvoller alter Wachsmodeln, die für die genannten und auch nichtkirchliche Zwecke verwendet wurden und werden. Ein ganz reizvoller Zweig unserer absterbenden Volkskunst! Über Ursprung, Alter, Sinn, Verbreitung und Arten der Wachsvotive unterrichtet uns am besten der tüchtigste Kenner unserer religiösen Volkskunde und Wallfahrten, mein lieber Freund Professor Dr. Rudolf Kriß von Berchtesgaden, in seinen umfänglichen Werken durch Wort und Bild.

Seit der Lichtmeßtag als Feiertag abgeschafft und auf einen Sonntag verlegt ist und das volksfromme Brauchtum im Zeitalter des Tempos, der Technik, des Lärms, der Vermassung und der Verstädterung des bäuerlichen Daseins rasch dahinschwindet, hat der große Frauentag mit seinen reichen frommen Sitten seine Bedeutung zum großen Teil eingebüßt. In Stuben, in denen der Rundfunk spielt, Illustrierte und Schundhefte gelesen werden, ist vielfach für das geweihte Wachs und seine heilige Flamme kein Platz mehr.

## Die Wirtsdirn von Greising

*Nach einer Volkssage*

Hanni hieß sie, die bildsaubere Dirn des Greisinger Schulmeisters. Jung war sie und frisch, und feuriges Blut floß in ihren Adern. Da saß sie einmal, vor zwei Jahrhunderten war es, in der warmen Schankstube ihres Brotherrn, der auch das Bierzapfl führte und wacker die Orgel schlug. Immer gings lustig zu da droben. Denn in jenen Zeiten führte noch die lebhafte Böhmerstraße von Deggendorf her durch das hochgelegene, heute so einsame Bergdörfl, indes sie nunmehr mühsam durch die einst so verschriene Höllschlucht zur Rusel hinaufklettert. Wanderer, Fuhrleute, Wallfahrer und anderes reisiges Volk zechte am Greisinger Wirtstisch gerne mit den einheimischen Hochwaldleuten.
Noch lag tiefer Schnee auf den Bergen, während drunt in den fruchtreichen Tälern schon der junge Frühling blühte und grünte. Ein alter Deggendorfer Bierführer, ein weltbereister Glasfuhrmann aus der Frauenau und ein übertragener abgedankter Soldat saßen am Ofentisch und erzählten der Hanni von den Kriegsgreueln im Lande.
Seit Jahren schon spielte sich der unselige Erbfolgekrieg, der schändliche Streit zwischen Stämmen des eigenen Volkes, in der Heimat ab. Nicht viel besser als der Feind hausten die eigenen Truppen im Lande. Am gefürchtetsten aber waren die zügellosen feindlichen Freischaren, die überall mordeten, raubten, plünderten, den roten Hahn auf die Dächer setzten und Dinge trieben, von denen man aus Anstand besser nicht redet.
Zwei Namen, an die sich grauenvolle Erinnerungen haften, brannten sich damals für immer in alle Herzen der Heimat: der des abenteuerlichen, tollkühnen und grausamen Freischärlers Franz Freiherrn von der Trenck und seiner Panduren, eines verwegenen und unerschrockenen Gesindels, das sich in einem der fernsten Winkel des Ungarlandes zusammengerottet hatte und überallhin, wo es einbrach, Angst und Entsetzen, Jammer und Schrecken trug.

Die festen Schlösser und Burgen der Waldheimat, Weißenstein, Au bei Regen, Winzer, Bärnstein bei Grafenau und Dießenstein bei Tittling, flogen damals in die Luft. Von diesen Panduren erzählte eben der alte Bierführer, in dessen Vaterstadt sie schlimmste Greuel verübt hatten.
Wenn man den Wolf nennt, kommt er gerennt! Draußen vor dem Wirtshaus wirds auf einmal lebendig. Der Schnee staubt auf, wilde Flüche ertönen, abenteuerliche malerische Gestalten auf feurigen Rossen werden sichtbar. Blutrote Mäntel mit blutroten Kapuzen und die waffenstarrende Ausrüstung verraten nur zu deutlich, was für unerwünschte Gäste da in abendlicher Stunde eingetroffen sind.
»Die Panduren!« schreit der Bierführer auf und knöpft seinen dicken Fuhrkittel fester. »Die Panduren!« jammert die zitternde Hanni. »Nun sei uns der Herr gnädig!« seufzt der alte Schulmeister und bekreuzigt sich. Aber ehe man sichs recht versieht, stürmen schon einige Panduren in die Gaststube, indessen sich die andern nach Unterkunft und warmen Ställen für die Pferde umsehen.
Rasch haben sich die ungarischen Freischärler in Greising eingenistet. Und weil ihnen allen die Wirtsdirn, die Hanni, so gut gefällt, hüten sie sich da heroben vor jenen schlimmen Dingen, die man voll Bangen von ihnen erwartet. Bald füllt sich die niedere Wirtsstube mit übermütigem Leben und Lachen. Seufzend holt der Schulmeister ein Fäßchen, eine Flasche nach der andern aus dem Keller, alle Vorräte aus der Speis.
Der Strammste unter den Soldaten war Ferencz, der Korporal, ein hoher und schlanker junger Mann von guten Umgangsformen und einer Art, die alle Mädchenherzen rasch zu bezaubern versteht. Ein wildes Feuer loderte in seinen tiefschwarzen Augen. So hell klang sein Lachen und so verlockend der Ton der Schalmei, die er meisterhaft blies. Und in fließendem Deutsch wußte er Hanni jene süßen Worte ins Ohr zu flüstern, die junge Mädchenherzen so leicht betören. Seine Kameraden aber munkelten davon, daß ihr Korporal über Kräfte verfüge, die sonst kein Sterblicher besäße, daß er beispielsweise zu bannen vermöchte. Kein Wunder,

daß Hanni bald dem schönen Ungarn verfallen war. Aber sie hatte die Gnade, daß sie stark blieb, als Ferencz ihre Sinne mit süßem Wein benebelte, den er — es handelte sich hier wohl um Diebesgut — freigebig spendete.

Einer langen, fröhlichen Nacht folgte ein strahlender Vorfrühlingsmorgen. In aller Eile rüsten sich die Panduren zum Aufbruch. Die wenigen Greisinger Behausungen waren armgegessen. Noch dazu hatte ein Posten die Kunde gebracht, daß eine größere Abteilung des Feindes in Anmarsch sei.

Ferencz verabschiedet sich von Hanni, die ganz allein im Schulhaus weilt, denn der Schulmeister, der Wittiber, hat drüben im Frauenkirchlein das Amt zu spielen. Was alles schenkt nun zum Abschied der schöne Korporal dem Mädchen: ein feines goldenes

Ringlein mit einem funkelnden Stein, ein buntes Seidentuch und einen reichverzierten silbernen Kamm! Wann hat je ein Greisinger Mädchen solche Kostbarkeiten gesehen und viel weniger besessen! Und Ferencz ist so bescheiden, nichts will er von Hanni als Erinnerungsgabe und Glücksbringer haben als ein einziges ihrer schönen tiefschwarzen Haare! Hanni aber weigert sich, dem unheimlichen Geliebten diese Kleinigkeit zu opfern. Der alte erfahrene Schulmeister hatte sie nicht umsonst vor den Umgarnungen des liebestollen Korporals der Panduren gewarnt.
Was Ferencz mit süßen Schmeichelworten und Bitten nicht zu erlangen vermag, soll nun unter wilden Drohungen erreicht werden. Das ganze kleine Bergdörfl würde im Nu in Flammen stehen und das Kirchlein in die Luft gesprengt werden, wenn Hanni nicht willens sei, ihm den kleinen Liebesgefallen zu erweisen. Schon sitzen draußen auf der Straße die Panduren auf ihren scharrenden Pferden und warten ungeduldig auf ihren Korporal, der nicht aufhört, mit allem Eifer in Hanni zu dringen.
Nach einem kurzen letzten Zaudern geht Hanni in die enge Kuchl, durch deren offenes Fenster der weiche und tröstende Klang der Orgel dringt. Bald kehrt sie wieder zurück und überreicht dem Erregten ein kurzes schwarzes Haar. Gierig und mit sieghaftem Lächeln legt es der Korporal in eine goldene Kapsel, die er unter seinem Wams hervorzieht. Herzlich umfaßt er das bebende Mädchen. Ein wildes Aufleuchten seiner dunklen Augen, ein jauchzendes Lachen, ein stürmischer Händedruck, der die Finger des zarten Mädchens zu zermalmen droht, ein leidenschaftlicher Kuß, der wie ein höllisch Feuer auf ihren Lippen brennt, und dann verläßt Ferencz in stolzer Haltung die Schankstube. »Auf Wiedersehen, auf Wiedersehen!« ruft er der Betäubten noch zu. Dann setzt ein rascher Befehlsruf den kleinen Trupp in Bewegung, und die Panduren sprengen wie von Hunden gehetzt dem Hochwald zu, indes ihre blutroten Mäntel im Frühlingswind flattern.
Bald ists wieder ganz still im kleinen Dorf. Hanni sitzt in traurigem Sinnen am offenen Küchenfenster. War alles das, was sich in den letzten Tagen begeben hat, Wirklichkeit oder bittersüßer Traum? Ein zögernder Blick auf das goldene Ringlein an ihrem

Finger sagt ihr, daß Ferencz, der Holde und Düstere, wirklich dagewesen war. Und noch klingt es in ihren Ohren: »Auf Wiedersehen!«
Da, was rasselt da an der Wand überm Ofen? Das Haarsieb, das zum Seihen der Milch dient, schnellt sich auf einmal wie toll von seinem Platz, springt wie besessen über den Herd durchs Fenster hinaus und eilt, wie vom Sturmwind gepeitscht, jene Straße dahin, die zum Hochwald führt. Was soll das heißen?
Mit einem Male wird Hanni alles klar. Erleichtert atmet sie auf, denn sie erkennt, daß ein rascher glücklicher Einfall sie vor dem Verderben bewahrt hat. Das Stück Haar, das sie Ferencz geschenkt hatte, war nicht ihren Zöpfen, sondern dem Sieb entnommen worden, das nun, wie es allen Anschein hat, in den Bann des Unheimlichen geraten ist. Hätte sie ihr eigenes Haar geopfert, so wäre sie nunmehr dem Korporal verfallen für immer, mit Leib und Seel!
Rasch streift sie das kostbare Ringlein vom Finger und nimmt das seidene Tüchlein und den Silberkamm aus einem Behältnis der Wand, um alles dem Feuer im Herd zu überliefern. Fort mit allen Zauberdingen, die sie etwa noch an den schönen Zauberer zu fesseln und zu bannen vermöchten!
Da braust auf einmal drüben im Frauenkirchlein die Orgel in jauchzenden Schlußakkorden auf und rauscht in feierlichen Klängen hinaus in den leuchtenden jungen Tag, der Hanni aufs neue der geliebten Heimat und dem Glück des freien Herzens geschenkt hat.

## Unsere Hauswurz

Die Hauswurz meines Gärtchens überdauert gut auch den strengsten Waldwinter. Man wär kein rechter Heimatler, versagte man dieser schlichten Pflanze, die keinerlei Pflege verlangt, die Ehre, die ihr seit uralten Zeiten zusteht. Man findet sie auch bei uns im Waldland noch häufig. Sie grünt auf dem Hausdach, dem Backofen oder Rauchfang, auf einer Zaunsäule oder Scheiterwand, im Wurzgartl oder auch auf dem Dachl jenes unentbehrlichen kleinsten Holzgebäudes, das unsere Großeltern recht geschämig und vornehm »Sekrethäusl« tituliert haben.

Die Gelehrten nennen die Hauswurz »Sempervivum tectorum«, das heißt immergrüne Dachpflanze. Sie war von unseren heidnischen Vorfahren dem Donnergott Donar geweiht, weshalb sie mancherorts auch Donnerwurz, Donnerbart oder Donnerkraut genannt wird. Weil man sie für heilig und segenbringend ansah, durfte sie bei keiner Heimstatt fehlen, ebensowenig wie Linde, Hasel, Hollerstrauch und Sebenbaum. Man schrieb der Hauswurz übernatürliche Kräfte zu. Sie schützte vor Blitz und Feuer. Bewacht sie den Schornstein, sei der Hexe der Zutritt ins Haus verwehrt. Pflanzt man sie auf ein Grab, müßten böse Geister weichen. Wenn die Hauswurz blüht, was nur selten vorkommt, würde bald ein Hausinsasse sterben; wenn sie verdorrt, künde sich Unglück an.

Der gelehrte griechische Arzt Dioskurides, der im Jahr 77 oder 79 eine Arzneimittellehre verfaßte, und der berühmte römische Naturforscher Plinius der Ältere, der im Jahr 79 beim Ausbruch des Vesuv zugrunde ging, empfehlen die Hauswurz gegen Brandwunden. Als Heilpflanze schätzt man sie noch heute. Mit dem Saft ihrer fetten Blätter, die als Wasserspeicher dienen, bekämpft man bei uns den »Zittrochen«, eine besonders bei Kindern auftretende flechtenartige Hautkrankheit, Sommerschecken, Hühneraugen, Bienenstiche, offene Wunden und Brandstellen. Mit Blättern der Hauswurz kann man den Geschmack des Trinkwassers verbessern. Junge Blätter geben Salat.

Kaiser Karl der Große, der von 780 bis 814 regiert hat, gebot in einer vielgenannten Verordnung den Gärtnern, die Hauswurz auf alle Dächer zu pflanzen. Der gelehrte Priester Konrad von Megenberg, geboren um 1309 bei Schweinfurt, gestorben 1374 als Dom- und Ratsherr in Regensburg, schrieb 1349/50 die erste Naturgeschichte in deutscher Sprache. Darin heißt es: »Die Zauberkundigen sagen, man pflanze die Hauswurz auf den Häusern an, weil sie den Donner und das Himmelplatzen (Platzregen) verjage.«

Daß die Hauswurz dem Blitz hinderlich sei, scheint nicht bloßer Aberglaube zu sein. Forscher unserer Zeit meinen nämlich, daß die harten Spitzen ihrer Blätter einem modernen »Blitzschutz« gleichen und vielleicht wirklich dazu beitragen können, den Spannungsausgleich der Luft zu erleichtern. Haben diese Forscher recht, zeigt sich wieder einmal, welch tiefe Einsicht in die Geheimnisse und das Walten der Natur unsere Altvordern besaßen und was alles an Merkwürdigem wir von ihnen ererbt haben.

REISE IN DEN AUSWÄRTS

## Palmsonntag im Dreiburgenland

Endlich hat die fleißige Frühlingssonne den Schnee aus den Vorbergen des Waldgebirges vertrieben und einen verheißungsvollen Auswärts über Wälder und Höhen gelegt. Wiesen und Weiden recken sich nach langer Winterrast, Knospen und Zweige dehnen und strecken sich. Alles, was Odem hat, lobt den Herrn und freut sich über Licht und Wärme. Von den steinigen Hängen stürzen frische Bergwässerlein. Weide und Haselnuß tragen frühen Schmuck. Da und dort gucken die ersten Blumen zum klarblauen Himmel. Die Menschen gehen mit verklärten Gesichtern an die beglückende Arbeit in Gottes freier Welt. Auf grünendem Anger schlingen sorglose Kinder die Hände zum fröhlichen Reigen.
Vor dem niederen Weberhäusl sitzt auf der Hausbank in der warmen Sonne still und traumversunken die Großmutter. Die schwieligen Hände hat sie in den Schoß gelegt, das Haupt läßt sie müde sinken. Sie hört nicht mehr des Finken Ruf im Nachbargarten und das muntere Geschwätz der Stare auf den hohen Schwarzkirschenbäumen; ihr Auge sieht nicht mehr das weite Land, das sich in blauer Ferne auftut. Aber trotzdem ist die Alte glücklich. Sie fühlt sich eins mit ihrem Herrgott und seiner schönen Welt.
Da tönt vom Pfarrdorf heraus die Feierabendglocke, den Palmsonntag anmeldend, aller Landleute und besonders der Kinder geliebtes und ersehntes farbenfrohes und freudvolles Fest.
Schon kehren die Buben heim vom »Gföhral«, dem kleinen Wald, darin man seit alten Zeiten die besten Palmgerten findet. Dort sind sie herumgestiegen an dem schmalen Bächlein und haben mit Kennerblicken nach strammgewachsenen Weidenstämmchen mit weitverzweigtem schönem Geäst und reicher Palmkatzerlzier gesucht. Gar mancher Ast war abgesägt und dann, als unwürdig erkannt, wieder weggeworfen worden. Nun tragen die Buben die blühende Beute unter Gesang und Geschrei ihren Heimstätten zu.

Großmutter sonnt sich noch immer und träumt und sinniert, bis auf einmal ihre beiden Enkel hereinstürmen durchs Gartentürl, um der Ahne die Palmgerten vorzuweisen. Sie freut sich und ist gern bereit, die Palmen nach Urväterart zu schmücken. Sie hat ja schon alles bereitgelegt: würzig duftenden, immerfrischen Sebenbaum, Wintergrün, viele bunte Seidenbänder, schmale und breite, ein festes Leinenbandl, selbstgewebt, und endlich ein halbes Dutzend herrlicher Äpfel, die den langen Winter gut überstanden haben. Im festtäglich geputzten Austragsstübl werden die zwei Palmgerten geziert. Während dieser anmutigen Arbeit erzählt die Großmutter:
»Buben, merkt es euch, was ich euch jetzt erzähle! Die Palmgerten kriegen eine große heilige Kraft, wann sie einmal geweiht sind. Deshalb steckt man sie hernach unter das Dach, damit dem Haus nichts ankann, kein Blitz und kein Sturm. Ihr wißt es ja, daß ein ganzes Regiment von Palmgerten unter den Legschindeln steckt, im Hof drüben, darunter schon ganz uralte, verdorrte und vermorschte. Sie sind schon droben gewesen, wie ich auf den Hof hergeheiratet hab. Wann ein Wetter kommt, nimmt man ein paar Mauzerl von der Palmgerte und wirft sie ins Ofenloch, und schon hat der Blitz keine Macht mehr über die Herberg. Den Stiel schneidet man am Karsamstag ab und läßt ihn dann weihen bei der Steckerlweihe. Dann macht man aus seinem Holz drei kleine Kreuzlein und steckt sie am Tag der Kreuzauffindung in die Getreidefelder, damit sich nichts fehlt im Wachstum und namentlich der Bilmeßschneider keinen ›Durchschnitt‹ machen kann im Treidacker.«
Die Buben sind überglücklich, weil ihre Palmgerten endlich die altgewohnte Pracht zeigen. In brüderlicher Eintracht marschieren sie nun im Stübl im Kreis herum. Die Großmutter wehrt aber diesem Treiben und verwahrt gleich darauf die geschmückten Palmen sicher im »gefeierten Stübl«.
Gut und recht, wenn der Palmsonntag strahlend und klar anhebt! Dann steigt man gern recht früh aus den Federn. Denn heute der zu sein, den der Tuchentzipfel am längsten in der Gewalt hat, ist weder angenehm noch ehrenvoll. Todsicher wird er den ganzen

Tag ausgenarrt und als Palmesel verschrien. Unsere Buben sind also heute gern aufgestanden, denn sie können den kurzweiligen Gang zur Kirche kaum mehr erwarten. Bald prangen sie in der landesüblichen Kleidung voll Altmännerwürde, in langen Hosen und guttüchenen Joppen, die auch den Mantel zu ersetzen haben.
Die Großmutter segnet die Buben mit Weihwasser, und die Mutter führt sie den altvertrauten frühlingshellen Kirchenweg. Krampfhaft umfassen die Buben ihre Palmbäume. Ein leichtes Lüftchen weht über die Hänge, drum flattern und fludern die bunten Seidenbänder gar so fröhlich und stolz.
Alle Wege und Steige sind lebendig und voll Palmenpracht. Überall leuchten die bunten Farben der wehenden Bänder. Scharen von Palmträgern gesellen sich zusammen. Mit Stolz, Genugtuung, Neid oder gar Verachtung messen die Bürschlein einander ihre Palmgerten. Mit tiefem Mitleid betrachten sie den alten Häuslmann dort, der seine Palme eigenhändig zur Weihe tragen muß, weil seine Buben in fremden Diensten im Rottal drüben stehen. Seine armseligen Weidenzweige sind ohne jegliche Zier und werden quer unterm Arm getragen wie ein Regendach.
Je näher das Pfarrvolk dem Kirchdorf kommt, desto froher und reicher wird das Bild. Gar erst vor der Kirchtür und überhaupt im Freithof ist alles eitel Farbe und Pracht, Flattern und Leuchten. Und das Morgenlüftchen freut sich, daß es heut mit Hunderten von schimmernden Bändern und Hunderten von rotwangigen Äpfeln spielen und plaudern kann.
Freilich, im lieben Gotteshaus ist alles noch so düster und tot: Die geschichtenreichen Bilder der Altäre und der Heiland am Kreuz, alles das ist mit blauen Tüchern verhängt. Die Orgel muß schweigen. Die Palmweihe beginnt mit einem jauchzend gesungenen Hosanna. Dann folgen lange lateinische Lesungen und Gebete. Darum bekümmern sich aber heut die Kinder nicht, auch nicht um den leidenden Heiland und um den Ernst der Karwoche. Es gibt ja so viel Palmgartenherrlichkeit zu bewundern und zu würdigen! Der ganze Dorftempel ist angefüllt mit Buntheit und Fröhlichkeit.
Siehe, hier schwingt ein ganz unternehmungslustiger Bursche

seinen Riesenpalmbaum in herausforderndem Stolz. Andere stehen und bestaunen ihn und machen das Kunststück nach. Bald gerät der ganze bunte Palmenwald in ein großes Schwingen und Wehen. Fast möchten sich der Herr Pfarrer und der Herr Lehrer, der Chorregent und Kantor über so viel weltliche Gesinnung und das unheilige Betragen giften. Aber beide singen fleißig weiter und denken um ein paar Jahrzehnte zurück; da haben sie es am gleichen Tag um kein Haar anders gemacht! Und schließlich haben ja auch die Bewohner Jerusalems den Herrn und Heiland mit wehenden und nicht mit langweilig toten Palmen empfangen!
Aber es kommt schon wieder Ordnung in die Schar, wenn man sich aufstellt zur Prozession, die um die Kirche herumgeht. Der Pfarrer, der Lehrer, der Mesner, die Meßbuben, die Männer der Kirchenverwaltung, sie alle tragen kleine Palmzweige in den Händen. Man kehrt wieder zurück zum Hauptportal. Jetzt erstarren alle Palmgerten in Ehrfurcht und Stille, denn es hebt jener ernste und ergreifende Vorgang an, der dem heiligen Palmsonntag seinen heiligen Schauer gibt. Die Kirchentür wird verschlossen. Draußen steht der Pfarrherr mit allen Prozessionsgästen und aller Palmenpracht. Der Lehrer aber durfte allein die Kirche betreten. Nun singen Pfarrer und Kantor abwechselnd den tausendjährigen Jubelgesang »Gloria laus«. Dann stößt der Pfarrer dreimal mit dem Schaft des Kreuzes an die Tür, sie öffnet sich, und feierlich zieht nun die Prozession zum Hochaltar. Der Himmel ist wieder aufgeschlossen, die Tage der Erlösung und des Heils sind nahe.
Das lange Palmsonntagamt mit den düsteren Gesängen geht zu Ende, und die Buben kehren mit ihren hochgeweihten Palmen beglückt heimwärts. Vor dem Mittagessen bekommt jeder Hausinsasse ein Speitel von den geweihten Äpfeln. Die Palmgerte wird für die Feuerweihe am Karsamstag bereitgestellt. Die stille Leidenswoche beginnt. Nun muß alle weltliche Lust so lange schweigen, bis der Heiland glorreich aus dem Grab aufersteht und österliche Freude und Spiele den Waldler, sein Herz und sein Haus und sein Land aufs neue beglücken.

## Von niederbayerischen Palmeseln

Palmesel, genauer gesagt aus Holz geschnitzte Gruppen, darstellend den auf einer Eselin reitenden Herrn und Heiland, sind bei uns heutzutags selten geworden. In früheren Jahrhunderten aber konnte man solche in süddeutschen Landen fast überall antreffen. Die Glaubensspaltung, die sogenannte Aufklärung und andere ungute Schicksale haben den Palmesel an den meisten Orten abgesetzt oder vernichtet.
Weil es die Kirche von jeher liebte, Geheimnisse unseres Glaubens und die Geschichte des Erlösers in anschaulichen Bildern und Aufführungen darzustellen, durfte auch einstens bei der Prozession am Palmsonntag der mehr oder minder kunstvoll geschnitzte Palmeselreiter nicht fehlen. Ursprünglich ist gar der Herr Bischof selber oder der Pfarrer oder ein anderer Kleriker bei diesem Anlaß auf einem lebenden Grautier oder, wenn dieses sich gar zu störrisch benahm, auf einem hölzernen Esel mitgeritten und hat so den Erlöser vorgestellt, wie er, begrüßt von wehenden Palmen und umjubelt von den Hosannarufen der Jerusalemer, einzog in die Heilige Stadt. Daß diese fromme Sitte uralt ist, wissen wir aus der Lebensbeschreibung des hl. Bischofs Ulrich von Augsburg (890 bis 973), darin dieser Ritt ausdrücklich geschildert ist.
Im Zeitalter der glaubenskalten sogenannten Aufklärung wurde der Umritt des Palmesels, mit dem sich häufig Mißbräuche verbunden hatten, von geistlichen und weltlichen Behörden immer wieder verboten, vielfach auch die Vernichtung der Schnitzwerke vorgeschrieben. Damals gingen viele davon zugrunde, andere erhielten in irgendeinem Kirchenwinkel ein Ruheplätzchen; eine große Zahl kam in Museen. So finden sich einige prachtvolle Werke aus der gotischen und barocken Zeit im Nationalmuseum München. Im Kaiser-Friedrich-Museum Berlin steht der allerälteste Palmesel der Welt, ein edles spätromanisches Werk von

etwa 1250 aus der Gegend von Landshut. Eine auffallend große Anzahl von Palmeseln hat sich im Badischen erhalten. Zuweilen hat man lediglich das Reittier zerstört, den Heiland aber ehrfürchtig aufbewahrt.
Heute ist meines Wissens der Palmeselritt nur noch in einigen Fällen auf baierischem Stammesboden üblich: zu Inchenhofen und Kühbach, Oberbayern, Puch bei Salzburg, Thaur, Tirol, und am häufigsten, in acht Fällen, in Niederbayern, freilich in recht verschiedenen Formen. Wir lassen stolz unsere noch immer amtierenden niederbayerischen Palmesel aufmarschieren, zumal es auch in der zweiten Auflage des so verdienstvollen »Wörterbuches der deutschen Volkskunde« (Stuttgart 1955), bearbeitet von Richard Beitl, heißt, daß der Umzug mit dem Palmesel heute wohl nur mehr »in Redensarten bezeugter Brauch« sei. Dem Bearbeiter entging meine ausführliche, mit Quellennachweisen und zehn Abbildungen auf Tafeln abgedruckte Veröffentlichung »Von niederbayerischen Palmeseln« im »Bayerischen Jahrbuch für Volkskunde 1950« (Regensburg), darin sich auch Mitteilungen über frühere Palmeselbräuche finden, die hier nicht behandelt wurden.
Wir wollen uns nun in Niederbayern um noch übliche Palmeselsitten und noch vorhandene ausgediente Palmesel umschauen. Zuerst reisen wir nach Kößlarn, den reizvollen, altertümlichen und stillen Marktflecken zwischen Rott und Inn. Dort findet der Kunstfreund und Liebhaber guter bodenständiger Bauweise viel des Sehenswerten und Raren; so die edle gotische Pfarrkirche, auf einzigartige Weise machtvoll und malerisch befestigt und in der Barockzeit reich neu ausgestattet. Sie war einst eine der berühmtesten Wallfahrtskirchen im Unterland Bayern. So zogen z. B. im Jahre 1440 nicht weniger als 137 Pfarreien mit Kreuz und fliegenden Fahnen zur Gnadenmutter von Kößlarn, deren angebliche wunderbare Auffindung in einer Kranewittstaude im Jahre 1364 Anlaß zur Entstehung von Wallfahrt und Markt an Stelle eines einsamen Bauernhofes gab. Die Gnadenstätte wurde von Zisterziensermönchen aus Aldersbach betreut, deren Eifer reges kirchliches Leben entfachte und eine Vielzahl von dramatischen kirchlichen Sitten einführte.

Zwei von ihnen haben alle Fährnisse der Zeit überstanden: der Umzug des Palmesels und die prunkvolle Prozession am Erntedankfest, die sich bis heute die Fülle und Buntheit des Rokokos bewahrt hat. Abgekommen sind die Fußwaschung und die Ölbergvorstellung am Gründonnerstag, die »Karfreitags-Komödie vom Leiden Christi beim Hl. Grab«, 1633 erstmals urkundlich bezeugt; die großartige nächtliche Karfreitagsprozession mit Dutzenden von biblischen und anderen Gruppen, schriftlich nachgewiesen seit 1631, ein Hauptstück des alten Kößlarner Kirchenjahres; dann das riesige Heilige Grab, eine Schaubühne mit vielen gemalten Szenerien, schon 1481 in den Kirchenrechnungen auftretend. In der Barockzeit, 1732, wurde es »sehr schön, groß und pretios« von dem Schnitzmeister der heutigen Seitenaltäre Johann Peter Vogl erneuert. Es hatte zwei Stockwerke und füllte das Presbyterium in seiner ganzen Höhe und Breite. In der Aufklärungszeit wurde es nicht mehr aufgestellt. Aber ab 1833 erbaut es das christliche Volk wieder, wenn auch nicht mehr in seinem früheren Umfang. Auch die Auferstehungsfeier hat sich einen Teil ihrer alten dramatischen Lebendigkeit zu erhalten vermocht. Außer Übung gekommen sind auch die Darstellung der Himmelfahrt Christi und der Sendung des Heiligen Geistes (beides noch heute in vier Pfarrkirchen der Viechtacher Gegend im Waldgebirg gebräuchlich) und die große »Prozessions-Komödie« am Fronleichnamstag.

Der Kößlarner Palmesel nun, aufgewachsen sozusagen inmitten reicher alter Kunst und Kultur, wird in den seit 1461 vorhandenen Kirchenrechnungen 1481 erstmals erwähnt. Damals hat man dem Maler von Pfarrkirchen, Hans Nagl, für Fassung des Palmesels an Geld 25 Pfund und 1 Pfennig gegeben. Der spätgotische Palmesel, wohlerhalten, 1,12 m hoch, steht auf einem Rädergestell und wird alljährlich bei der Prozession am Palmsonntag mitgefahren. Dieser Umzug ist im dritten Band des Neuen Brockhaus (Leipzig 1939) unter dem Stichwort »Palmesel« abgebildet.

Nach dem Gottesdienst macht der Palmesel seine Fahrt durch den behaglichen Marktflecken, von Ministranten gezogen und von einer fröhlichen Kinderschar begleitet. Man zieht mit ihm von Haus zu Haus und darf ja keines übersehen, denn das würde als grobe Zurücksetzung gedeutet werden. Der Palmesel hält vor jeder Behausung. Die Mutter kommt heraus, das Kleinste auf dem Arm, das nun dem lieben Heiland ein Busserl oder ein »Eierl« geben darf, das heißt, das Wänglein an das Gesicht Christi legen und dabei liebkosend sprechen: »Ei, ei!« Hierauf gehen die vier Meßbuben in die Wohnstube und singen dort mehr oder minder kunstgerecht die Palmsonntagsantiphon »Pueri Hebraeorum«, die da handelt von den Kindern der Hebräer, die, Ölzweige in den Händen tragend, dem Herrn entgegengingen und gerufen haben: »Hosanna in der Höhe!« Für Bemühung und Beehrung werden die Buben mit Geld beschenkt. Nach der Nachmittagsandacht muß der Palmesel, hergebrachten Einladungen folgend, auf benachbarten kirchen- und brauchtreuen Nobelhöfen Besuch machen, wo dann die Ministranten nach gesagter oder gesungener Antiphon mit Krapfen entlohnt werden.

Vom Rottaler Landl machen wir einen weiten Sprung ins Herz Niederbayerns. Drei Stunden unterhalb Deggendorf zieht sich am linken Donaugestade der weitbekannte Körbelzäunermarkt Winzer entlang, überragt von einer Burgruine auf dem Steilhang, der einst die Weinrebe reifte. Die Winzerer, ein urwüchsiges Völkchen, haben wohl noch den Palmreiter, aber nicht mehr die Eselin selber. Was ist ihr denn passiert? Vor etwa einem halben Jahrhundert haben die Winzerer Ministranten einen Palmeselbesuch auch gemacht drüben am rechten Donauufer auf einem Einödhof, der damals noch nach Winzer eingepfarrt war. Aus Gaudi lassen die Buben den Esel neben dem Kahn im Wasser daherschwimmen. Aber der Strick reißt, die Eselin schwimmt davon, schwimmt den Donaustrom hinunter, am End gar ins Schwarze Meer zu den Türken, und ist nie mehr zurückgekommen. So haben die Winzerer heute nur mehr den Herrn und Heiland selber, eine etwa 85 cm hohe spätgotische Schnitzfigur, der Füße beraubt und auch sonst etwas beschädigt. Alle Jahre in der Karwoche ziehen die Ministranten, kleine Palmzweige in den Händen tragend, im ganzen Pfarrbezirk von Haus zu Haus, stellen den Heiland auf

den Tisch und sprechen die schon genannte lateinische Antiphon. Auf dem Tisch steht aber nicht mehr der jubelumtönte sieghafte Heiland, sondern schon der Schmerzensmann der Kartage. Denn er ist umhüllt von dem Purpurmantel der Schmach und des Spottes und trägt die Dornenkrone auf dem Haupt.

In Otzing bei Plattling hat sich auch nur mehr die Holzfigur des Palmheilands erhalten, eine 70 cm hohe, gleichfalls spätgotische Arbeit. Am Palmsonntagnachmittag bringen die Ministranten, geschmückte Palmzweige mittragend, den Palmheiland in alle Dörfer, wo er nun von alters her einen ganz auserlesenen Dienst verrichten darf, der für die Roßliebe unserer Bauern kennzeichnend ist. Der Heiland nimmt auf dem Rücken eines jeden Gauls Platz, damit dieser an der Segenskraft des Erlösers teilhabe. Die Meßbuben überreichen dem Hausvater einen Palmzweig, wobei sie, ebenso wie beim Betreten des Hauses, einen altertümlichen Reimspruch aufsagen. Für ihre Mühe werden sie mit Eiern entlohnt.

Die schmucke Isarstadt Landau, die sich so malerisch auf dem steilen Uferhang aufbaut, verwahrt in ihrer noblen barocken Pfarrkirche, in allem Gepräge und Reichtum einer Stiftskirche tragend, ansehnliche Kunstschätze. Darunter befand sich auch ein barocker Christus als Palmeselreiter ohne Esel. Wie ich diesen Aufsatz niederschreibe, meldet ein freundlicher Brief aus der Isarstadt, daß dort der Heiland wieder einen Esel geschnitzt erhalten hat, die ganze Gruppe schön gefaßt und am Palmsonntag 1945 erstmalig wieder am Eingang zum Presbyterium, also im Blickfeld der ganzen Kirche, aufgestellt wurde.

Der Klosterort Metten besitzt einen gut geschnitzten, halblebensgroßen Palmesel aus der Rokokozeit. Leider hat man das gute Tier vor etwa zwanzig Jahren abgedankt, weil angeblich die Beine des Esels schon etwas schwach geworden seien. Bis dahin haben die Mettener Ministranten ihren Palmesel in der Klosterhofmark herumgeführt, ihr Sprüchlein gesagt und dafür Eier in Empfang genommen. Seither aber hat der leider pensionierte Palmesel, dem wir eine fröhliche Urständ wünschen, ein ganz erlesenes Prachtquartier erhalten: er steht sinnierend und ein wenig traurig in der prachtvollen barocken Bibliothek der Mettener Abtei und wartet da, inmitten reicher alter und neuer Bücherschätze und vieler Weisheit, auf seine Wiedereinsetzung.

Unweit Simbach am Inn überragt die Stromhöhe die stolze gotische Pfarrkirche von Erlach, ein bedeutender Bau voll Rasse und Würde und prachtvoll barock eingerichtet. Dort steht unter der Orgelempore, auch in stiller Trauer versunken, ein edler spätgotischer Palmeselreiter von etwa 1500, 1,67 m hoch. Er stammt aus der längst abgebrochenen Kirche zu Winklham, wanderte dann auf den Dachboden des Bauern Eduard Grobner des gleichen Dorfes, bis er dann seinen Unterstand in der Pfarrkirche fand.

Im August 1946 machte ich wieder einmal eine kleine, aber recht ergiebige Heimatreise in die Hallertau und ins Vilstal. Da besuchte ich auch den Palmesel von Feldkirchen, am Saum des lebhaften Vilstaler Marktes Geisenhausen gelegen. In der gotischen Kirche Feldkirchens, einer Filiale der Marktkirche, steht im Untergeschoß des Turmes ein sehr gut erhaltener, aber von einem Pfuscher recht grob angestrichener lebensgroßer Palmeselreiter, ebenfalls um 1500 geschnitzt, also auch spätgotisch und auch schon lange ausgedient. Als in früheren Zeiten die Pfarrei Geisenhausen am Palmsonntag den Hauptgottesdienst auf der Filiale feierte, durfte sich der Heiland auf dem Esel gleichfalls an der Prozession beteiligen. Nach beendetem Amt aber wurde er feierlich in den nahen Markt geleitet, wo er dann die üblichen Hausbesuche machte.

Auch die Hallertau kann sich noch eines dienstbeflissenen Palmesels rühmen. In Elsendorf bei Mainburg verwahrt ein Schreinermeister einen Palmeselreiter, der im ganzen 1,03 m hoch und ein barockes Schnitzwerk von etwa 1600 ist. Er befand sich vorübergehend im Heimatmuseum zu Mainburg und durfte vor einigen Jahren wieder glücklich in seine Heimat zurückkehren. Am Palmsonntag und tags darauf macht er, auf einem Rädergestell gezogen und mit Buchs und Papierrosen verziert, seine Aufwartung in allen Dörfern der Pfarrei. Die Ministranten bringen die Figur in jedes Haus und begrüßen dabei die Bewohner mit einem gesprochenen Palmsonntagslied. Im Jahre 1946 erhielt jeder der Ministranten 49 Mark und 96 Eier.

Auch im Expositurdorf Irnsing der Pfarrei Hienheim, auf geschichtsschwerem Boden links der Donau im Kreis Kelheim gelegen, durfte noch vor etwa sieben Jahrzehnten der Palmesel von Haus zu Haus wandern. Erst verschwand das Reittier. Daraufhin machte nur mehr die Heilandsfigur die Hausbesuche. Vor mehr als 25 Jahren ist aber auch sie verschwunden. So begnügt man sich heut mit einer Tafel mit der Darstellung des Einzugs Christi in Jerusalem. Die Ministranten ziehen am Palmsonntag nach dem Hauptgottesdienst von Haus zu Haus. Einer trägt die Tafel, ein anderer den Eierkorb, die andern halten lange Haselnußstecken, reich mit Buchs, Immergrün, künstlichen Blumen und flatternden bunten Bändern geschmückt. Sie müssen die Stelle der Palmen vertreten.

Beim Eintritt ins Haus rufen die Meßbuben: »Hochgelobt sei, der da kommt im Namen des Herrn! Hosanna in der Höhe!« In der

Stube sagen die Buben einen achtstrophigen frommen Spruch, der eingangs mahnt:

>»Ihr stolzen Menschenkinder,
>die ihr alles richtet auf den Schein,
>geschmückt, geputzt muß alles sein!
>Das gefällt Gott nicht, ihr Sünder!«

Nun wird die Tafel von den Ministranten in alle Räume des Anwesens, also auch in Ställe und Scheunen, getragen, damit alles, auch das liebe Vieh, den Segen des Heilands empfange. Zum Schluß werden die Buben mit Eiern und Geld beschenkt.

Einen ganz seltsamen Palmeselreiter verwahrt das reichhaltige Städtische Museum zu Straubing: Heiland und Esel, beide handwerkliche Schnitzwerke, sind verschiedener Herkunft. Die mehrfach beschädigte Christusfigur stammt aus der Nebenkirche See der Pfarrei Altenbuch bei Landau an der Isar, der noch gut erhaltene Esel aber aus dem bekannten Wallfahrtsort Neukirchen-Hl. Blut. Heiland und Grautier messen zusammen in der Höhe 1,25 m, stehen auf einem Rädergestell und kamen um 1909 ins Straubinger Museum.

Von Straubing aus besuchen wir die stattlichen Sammlungen von künstlerischen und kulturgeschichtlichen Gegenständen des Bezirksmuseums zu Bogen. Dort steht ein Palmheiland aus Holz, etwa einen halben Meter hoch und ungefähr zweihundert Jahre alt. Er stammt aus der Pfarrkirche Neukirchen bei Haggn und wurde dort früher ebenfalls von Ministranten von Haus zu Haus getragen und sogar Kranken zur Förderung der Genesung ins Bett gelegt.

Jetzt wandern wir in den Wald hinein zu einem Palmeselreiter aus meiner Nachbarschaft, in die Grenzstadt Zwiesel. In den alten Kirchenrechnungen für die Pfarrkirche des damaligen Marktes Zwiesel finde ich in einem Inventarverzeichnis von 1731 vermerkt: »Figur unseres Herrn am Palmbtag sambt ainen Rothdichenen Mantl.« Aus früheren Eintragungen ist zu ersehen, daß das Schnitzwerk schon vor 1669 angeschafft worden ist. Der Zwieseler Palmesel hat alle Fährnisse der Zeit und auch die drei großen

Feuersbrünste überstanden, die die alte Pfarrkirche zu Zwiesel im 19. Jahrhundert heimgesucht und schließlich ganz vernichtet haben. Die Heilandsfigur, die noch heute ein rotes Mäntelchen trägt, ist 51 cm, der Esel 35 cm hoch. In Zwiesel wird dieser Palmesel an den Kartagen von den Meßbuben feierlich von Haus zu Haus geleitet, wobei sie mit dem Lied aufwarten:

»Singt des Königs Lobespsalmen,
strömt zu ihm, ihr Völker, her!«

Die Ministranten erhalten für ihre Mühe kleine Geschenke, vor allem Ostereier.

Die schon vorgestellte Eselin aus Neukirchen-Hl. Blut wurde um 1900 von einem schlechtberatenen Pfarrherrn an das Museum in Straubing verkauft. Vor mehr als 60 Jahren ist die Beteiligung des vollständigen Palmesels an der Palmprozession und sein Umzug durch den Markt abgekommen. Heute tragen die Ministranten nur mehr eine kleine Heilandsfigur, die Figur des Auferstandenen, den »Himmidadl«, wie er hier getauft wird, von Haus zu Haus. Haben die Leute das Bildnis geküßt, legt man es zur Abwehr von Krankheiten in die Betten.

Wir warten jetzt auf mit zwei Zeugnissen für den Palmeselbrauch in der Aufklärungszeit und für den Krieg, der zwischen Anhängern und Nutznießern der Sitte einerseits und der gestrengen Obrigkeit andererseits durchzufechten war.

Auch die Passauer Ilzstadt, noch heut von einem eigenen urwüchsigen Völkchen bewohnt, hatte einst ihren guten Palmesel. Sein Umritt verursachte in der Aufklärungszeit scharfen Kampf und Federkrieg. Am 21. März 1785 erhielt der Ilzer Stadtpfarrer J. M. Reischl aus der Kanzlei des Fürstbischofs ein Schreiben zugesandt, das freundlich anfing und unfreundlich aufhörte. Es lautet: »Unsere Gnade und Gruß zuvor! Ehrsamer, Gelehrter, Lieber, Getreuer! Da dem sicheren Vernehmen nach bei der in dortiger Pfarrkirche abzuhaltenden Prozession die Figur des auf einem Esel reitenden Christus vorgetragen und nachmittags von dem daselbstigen Schuellmeister unter Singung des Hosanna in allen Häusern herumgetragen zu werden pfleget, dieser Gebrauch

aber nicht weiter geduldet werden mag, als machen wir hiermit den Auftrag, daß solcher künftighin unterlassen werde.«
Da rührte sich nun der biedere Schulmeister und Organist Ferdinand Naller, der sicherlich nur ein geringes Einkommen hatte und aus dem Palmheilandbrauch alljährlich ein ganz nettes Sümmchen in seinen schwindsüchtigen Beutel stecken durfte. Er sandte ein wehmütiges Klag- und Bittschreiben an die fürstbischöfliche Regierung, darin er unter anderm sagt: »... haben bereits die am Palmsonntag herumtragende Eselin, wie die Figur des daraufsitzenden Weltheilandes, welcher bei der abgehaltenen Prozession seinen Einzug gemacht, gnädigst abzustellen befohlen. Dann aber mir wiederum eine accidens (Nebeneinnahme) pro 12 Gulden, welche meine Vorfahrer mehr denn über 100 Jahr und noch mehrere Jahre genossen, Schaden zugefügt worden.«
Zum Schluß bittet der Betroffene, ihm wenigstens den Geldausfall zu vergüten, wenn der Brauch wirklich für immer abgeschafft werden müsse.
Darauf antwortet ihm die Regierung, daß er kein Recht auf diese Bezüge habe; ganz im Gegenteil, sie seien zu unrecht vereinnahmt worden und müßten daher zurückerstattet werden. Der Betrag sei »abergläubisch« und mithin unrechtmäßig empfangen worden, würde deshalb zurückgefordert und müßte für die armen Seelen der Ilz verwendet werden. Mehr ist darüber in den Passauer Archivalien nicht zu finden. Der Brauch ist wohl für immer abgeschafft worden, zum größten Leidwesen des Schulmeisters und wohl auch des brauchtreuen Ilzer Völkchens. Der Palmesel ist vermutlich auch hier den Weg vielen Holzes gegangen, also verbrannt worden.
Zum Schluß steigen wir ab in der Stadtresidenz zu Landshut, dem ältesten Renaissancepalast auf deutschem Boden, und finden dort gleich zwei Palmeselreiter. Der eine, halblebensgroß, entstammt dem 15. Jahrhundert und der Stadtpfarrkirche zu Kelheim; der andere, wohlerhalten, lebensgroß, der Zeit um 1500. Bei dieser jüngeren Gruppe ist das Reittier, wie vielfach, etwas plump geraten. Dafür weist die Heilandsfigur in Haltung, Gesicht und Gewandung hohen Adel auf. Über den Umzug dieses Palmesels in

der einstigen kurfürstlichen Hauptstadt Landshut unterrichtet uns ebenso anschaulich wie ergötzlich der biedere alte Stadtprokurator Franz Sebastian Meidinger in seiner 1805 erschienenen Beschreibung der damaligen Universitätsstadt. Wir lassen ihn am besten selber erzählen, wenns auch ein bißchen aufklärerisch klingt:

»Der Palmesel hatte bis auf mehrere Jahre zurück, eigentlich die Mesner und Kirchendiener in jeder Pfarrei, eine nicht kleine Rolle unter dem Namen dieses guten alten Herkommens zu spielen. Jeder vernünftige Mensch, dem die Religionsgründe bewußt waren, sah nichts anderes als ärgerliches Wesen. An den meisten Orten wurde schon am Vorabend des Palmsonntags Christus, der Herr, reitend auf der Eselin, aus jeder Pfarrkirche mit dem Schlag 12 Uhr gebracht und Kinder mit dem Schnuller in dem Mund rück- und vorwärts dem mit sanfter Anmut gebildeten Heiland aufgesetzt und andere auf die bereitete Brücke gebracht. Hier in Landshut zogen ihn die Ministranten, und die durchwanderten unter dem unharmonischen Mißklang ›Pueri Hebraeorum‹ alle Gassen und Straßen der Stadt. Mesner und Kirchendiener besorgten das Ab- und Aufsteigen der kleinen Passagiere, wo für eine Station von 40 bis 50 Schritten schon wieder bezahlt werden mußte, und so ging es am Vorabend, wie am Sonntag selbsten, in einem Tritt fort.

Christus der Herr wurde mit Blumen und Sträußen geziert und dann von den Bäckersfrauen mit den besten und schmackhaftesten Eyerkränzen so dicht behängt, daß man wegen Menge dieser Anhängsel, Mädchen und Knaben vor- und rückwärts beladen, den Heiland kaum mehr ansichtig werden konnte.

Gleichwie nun noch keine Reise oder Caravanne unternommen wurde, wo nicht Arbeiter Erfrischungen unterwegs zu sich nahmen, so war es bey diesem heiligen Zuge um so weniger zu vermuthen, als die Bräuers- und Wirtsleute schon mit Kannen Bier dem Palmesel-Convoi entgegengingen und Erfrischungen darbothen; daher es noch alle Jahre geschah, daß außer dem Heiland und Esel niemand anderer nüchtern zurückkam. Als nun für Mesner und Kirchendiener die traurige Stunde schlug, daß diese

im Grunde überaus schöne, aber leider sehr mißbrauchte Ceremonie auf immer eingestellt seye, dann schrie der Mesner (ein ehrlicher armer Schlucker): ›Jetzt bin ich verlohren! — Drey Gulden gab ich heuer dem Maler für das Renovieren, und nun sind sie weg. Eyerbretzen, Eyer, Armkränze, rothe Eyer, alles ist weg, so ich von diesem Zuge sonsten erhielt!‹ — ›Das ist noch immer zum verschmerzen!‹ schrie der Küster mit einem Paare starren Augen, ›aber das Kunststück dem Volke auf ewig entziehen, und im Sandstadel vermodern lassen, das liegt mir auf der Brust, als läge der fünfthalb Zentner schwere Schwengel der Probstenglocke auf mir selber!‹ Denn es ist zu wissen, daß Christus, der Herr, und der Esel aus einem Stücke sind, und solche Palmesel werden ihrer wenige oder gar keine seyn.«
Ist auch der Palmesel größtenteils abgesetzt worden, so lebt er doch in mancherlei Redensarten noch fort. Man sagt Meister Grauohr Trägheit und mangelnde Klugheit nach. Darum schimpft man den, der am Palmsonntag als letzter aus den Federn steigt, einen Palmesel. Weil sich der Heiland bei seinem glanzvollen Einzug in Jerusalem mit einem Esel begnügt hat, heißt man das Tier auch Roß Gottes; ebenso verhüllend einen Menschen, den man nicht geradeswegs Esel titulieren will. Kommt ein sehr seltener Gast, sagt man: »Er läßt sich wie der Palmesel im Jahr nur einmal sehen.« Man hat den Palmesel bei seinem Umzug oftmals aufs kostbarste und bunteste aufgeputzt. So trug z. B. der Palmesel vom Nonnberg in Salzburg wertvollsten Schmuck aus purem Gold und herrlichsten Edelsteinen, alles eigens für ihn gefertigt. Trägt sich ein Mensch allzu auffällig, farbenüppig und übertrieben, meint man, er sähe aus wie ein Palmesel. Schon am Palmsonntag, meist von erster Frühlingspracht verklärt, gehen manche Kinder in ihren neuen, für die Sommerszeit bestimmten Kleidern zur Kirche. Läßt sich aber eins in gar geringer Gewandung sehen, so droht man ihm recht unfein: »Dich sch ... t der Palmesel ab!«
Mutwillige Buben müssen sich Lausbuben nennen lassen. Dieser Titel habe aber gar nichts mit den Kopfläusen zu tun, meinen Volkskundler. Er habe ursprünglich »Gloria-laus-Buben« gelau-

tet, weil die Ministranten beim Umzug des Palmesels die Antiphon »Gloria laus« gesungen haben. Da aber bekanntlich die Meßdiener nicht immer zu den gesittetsten Buben zählen (ich bin auch einer gewesen), sei ihr anfänglicher Ehrentitel zum abgekürzten Schimpfwort geworden. Man nennt die letzte Bank der Schule die Eselbank. In ihr haben die Faulen und Dummen ihre Stammplätze. In Roding (Oberpfalz) stellte vor langer Zeit der Mesner, zugleich Schulmeister, den verbotenen Palmesel der Pfarrkirche in seine Schulstube und ließ unartige und ungelehrige Schulerbuben zur Strafe und Beschämung darauf reiten.
Schließlich soll sogar der Prater, das Karussell, seine Entstehung dem Palmeselritt verdanken. Wir hörten eben aus dem alten Landshut, daß dort die Kinder gegen Bezahlung auf dem Palmesel kurz mitreiten durften, was eine wahre Himmelsfreud für die Kleinen gewesen sein mag. Schade, daß man dieses Vergnügen nur einmal im Jahr genießen konnte und nur einige Minuten währte! Um dieser Not abzuhelfen, habe ein Findiger das Karussell erdacht, das unter Drehorgelklängen schönste Rundfahrten gewährt, freilich nicht auf einem vielgeschmähten Esel, sondern auf strammen Rössern und andern nobleren Tieren.

## Der weiße Mantel

*Eine Ostergeschichte*

Sie sah nichts von Ostersonne, grünenden Wiesen und Gärten; denn ihre Stube lag an der Nordseite des Armenhauses und gewährte nur einen düsteren Ausblick auf eine enge und finstere Gasse, darin die Bewohner der umliegenden Häuser ihren Unrat abluden. Hier hielt sich der Schnee am längsten, hier tröstete kein Baum und lächelte keine Blume.
Aber die alte Marie öffnete trotzdem die Fenster, damit sie die Glocken hörte, die wieder aus Rom zurückgekehrt waren und nun hell und freudig die Auferstehung des Herrn verkündeten. Sie vernahm auch die Klänge der Trompeten, die den grabentstiegenen Heiland durch den abendlichen Marktplatz geleiteten. Im Geiste nur erlebte sie den Umzug, den sie zu dieser Stunde so oft in ihrer Heimat mitgemacht hatte: sie sah die wallenden Fahnen und den prunkvollen Traghimmel, unter dem der Pfarrherr schritt, das Hochwürdigste Gut in den Händen, und sie sah das weißgekleidete Mädchen, das die Holzgestalt des Grabüberwinders trug. Wie oft hatte sie selbst dieses wichtige und ehrenvolle österliche Amt versehen, ein wenig beneidet von den übrigen Mädchen, die ihr, der reichen Kaufmannstochter, die Auszeichnung nicht gönnen wollten.
Und nun saß sie im Armenhaus dieses Marktfleckens. Seit vielen Jahren schon! Ein Unglück nach dem andern war über sie hereingebrochen. Heimat und Vermögen hatte sie verloren, ein widerliches Geschick in die Fremde verbannt. Wenn sie sich manchmal zurückerinnerte an das stolze elterliche Haus mit den vielen wohleingerichteten Räumen und dem gut bürgerlichen Hausrat, von dem sie nur ein paar Stücke gerettet hatte, war es ihr, als gedachte sie eines längst verschollenen Märchens.
Da saß sie Tag für Tag in dem abgenützten Lehnstuhl in dem großen, dunklen und kalten Zimmer des weitläufigen Armenhauses, in alten Erinnerungen kramend und des Todes harrend.

Zuweilen las sie wohl auch ein wenig in einfältigen, frommen alten Büchern, Kalendern und Heften. Oder sie sprach mit sich selber und begehrte nichts mehr zu wissen von dieser unguten Welt.

Sie suchte nach einem abgegriffenen Buch mit den Legenden und setzte sich nahe ans Fenster. Aber hier war es kaum merklich heller. Sie hörte Tritte und Worte. Sie kamen von Kirchleuten, die nun durch die enge Berggasse schritten, ihren Dörfern und Einöden zu.

Bald war es wieder ganz still, und Marie konnte in aller Vertiefung und Hingabe die Geschichte lesen, die ihr immer so trostreich erschien und immer ein Stück reiner Osterfreude war: wie der Heiland am Ostermorgen durch die Fluren geht, angetan mit einem blühweißen Mantel, wie er die Felder und Wiesen segnet und wie er nur ganz Reinen und Kindlichen sichtbar sei. Immer wieder stärkte sie sich an dem Satz: »Der da lauteren Herzens ist, der siehet den Heiland wallen zu der frühen Stunde, da sich die Morgenglocken noch nicht erhoben haben zum ersten Jubel und die Lerchen noch nicht angestimmt haben ihre Hymnen. Und wer ganz auserwählten Herzens ist, zu dem wird er sich gesellen und ihm austeilen seine Gnaden!«

Marie schloß für einige Augenblicke die müden Lider und dachte darüber nach, wie schön es sein müßte, wenn sie den Herrn und Heiland im Glanz seiner Osterherrlichkeit sehen könnte.

Dann zog sie die oberste Schublade aus der geschweiften Kommode und suchte lange, bis sie endlich ein schadhaftes Kästchen fand, das über und über mit Muscheln beklebt war. Darin waren ein paar Locken, vergilbte Briefe, umwunden mit einem verblichenen Seidenband, einige Bildnisse und in einer Umhüllung aus Seidenpapier ein altes rotes Osterei verschlossen.

In das Ei war nach der Sitte vergangener Zeiten eine Rose eingezeichnet. Drunter stand ein Spruch, der sich um das ganze Ei schlang. Marie las ihn, las ihn ein zweites und drittes Mal, obwohl sie ihn seit mehr als vierzig Jahren auswendig konnte. Er bestand aus nur wenigen Worten:

»Schönste Rose, fall nicht ab,
bis ich komm und brech dich ab!«

Diese zwei Zeilen waren einmal der Anfang eines kurzen Glückes und langen Leids gewesen. Als junges, wohlhabendes Mädchen hatte Marie einen Kaufmannssohn kennengelernt, der ihr an einem unvergeßlichen Ostertag seine Liebe gestanden, seine unverbrüchliche Treue gelobt und ihr dieses Ei verehrt hatte.
Als aber das Vermögen ihres Elternhauses plötzlich zerronnen war, ging der Geliebte hin, suchte eine reichere Hand und dachte wohl nicht daran, daß in Marie eine Welt zusammenbrach. Marie aber hielt ihren Treueschwur und schaute zu keinem Mann mehr auf. Völlige Einsamkeit wurde ihr ferneres Los. Oft dachte sie ohne Haß und Übelwollen an den Treulosen, der in Verschollenheit vergraben war. Längst hatte sie mit dem Leben abgerechnet und einsehen gelernt, daß der Mensch immer allein sei und daß kein Erdenglück die ewige Sehnsucht unseres Herzens erfüllen könne.
Nach einem einfachen Abendmahl, das nichts von österlicher Fülle und Auszeichnung verriet, nahm Marie wieder das Legendenbuch zur Hand und las, indes die Kerze armselig leuchtete, neuerdings die erhebende Geschichte vom auferstandenen Heiland, der am Ostermorgen im weißen Mantel auf Feldrainen wandelt...
Schon vor Sonnenaufgang wachte Marie auf; kein Schlaf kam mehr über sie und ihr leidvolles Herz. Da fiel ihr der Heiland im weißen Mantel ein, den sie soeben im Traum gesehen hatte, wie er ihr auf dem Kreuzberg begegnet war und ihr freundliche Worte und göttlichen Segen gespendet hatte. Da beseelte auf einmal große Kraft ihren alten Körper, ein mildes Leuchten erhellte ihre Augen, Fröhlichkeit erfüllte und verjüngte ihr Herz und ihr ganzes Wesen. Da beschloß sie, aufzustehen und auf dem Kreuzberg den Heiland im weißen Mantel zu erwarten.
Fort war die sonst so drückende und hemmende Hilflosigkeit ihrer matten Glieder, starke Hoffnung belebte und begnadete die sonst so gebrechliche Greisin. Mit jugendlichen Schritten schier ging sie zu dem mächtigen Kirschbaumschrank und entnahm ihm

die längst altmodisch gewordenen Festtagskleider besserer Jahre, das weite, faltenreiche Seidengewand mit der engen Mitte, den großen bunten Schal und die zierlichen Schuhe mit den silbernen Schnallen. So kleidete sie sich an, freudig gleich einer Braut, und legte in das Samttäschlein das Osterei mit eingezeichneter Rose und eingezeichnetem Spruch und den großen Rosenkranz mit den silbernen Perlen. So verließ sie das Armenhaus und ging den Kreuzberg hinan.

Der Kreuzberg erweist sich als die höchste Erhebung in dem lebhaft bewegten und anmutigen Waldland, das hier den hohen und höchsten Bergen des Waldgebirges vorgeschoben ist. Drum sind sie alle sichtbar, die blauen und verträumten Gipfel, die ruhig und unberührt hinter malerischen alten Burgen den Gesichtskreis begrenzen.

Weil dieser Hügel ausgezeichnet ist, hat ihn ein frommer Bürger des Marktfleckens mit einer ergreifenden Kreuzigungsgruppe schmücken lassen. Sie trug dem Berg einen neuen Namen ein und verdrängte die schöne alte Bezeichnung Blümersberg.

Hier auf dem Kreuzberg hält beim Flurumgang der Pfarrer inne und singt das Evangelium, so daß die Botschaft Gottes weitem Land vernehmlich klingt. Hier brennt die fröhliche Jugend des Ortes, der sich traulich an die Berghänge schmiegt, um Johanni ihr Sonnwendfeuer ab, und sein Schein lodert weit hinaus ins Land der Donau, hinein in die böhmischen Grenzwälder und ins Land Österreich.

Manchmal kommen Kinder und spielen unter den Bäumen oder an den Hängen. Es kommen die Insassen des Armenhauses und sonnen sich auf diesem freien Gipfel. Es kommen Leute mit einfältigem Gemüt und genießen schweigend die Schönheit und den Frieden dieses Berges. Und in hellen Mondnächten träumen hier junge Liebesleute vom Mai des Lebens.

Schon erhellte sich der Morgen, als die greise Maria den Berg hinanstieg. Zuweilen rastete sie und blickte umher. Sie sah die frischgrüne Saat und die zaghaften Schlüsselblumen an der Halde, sie hörte den Ostertriller der Lerchen und genoß die vollkommene Stille des Ostermorgens mit aller Andacht.

Als sie nach vielen Mühen den Gipfel erreicht hatte, ging überm Dreisesselberg die Sonne auf, langsam und feierlich. Noch hingen graue Nebel in den Tälern und Schatten um die Wälder, und Dunst verhüllte die Berge. Aber da und dort blitzten Fensterscheiben auf, leuchteten Matten und Saaten im Ostersonnenglanz.
Die alte Marie saß auf einer Bank unter den drei Kreuzen. Frische Morgenluft umwehte sie und trug ihr die Botschaft eines nahenden Osterwunders zu. Da nahm sie ihr teures Osterei aus dem Täsch-

chen, betrachtete Rose und Spruch und träumte hinein in den erwachenden österlichen Morgen.

Auf einmal hörte Marie leise Schritte hinter sich. Sie sah um und erschrak heftig. Fast traute sie ihren Augen nicht. Ein alter Mann, angetan mit einem langen, faltenreichen weißen Mantel, kam auf sie zugeschritten, sprach einen frommen Gruß und setzte sich neben sie.

Marie erbebte. Sie wußte nicht, ob sie wache oder träume. Rasch verbarg sie das Ei in der zitternden hohlen Hand und blickte den Fremden lange verwundert an. Es durchschauerte sie; in dem Gesicht des Mannes lag etwas, das sie nicht in Worte fassen konnte.

Der Fremde sprach sanft und ruhig und fast fröhlich, als freue er sich darüber, daß er hier einen Festgenossen gefunden habe.

Es war nichts Überirdisches an diesem fremden Mann, wenngleich ihm der blendend weiße Mantel etwas von einem absonderlichen Wesen gab. Ein ehrwürdiger grauer Bart umrahmte das ernste Gesicht, gemessene Würde lag über dem ganzen Gehaben des Seltsamen, tiefe Sehnsucht trauerte in seinen Augen.

Wie Marie den Fremden so verstohlen betrachtete, fielen ihr Worte und Verheißung des Legendenbuches ein, gedachte sie des auferstandenen Heilands im weißen Mantel. Dann erinnerte sie sich der Tatsache, daß der Herr, als er auf Erden gelebt hatte, die Gestalt eines ganz schlichten Mannes angenommen hatte und sich äußerlich in nichts von den Söhnen dieser Welt unterschied.

Da begann der Fremde von den Stätten des Heiligen Landes zu berichten, wie er dort einmal am Osterfest geweilt habe und im Garten des Ölberges, auf Golgatha, in Emmaus, Bethlehem und Nazareth den weißen Mantel getragen habe.

Nun wagte Marie nicht mehr aufzublicken. Es wurde ihr warm ums Herz; auch sie fing zu erzählen an, von den frohen Tagen der Jugend und dem harten Schicksal ihres Lebens, das sie aus einem behaglichen und hoffnungsvollen Leben verschlagen habe aus der fernen Heimat ins Armenhaus dieses Ortes. Sie sprach von jenem weit zurückliegenden Ostertag, an dem ihr der Geliebte jenes Ei mit den Versen geschenkt hatte.

Da sie sehr eifrig und lebhaft redete, bemerkte sie es nicht, daß ihr Nachbar blaß wurde und erschrocken zusammenfuhr, als sie von den schmerzhaftesten Stunden ihres Lebens erzählte. Und als sie sich schließlich erbötig machte, dem Fremden das Osterei zu zeigen, das immer noch ihre welke Hand umschloß, wehrte er sich leidenschaftlich und sagte mit bewegter Stimme: »Ich kenne das Verslein, das unter der Rose steht!... Und warum sollte ich es nicht kennen?« Langsam und nicht ohne Rührung sprach er die paar Worte, indes er seine Augen schloß und mit beiden Händen sein Gesicht bedeckte:

»Schönste Rose, fall nicht ab,
bis ich komm und brech dich ab!«

Da staunte die Marie ohne Maßen, und ihr Glaube an die himmlische Sendung dieses Mannes stieg. Und weil er so viel zu wissen schien und Einblick hatte in die geheimsten Dinge der Herzen, fragte sie ihn, ob er nichts wüßte von dem Geliebten ihrer Jugend.
Jetzt hub der Fremde neuerdings zu erzählen an: Der Mann, den sie für treulos hielt, habe ein ganzes Leben lang um seines Verrates willen gesühnt und gebüßt. Die Ehe, die einzugehen ihn seine geldsüchtigen Eltern genötigt hatten, sei der Anfang eines großen Unglücks geworden. Frau und Kinder seien rasch dahingestorben, die Geschäfte zerfallen, die Geldmittel wie Schnee zerflossen. Nun irre er einsam durch die Welt, als reisender Kaufmann, der Jahrmärkte und Dulten besuche, um dort seine Waren feilzubieten, und suche nach der einstigen Braut, der er immer die Treue bewahrt habe. Nicht wisse er von ihr, ob sie noch lebe und wie es ihr ergehe. Und würde er sie finden, so würde er es nicht wagen, die Verratene aufzusuchen und sie um Verzeihung zu bitten. Er habe seinen Treubruch gesühnt und wünsche nur mehr das eine, daß Marie ihm vergeben habe.
Da rief die alte Marie rasch und voll Eifer: »Ich hab ihm ja längst verziehen! Jeden Tag bet ich für ihn um Glück und Frieden und für mich um die Gnad, daß ich ihn noch einmal sehen darf, eh man mir die Augen zudrückt!«

Heiße Tränen rollten in den grauen Bart des Alten. Eine große Rührung und Bewegung überfiel ihn, so daß er lange nichts reden konnte. Dann stand er plötzlich auf und sagte, indem er seine Hände auf das Haupt der Greisin legte: »Der Himmel wird dich segnen und dir alle Liebe und Güte lohnen!« Dann drückte er Marie lange und herzlich die Hand. Dann schaute sie ihm ins Auge, und es war ihr, als ob ein heller Traum, ein schöner Wahn ihr Herz und Sinne berücke. Dann wankte der Fremde davon. Ein paarmal blieb er unschlüssig stehen, als wollte er umkehren. Allein er tat es nicht. Langsam stieg er talwärts, dem Ort zu. Noch einmal leuchtete der weiße Mantel im hellen Licht der Morgensonne, er bauschte sich auf im Frühwind und wehte fast fröhlich. Dann aber verdeckte ihn die steile Halde des Berges schnell und für immer.

So war es wieder still bei den Kreuzen auf dem Berg. Drunten im Flecken aber rührten sich die Osterglocken, neu verjüngt, und sangen mit reinem und mächtigem Klang den Auferstehungschor.

Mit leuchtenden Augen und neu gekräftigt stieg Marie den Berg hinunter. Als dann die Glocken zum Hochamt luden, ging sie in ihren altmodischen Festkleidern zur Kirche, und die Marktbewohner staunten, weil man die Marie schon lange nicht mehr gesehen hatte und sie heute gar den Festtagsstaat ihrer Jugendjahre trug. Es war ein freudiges Festamt für die alte Marie. Sie berauschte ihre Seele an der jubelnden Messe, unter deren Gesang sich Geige und Klarinette, Waldhorn und Pauke fröhlich und jauchzend mischten.

Als die Marie nach beendigtem Gottesdienst ihre düstere Stube betrat, zeigte sich ihr ein neues Wunder. Auf dem weiß gedeckten Tisch stand ein österlich geschmückter Korb. Drin lag eine reiche Zahl schöner bunter Eier, lagen ein Osterschinken und ein Kuchen, lagen viele andere Dinge, Kostbarkeiten, die Marie seit langen Jahren nicht mehr gesehen hatte. In einem Umschlag steckte ein Geldschein von hohem Wert. Auf einem Ei aber war eine Rose eingegraben, und drunter standen die Verse in den Schriftzügen einer alten Hand:

»Beste Rose, sollst nicht weinen,
stets wird meine Liebe scheinen!«

Die festliche Tischdecke war nichts anderes als jener blühweiße, faltenreiche Mantel, den der Fremde auf dem Kreuzberg getragen hatte. Niemand vermochte zu sagen, wer diesen Ostertisch bestellt hatte.

Der reisende Handelsmann, der seit vielen Jahren den Ostermarkt des Ortes regelmäßig besuchte und dort immer sehr gute Geschäfte machte, weil er die Leute so lange mit lustigen und urwüchsigen Reden unterhielt, bis sie willig die Börse öffneten, war schon am Karsamstag in dem Marktflecken eingetroffen. Aus unbekannten Gründen reiste er noch vor Beginn des Jahrmarktes ab, nachdem er sein Standgeld ordentlich entrichtet hatte.

Die Leute, die ihn näher kannten, wunderten sich darüber nicht, denn sie wußten es, daß er ein eigentümlicher Mensch war, einer, der hinter lautem und vielem Spaß und Lachen die tiefe Schwermut seines Wesens versteckte. Am Stammtisch meldete der Gendarmeriekommandant, daß der Fremde vornehmer Abstammung sei und infolge bitterer Schicksalsschläge seinen früheren Reichtum fast ganz eingebüßt habe.

Der über viele Dinge wohlunterrichtete Bader wußte noch anderes zu erzählen. Als sich der heutige Ausschreier, so nannte man hierzulande derartige Markthändler, noch in wohlhabenden Umständen befunden habe, habe er eine große Reise ins Gelobte Land gemacht. Von dort habe er einen weißen Mantel mitgebracht, den er als seinen größten Schatz hüte und auf allen Reisen mitführe. Zuweilen ziehe er ihn an, besonders an hohen Festtagen. Voller Stolz gehe er heimlich in ihm herum und freue sich kindlich über das Kleidungsstück aus dem Heiligen Land.

Das sei vollkommen glaubwürdig, stimmte ein anderer Bürger bei. Als seine Kinder am frühen Ostermorgen, einem alten Brauch gemäß, rote Eier auf den Kreuzberg trugen, um sie dort in einen Ameisenhaufen zu legen, hätten sie den Ausschreier gesehen, wie er, angetan mit dem fliegenden weißen Mantel, zu Tal gegangen sei und leise geweint habe.

# Zerstörung der Stadt Lichtenwörth bei Niederalteich 1226

Es klingt zwar wie eine wehmütige Sage, ist aber geschichtlich beglaubigt, daß sich im Mittelalter in nächster Nähe des Klosters Niederalteich eine kleine Stadt namens Lichtenwörth befand, die 1226 nach kurzem Bestand völlig und für immer zerstört worden ist. Dem um das Jahr 1000 gegründeten Markt Hengersberg, vom großen Niederalteicher Abt St. Gotthard (960 bis 1038) ins Leben gerufen, hatte 1009 Kaiser Heinrich II. der Heilige das Recht verliehen, Jahrmärkte abzuhalten und Zoll zu Wasser und zu Land zu erheben. Hieraus bezog das Kloster ansehnliche Einkünfte. Damals floß wohl der Hauptarm der noch vielverzweigten Donau unmittelbar an Hengersberg vorüber. Das heutige Armenhaus, mit alten Fresken geschmückt, steht an der Stelle des ehemaligen Mauthauses. Aber der junge Ort Hengersberg durfte sich nicht lange der günstigen und einträglichen Lage am völkerverbindenden Strom erfreuen. Wahrscheinlich eine riesenhafte Überschwemmung schuf der Donau das heutige Bett, so daß Niederalteich, ursprünglich vielleicht ein Inselkloster, an das linke Donauufer und in die unmittelbare Nachbarschaft des Stromes zu liegen kam. Die Errichtung einer neuen Zollstätte wurde notwendig. Deshalb erbaute Abt Poppo I. (1202 bis 1229) um 1204 mit Unterstützung der Grafen von Bogen, der Schirmherren Altachs, südöstlich und unweit der Abtei eine völlig neue kleine Stadt, die vermutlich auf einer unbewaldeten Insel lag und deswegen den schönen Namen Lichtenwörth (Wörth = Insel) erhielt. Sie zählte 130 Häuser und diente dem Schutz des Klosters, als Donauhafen und zur Sicherung und Förderung des damals so wichtigen Schiffsverkehrs und als Mautstätte.

Die Gründung dieser kurzlebigen Stadt fiel in eine stürmische und für Altach in vieler Hinsicht unglückselige Zeit. Noch hatte das Kloster unter den Nachwehen bitterer Heimsuchungen zu leiden. Im Juli 1180 waren Abtei und Münster völlig vom Feuer

zerstört worden. Nachdem alles mühselig wiederaufgebaut worden war, wurde Altach im Jahre 1192 in den scharfen Fehden zwischen den Grafen von Ortenburg und Bogen von Drangsalen aller Art betroffen. Als Abt Poppo die Regierung über das Stift übernommen hatte, fand er weder Geld noch Vorräte vor, aber Schulden in Mengen.
Im Jahre 1226 entbrannte der Krieg zwischen den beiden Grafengeschlechtern für kurze Zeit aufs neue und in größter Heftigkeit. Ein weites Gebiet des östlichen Niederbayern war der Schauplatz der Kriegsgreuel. Über die damaligen Ereignisse sind wir zuverlässig und eingehend durch eine Pergamenthandschrift unterrichtet, die in einem Wiener Staatsarchiv verwahrt wird. In ihr erstattet ein Augenzeuge in erschütternder Kleinmalerei lebendigen Bericht über die damaligen Drangsale. Leider bricht der lateinisch geschriebene Bericht mittendrin ab. Der Verfasser ist wahrscheinlich Abt Poppo, der wie keiner seiner Zeitgenossen über die Geschehnisse unterrichtet war.
In den knappen Zeilen unseres Aufsatzes können wir die Schandtaten, die sich die Grafen von Ortenburg und Bogen mit ihren Spießgesellen zuschulden kommen ließen, nicht einmal andeuten. Jede Seite der Handschrift meldet von Zerstörung, Brandstiftung, Plünderung, Erpressung, Schändung und Gemeinheiten anderer Art, womit die beutelustigen Scharen ihre eigene Heimat und ihre eigenen Landsleute auf Wochen in Schrecken versetzten und heimsuchten. In diesem Schandjahr 1226 war es auch, daß die junge Stadt Lichtenwörth angezündet und für immer zerstört wurde.
Von ihrem Untergang gibt uns auch der große Niederalteicher Geschichtsschreiber Abt Hermann (1242 bis 1273), der als junger Mönch jene Drangsale miterlebt hatte, in seinen berühmten Geschichtsjahrbüchern zuverlässige Kunde. Auch nach 1226 kamen für Altach traurige und arme Jahre. Erst Abt Hermann, auch ein tüchtiger Organisator und Wirtschafter, gelang es, das Kloster wieder auf eine gesunde Grundlage zu stellen. Von ihm stammt wohl auch jene malerische Wehrmauer, die noch heute einen Teil des Klosterbezirks nach Osten und Süden umschließt.
Die Stadt Lichtenwörth wurde nicht wieder erbaut. An ihrer Stelle

errichtete Abt Hermann 1270 eine Schwaige, einen stattlichen Meierhof, der im großen Wirtschaftsbetrieb der Abtei mit anderen Gutshöfen eine wichtige Rolle spielte. Abt Ignaz I. Lanz (1751 bis 1764) führte die Schwaige Lichtenwörth im Stil seiner Zeit neu auf und gab ihr das noble Gepräge eines schlichten barocken Landgutes. Nach der Aufhebung des Klosters 1803 wurde die Schwaige zertrümmert. Sämtliche Gebäude verfielen dem Abbruch. Auf den Grundstücken siedelten sich vier Gütler an, die ihren Behausungen den Namen Lichtenwörth gaben. Als sie sich schließlich in allem als echte Niederalteicher fühlten, ließen sie auch den Namen der Siedlung fallen. Die Bezeichnung Lichtenwörth sank zum Flurnamen herab.

# Niederalteich in Flammen

Von den dreizehn großen Bränden, welche die Abtei Niederalteich im Lauf ihrer bewegten Geschichte heimgesucht haben, führen wir kurz die schlimmsten auf. Räuberische Ungarn legten 907 das Kloster in Flammen. 1033 zerstörte ein großer Brand das Stift völlig. 1180 sanken Münster und Abtei aufs neue in Asche. 1500 entfachte ein böswilliger Klosterschüler eine jämmerliche Brunst. 1634 legten schwedisch-weimarische Truppen mehrere Gebäude in Asche. 1659 und bald darauf, 1671, suchten neue große Brände das Kloster heim. Diesmal vernichtete das Feuer auch die Stiftskirche mit den meisten ihrer alten Kunstschätze. In beiden Fällen gingen die unersetzlichen alten Handschriften und die wertvollen alten Bücher, Tausende von Kostbarkeiten, zugrunde. Wie 1671 brach 1685 aufs neue ein Brand in der Klosterküche aus. Diesmal sanken die wichtigsten Klosterbauten in Schutt und Asche. Zehn Jahre nach der Aufhebung des Stiftes, am ersten Fastensonntag 1813, schlug der Blitz in eine der Turmkuppeln. Zerstört wurden die beiden herrlichen reichgegliederten Kupferkuppeln der Türme barocker Herkunft sowie der Dachstuhl der Kirche und ihre damals noch bestehenden Seitenkapellen. Seither tragen die Türme jene schlichten Spitzdächer, welche die mittelalterliche Erscheinung des Äußeren der Stiftskirche wesentlich bestimmen.

## Was die kleine Dirn alles kann

*Mundart des Dreiburgenlandes*

Alles kann i, alles woaß i,
mit mir is recht guat zum Sei.
Wer a guate kloane Dirn braucht,
fragt nöt lang und stellt mi ei.
Abspüln kann i, unterkendn\*
abstaubn, nachlegn, 's Liacht anzendn,
zammkihrn, waschn, Suppn kocha,
d' Stubn ausputzn alle Wocha,
Wassa holn und Holz herbringa,
d' Kinda fest in Schlaf eisinga,
d' Schuah schä putzn, 's Gewand zammflicka,
Handschuah, Strümpf und Söckl stricka,
Henna greifa, d' Katzn fuadan,
nachschau bei der krankn Muadan,
Federn schleißn, Ofa kihrn,
Messer wötzn, Buda rührn,
spinna, bögln, 's Bett aufbettn —
neamd kanns schäna, i mecht wettn —,
Kraut eitretn und d' Wösch auswindn,
Bluat rührn, d' Sach holn, Besn bindn,
Ruabn abstößn, Schmalz auswögn,
kloane Kinda trucka lögn — —.
Und oas hätt i bald vergessn:
d' Hauptsach kann i aa guat: *essn!*

---

\* unterkendn: unterzünden, Feuer anmachen

# Der Altheimer Wettersegen

Das Fest Kreuzauffindung am 3. Mai bringt dem katholischen Landvolk den sinnreichen Wettersegen. Nach jedem sonntägigen Pfarrgottesdienst liest der Priester das geheimnis- und kraftvolle Johannesevangelium, ruft er den Schutz des Himmels hernieder auf die sprossenden Fluren, die das werdende Brot bergen, hebt er unter Glockengeläut das hochwürdigste Gut nach allen vier Winden, fleht er Gott an, beschwört er Blitz, Hagel und Mißwachs und bannt so die Mächte, die dem Werk des Bauern und seinen Früchten feind sind.

In meiner Waldheimat vereinten sich dann jeden Abend die ganzen Sommermonate hindurch bis zum Erntedankfest nach dem Aveläuten die Stimmen aller Turmglocken, um den Bauern zum täglichen Wettersegengebet zu ermahnen. Das war dann immer ein feierlicher Abschluß des bäuerlichen Tagewerkes. Müde waren die Hände, die seit dem Morgengrauen auf Wiesen und Feldern geschafft hatten, müde die Herzen vor der Sorge um das Gedeihen der Ernte und allen Wachstums und um das liebe Vieh im Stall.

Unter diesem vielstimmigen Läuten der Heimatglocken und dem Gebete aller lag immer tiefe Andacht über allen Herzen und Häusern, Fluren und Wäldern, die sich ehrfürchtigem Schweigen hingaben. Drinnen in den niederen heißen Bauernstuben stand im Dämmerlicht die ganze Familie vor dem Herrgottswinkel und betete mit ernster Stimme, daß Gott die Früchte der Erde geben und erhalten wolle.

Wir Niederbayern kennen aber auch einen recht unkirchlichen, ja sogar lieblosen Wettersegen. Berichtet hat mir davon vor vielen Jahren der liebe alte Schulrat Johann Baptist Prößl von Deggendorf, der nun auch schon lange zur ewigen Ruh heimgegangen ist. Ihm haben die Geschichte seine Eltern erzählt, die jenen seltsamen Wettersegen noch selbst miterlebt haben, um die Mitte des verflossenen Jahrhunderts, jeden Sommer Sonntag für Sonntag. Zum

Beweis gab mir der brave alte Schulmann ein Stück vergilbten Notenpapiers, darauf der besagte Wettersegen geschrieben steht mit Wort und einer Weise, die mehr für das Wirtshaus als für das Gotteshaus paßt.

Zu Hause war dieser Wettersegen in den isarländischen Großdörfern Altheim und Essenbach, beide unweit Landshut flußabwärts gelegen und den Bahnfahrern von München oder Eisenstein her bekannt, weil dort der Zug anhält. Die zwei Orte sind ansehnlich nach Alter, Geschichte, Aussehen und Wohlhabenheit.

Altheim führt seinen Namen mit Recht; denn schon im Jahre 886 wird es in einer Urkunde des gefürsteten Stiftes St. Emmeram zu Regensburg erwähnt. Im Jahre 1145 nahm es der Papst unter seinen besonderen Schutz. Im 14. Jahrhundert erfreute es sich eines eigenen Dorfrechtes. Drei Männer von Ruf und Rang sind in Altheim zur Welt gekommen: der erste Regens des 1494 von Herzog Georg an der Universität zu Ingolstadt gestifteten Priesterseminars (heute Georgianum zu München) Georg Schwebermayer, gestorben um 1531; 1523 der bedeutende Arzt, Professor der Medizin an der genannten Universität, Dr. Lorenz Gryll, gestorben schon 1560; 1776 der Priester Dr. Andreas Buchner, Professor der Geschichte an der Universität München, Mitglied der kgl. bayerischen Akademie der Wissenschaften, Verfasser mehrerer geschichtlicher Werke, darunter einer zehnbändigen bayerischen Geschichte, gestorben 1854. Diesem Dreigestirn hat Altheim im Jahre 1856 ein Denkmal errichtet.

Das Pfarrdorf Altheim ordnet sich um eine mächtige gotische Kirche mit stattlichem Backsteinturm und romanischem Kern in seinen Mauern. Der edle Innenraum des Gotteshauses enttäuscht durch die neugotische Einrichtung. Dafür erfreuen den Kunstkenner zwei kleine alte Flügelaltäre mit schönen Schnitzwerken und Gemälden aus der Zeit um 1515, ferner der uralte Taufstein, vielleicht noch spätromanisch, und das lebensgroße Schnitzbild des hl. Petrus als Papst, eine sehr gute spätgotische Arbeit. In der Nähe des Dorfes steht auf freiem Feld die ebenfalls gotische Kirche zum hl. Andreas mit etwa gleichzeitigen Fresken. Obwohl sie durch unglückliche Ergänzung verändert wurden, verdienen sie unsere Beachtung, weil sie das einzige Beispiel Landshuter Freskomalerei aus der spätgotischen Zeit in der näheren Umgebung Landshuts sind. Aus dem 17., 18. und 19. Jahrhundert haben sich zahlreiche Votivtafeln erhalten, die von einstigem regem Wallfahrtsleben zeugen. Was mir die Andreaskirche zu Altheim besonders anziehend machte, war die romantische Tatsache, daß sie von einem leibhaftigen Klausner, einem Einsiedler, betreut wurde, der gleich neben der Kirche seine Behausung hatte. Er gehörte der Eremiten-Verbrüderung des Bistums Regensburg an, die 1843 aufs neue errichtet worden ist und ihren Sitz in Frauenbründl bei Abbach hat, wo ihr Vorsteher, der Altvater, haust. Diese Vereinigung besetzt noch heute mehrere Einsiedeleien. Ein wundersamer Überrest aus alten idyllischen Zeiten!

Geht man von Altheim eine gute halbe Stunde isarabwärts, kommt man zum Nachbardorf Essenbach, das ebenfalls schon früh regensburgischer Besitz war und 1386 an die Wittelsbacher kam. Auch hier finden wir eine durch Altar und Größe ansehnliche Pfarrkirche, eine edle spätgotische Bauschöpfung, mit auffallend massigem Turm, der bis 1713 frei abseits der Kirche stand. Dann fügte man dem Gotteshaus ein südliches Seitenschiff an und verband so den Turm mit der Kirche.

Von 1670 bis 1680 erhielt das nördliche Seitenschiff einen künstlerisch sehr beachtenswerten reichen Gewölbestuck, gut hundert Jahre später die Kirche selbst eine sehr wirkungsvolle Einrichtung im späten Rokoko.

Zwischen beiden Isardörfern hat es vor mehr als hundert Jahren eine ernstliche Feindschaft gegeben, einen Konkurrenzneid, wie wir heute sagen, der nicht einmal vor den Türen der beiden Pfarrkirchen haltmachte, ja sogar den Segen des Himmels herabflehte zum Schaden der feindlichen Nachbargemeinde. Wie diese unchristliche Eifersucht entstanden ist, konnte mir der alte Schulrat nicht sagen. Es wollte halt jedes Dorf die erste Geige spielen vor den Toren der Dreihelmestadt.

Kurz und gut: Sooft nun der Pfarrherr von Altheim den Wettersegen spendete, mußte sein Schulmeister und Orgelschlager folgendes schier sündhafte, jedenfalls aber unchristliche Kirchenliedlein singen:

>»Schein, Sunnerl, schein
auf die Altheimer Gmein,
auf die Essenbacher nöt,
auf die Essenbacher nöt!«

Damit nun die leben- und wachstumverheißende Sonne, besser gesagt, ihr Lenker, der liebe Gott, nicht etwa einseitig bloß die Fluren der Altheimer mit Sonnenschein bedachte und die Essenbacher in Schatten oder Regen trauern ließ, mußte zur gleichen Stunde und beim gleichen Anlaß der Schulmeister von Essenbach das Kirchengstanzl so auftischen:

>»Schein, Sunnerl, schein
auf die Essenbacher Gmein,
auf die Altheimer nöt,
auf die Altheimer nöt!«

Ob sich nun der gütige Herrgott geärgert hat ob der unfrommen Wünsche und Bitten der beiden eifersüchtigen und neidischen Pfarreien im Isartal herunten? Er hat wohl drüber geschmunzelt und sich gesagt: »Ich lasse meine Sonne scheinen über Gerechte und Ungerechte!« Und deshalb schickte er auch in den sommerlichen Zeiten, da von zwei Nachbarsemporen das menschenschwache Liedl zu seinem Thron emporstieg, den Altheimern und den Essenbachern die gleiche Gnade und Kraft seines göttlichsten Gestirns.

Wir verfehlen nicht, nun auch die alte Singweise anzufügen. Mancher Freund kurioser Kirchenstücklein aus alten Zeiten mag sich dran ebenso ergötzen wie unsereins.

## Der dalkete Hansl

*Volksmärchen aus dem Dreiburgenland*

Es war einmal eine kränkliche alte Witwe, die mit ihrem einzigen Sohn Hansl in einer armseligen Hütte lebte. Der Vater des Hansl, ein Dorfhirte, war schon lange gestorben. Mutter und Sohn besaßen nichts als eine einzige Kuh, eine Wiese und ein kleines Ackerland, auf dem sie Kraut und Erdäpfel bauten. Auch ein paar Hühner hatten sie. Beiden erging es schlecht. Hansl mußte seiner Mutter fleißig bei der Arbeit helfen. War diese getan, half er zuweilen bei einem Bauern aus, wodurch er sich ein gutes Essen und einige Kreuzer verdienen konnte. Lag aber die Mutter wochenlang zu Bett, gab es keinen Verdienst. Dann zog wieder die Not bei den zwei Leuten ein.

Als wieder einmal das Geld ausgegangen war, sagte die Mutter zu ihrem Sohn: »Hansl, in der Kammer steht noch ein Weitling Schmalz. Es wiegt ein Pfund. Richte dich zusammen, bring das Schmalz in die Stadt, damit wir wieder ein paar Sechser einnehmen.«

Da fragte der Sohn, der im Kopf ein wenig schwach war und deswegen von den Leuten der »dalkete Hansl« genannt wurde, seine Mutter: »Was ist denn das, eine Stadt?« Hansl war noch niemals weiter gekommen als zum nächsten Dorf. Auch eine Kirche hatte er noch nie gesehen.

Die Mutter antwortete: »Geh nur immer die Straße entlang; geh durch das große Holz und dann immer weiter und weiter auf der schönen Straße, bis du recht viele große Häuser siehst und viele feine Menschen, die dort herumgehen, als ob ewiger Sonntag wär. Das ist die Stadt. Geh dann ins erstbeste Haus hinein und biete den Leuten das Schmalz an. Wenn du es verkauft hast, so geh gleich wieder heimzu, damit du nicht in die Nacht kommst. Und gib recht acht auf das Geld, das du für das Schmalz einnimmst!«

Schweren Herzens richtete sich Hansl zusammen, band den

Schmalzweitling in ein sauberes rotes Tuch, nahm einen Stecken und ging so der Stadt zu. Als er ein paar Stunden gegangen war, hatte er sie erreicht. Er ging gleich ins erste Haus hinein und fragte da, ob sie ihm nicht das Schmalz abkaufen möchten. »Nein«, sagte die Hausfrau, »wir haben Schmalz genug!«

»Ist auch recht«, erwiderte der Hansl und ging weiter. Da sah er ein Haus, das war größer als alle anderen Häuser und recht sonderbar gebaut. Es war die Kirche. Hansl erkannte sie nicht, ging hinein, ging drin herum und wunderte sich über Schönheit und Einrichtung. Er kam zu einem Altar, auf dem das geschnitzte Gnadenbild des hl. Josef stand. Hansl meinte, das sei ein lebender Mensch, und schrie ihn an: »Heda, du da droben, kauf mir doch mein Schmalz ab!«

St. Josef aber blieb stumm und rührte sich nicht. Hansl sagte: »Aha, du willst dir die Sache noch überlegen, auch recht! Ich laß einstweilen das Schmalz stehen auf deinem Tisch und schau mir die Stadt an. Inzwischen kannst du dich besinnen. Am End kann dein Weib das Schmalz brauchen!«

Das alles hatte der Mesner mit angehört, der sich hinter dem Altar versteckt gehalten hatte und ein großer Schlankl war. Als Hansl die Kirche wieder verlassen hatte, nahm der Mesner den Weitling, leerte ihn aus und bestrich den Mund des Heiligen und seine Finger mit dem Schmalz, stellte den leeren Weitling wieder auf den Altartisch und entfernte sich, so schnell er konnte.

Als Hansl nach geraumer Zeit wieder in die Kirche zurückkam und den leeren Weitling sah, sagte er zu dem Heiligen: »Das Schmalz hast du also brauchen können! Jetzt mußt du mir auch mein Geld geben!« Als sich nun der hl. Nährvater nicht rührte und kein Wort erwiderte, wurde Hansl zornig, zumal er nun auch die Schmalzreste an Mund und Fingern des Heiligen bemerkte, und schrie: »Gelt, essen hast du es schön können, mein gutes Schmalz, aber zahlen willst du nichts dafür! Da steht er droben, als ob er nicht bis fünf zählen könnte, aber das Schmalz einem heimlich wegessen, das kann er! Wart nur, ich komm dir schon!«

Wie Hansl nun den hl. Josef näher betrachtete, sah er die vielen Opfergaben, welche Wallfahrer dem Heiligen umgehängt hatten: eine Halsschnur mit reichlich Kronentalern, Frauentalern, Preußentalern, Gulden, Halbgulden, Sechsern und auch ein paar Kreuzern. Hansl fragte aufs neue: »Willst du jetzt gutwillig zahlen oder nicht?« Als nun wieder keine Antwort kam, packte Hansl in seiner Wut den Haklstock und schlug so heftig auf die Holzfigur ein, daß die Halsschnur mit den Opfermünzen zerriß und diese scheppernd auf den Altartisch fielen.

»Sieh nur«, sagte Hansl freudig, »jetzt hat er zahlen können!« Schnell raffte er das Geld in den Weitling, band ihn sorgfältig mit dem roten Tuch zu und machte sich eilig auf den Heimweg. Ehe er sein Häusl erreicht hatte, kam ihm die Simmerlbäuerin in den Weg und fragte ihn, wo er denn gewesen sei. Er erzählte ihr, daß er in der Stadt ein Schmalz verkauft und dafür schönes Geld eingenommen habe.

Die Bäuerin wunderte sich über den hohen Schmalzpreis und hatte nichts Eiligeres zu tun, als allen Bäuerinnen ihres Dorfes zu berichten, daß jetzt in der Stadt der Schmalzpreis so hoch stünde. Schon am nächsten Morgen brachten die Weiber all ihr Schmalz gleich wagenweis in die Stadt, um es zu verkaufen. Allein einige von ihnen bekamen dafür nur den gewöhnlichen Preis, andere brachten es überhaupt nicht an. Da ärgerten sich die Dorfleute sehr und schimpften Hansl, weil er sie so zum Narren gehalten habe. Hansl aber verteidigte sich: »Hat es ja die Simmerlbäuerin selbst gesehen, was für einen Haufen Geld ich für mein Pfündl eingenommen hab!«
Doch das Geld hat rasche Füße und war bald wieder ausgegangen. Da sprach die arme Witwe zu ihrem Sohn: »Hansl, nimm ein kleines Säckchen, geh in den Steinbruch und füll es mit feinem weißem Sand, wie ihn die Stadtleut zum Putzen brauchen. Tag dann den Sand in die Stadt und biete ihn den Hausfrauen an, damit wir wieder ein paar Groschen einnehmen.«
Der Hansl tat, wie ihm seine Mutter befohlen hatte, ging wieder in die Stadt und kam dort an einem Metzgerhaus vorbei, vor dem gerade die Mägde Kübel, Schaffel und Zuber reinigten. Hansl fragte, ob man ihm nicht seinen feinen Putzsand abkaufen möchte. »Geh zur Meisterin hinein!« rieten ihm die Mägde. Die Meisterin gab ihm für den Sand drei Groschen und eine Wurst. Als sich Hansl die Stadt wieder ein wenig angesehen hatte, machte er sich auf den Heimweg. Er mochte etwa eine gute Stunde gegangen sein, da war es schon dunkel geworden. Da kam er an ein einzeln stehendes Haus, das war auch eine Metzgerei. Er bemerkte, wie ein Dieb heimlich aus einem Fenster stieg. Dieser trug auf seinem Rücken das Viertel von einem gestochenen Schwein und um den Hals einen Kranz Würste.
Hansl schrie den Mann an: »He, du bist wohl ein Dieb!« Der Dieb flüsterte dem Burschen zu: »Bst! Schrei doch nicht so! Wenn du mich nicht verratest, geb ich dir ein großes Stück von dem Viertel und ein paar Dutzend Würst!« »Das alles könnt ich wohl brauchen«, meinte schmunzelnd der Hansl und einigte sich rasch mit dem Dieb. Überglücklich setzte er seinen Heimweg fort.

Kaum zu Hause angelangt, kommt ihm ein Bauer in den Weg, sieht den Hansl mit dem Fleisch und den Würsten und fragt ihn, ob er diese gestohlen habe. »Oh, was denkst du dir denn!« wehrt sich Hansl. »Das alles habe ich gekriegt für ein Säckchen Putzsand, das ich in der Stadt verkauft habe.«
Schon am nächsten Tag fuhren die Bauern alle in den Steinbruch um Sand, brachten ihn wagenweise in die Stadt, boten ihn dort den Leuten an und verlangten dafür Fleisch und Würste zentnerweis. Da erzürnten die Stadtleute und jagten die Bauern mit Schimpf und Schande zum Tor hinaus. Jetzt gerieten die Bauern über den dalketen Hansl so sehr in Wut, daß sie beschlossen, ihn heimlich zu töten.
Nun starb dem armen Hansl seine brave Mutter, die in der letzten Zeit schon sehr elend gewesen war. Sie war nun erlöst aus viel Elend und Kummer. Hansl, der nicht wußte, was man zu tun habe, wenn jemand gestorben sei, trug die Leiche der Mutter in die Schlafkammer und legte sie in sein Bett. Er aber legte sich in das Bett des Wohnstübchens, darin die Mutter ihre Liegerstatt hatte und darin sie auch die Augen für immer zugemacht hatte. Niemand im Dorf hatte etwas von ihrem Ableben erfahren.
In der folgenden Nacht schlichen sich die erzürnten Bauern in Hansls Schlafgemach, schlugen mit ihren Prügeln auf das Bett los und sagten dann zufriedenen Herzens: »Jetzt kann uns der Gauner nimmer zum Narren halten, jetzt ist er tot!« Hansl aber hatte alles ruhig mit angehört und sich nicht gemeldet. Am kommenden Morgen, als es noch dämmerte, trug er den Leichnam seiner Mutter hinaus vor das Dorf, stützte ihn mit zwei Krücken, stellte ihn mitten auf der Landstraße auf und versteckte sich in einem nahen Gebüsch, ruhig der Dinge harrend, die sich nun ereignen würden.
Bald kam eine noble Kutsche, von zwei feurigen Rappen gezogen, dahergefahren. Der Kutscher schrie schon von weitem: »Halt aus, Alte!« Allein die Tote rührte sich nicht. Die schnellen Rosse aber ließen sich nicht zurückhalten, zumal die Straße stark bergabwärts ging und recht schmal war. So fuhr die Kutsche über die Leiche hinweg. Hansl sprang sofort aus dem Gebüsch hervor und

schrie unter Weinen und Händeringen: »O weh, o weh! Jetzt habt Ihr meine brave arme Mutter totgefahren! Sie hat so schlecht gehört und gesehen. Warum fahrt Ihr auch so rasend schnell? Jetzt habe ich keine Mutter mehr! Auf der Stelle zeige ich Euch an!«
Da entstieg der Kutsche ein vornehmer Herr und sagte zu Hansl: »Sei ruhig, mein Sohn! Hier hast du hundert Taler! Behalt aber die Sache für dich! Deine arme Mutter kann durch nichts mehr lebendig gemacht werden. Ich bedaure den Vorfall unendlich.«
»Was«, entsetzte sich Hansl, »Ihr glaubt, mir sei meine gute Mutter um Geld feil! Auf der Stelle hole ich ein paar Bauern, daß sie Euch beide hier an diesem Baum aufknüpfen!«
Als das der vornehme Herr und sein Kutscher hörten, ließen sie Rosse und Kutsche stehen und liefen wie von Hunden gehetzt dem nahen Wald zu. Hansl aber setzte sich, nachdem er seine Mutter hinter dem Gebüsch vergraben hatte, auf den Kutschbock, gab den Pferden die Peitsche und fuhr stolz ins Dorf hinein. Da wunderten sich die Bauern sehr und fragten Hansl, wie er zu diesem stolzen Gefährt gekommen sei. Strahlend berichtete Hansl: »Ihr habt geglaubt, daß ihr mich umgebracht habt heute nacht! Aber statt meiner habt ihr meine gute Mutter erschlagen! Heute früh nun habe ich die Tote auf die Straße hinausgestellt. Da kommt ein sehr feiner Herr in einer vornehmen Kutsche dahergefahren, sieht sie und tauscht sie mir gegen Wagen und Pferde ein. Da seht ihr nun selbst die herrliche Kutsche und die wertvollen Pferde, gegen die eure Rosse nur armselige Häuter sind!«
»Um einen solchen Preis wollen auch wir unsere Weiber vertauschen!« sagten sich die Bauern, gingen hin, schlugen ohne Bedenken ihre Hausfrauen tot und stellten ihre Leichen am nächsten Morgen an der Landstraße auf, hoffend, daß auch sie ein so gutes Geschäft machen möchten wie der dalkete Hansl.
Da kamen zufällig zwei Gerichtsdiener des Weges, sahen die toten Frauen, forschten nach und verhafteten die Mörder. Das Gericht verurteilte sie zu langen Kerkerstrafen. Als sie nach Jahren wieder frei geworden waren, taten sie sich zusammen, um den Hansl, der sie schon so oft betrogen hatte, für immer zu be-

seitigen. Einer meinte, man solle ihn an den Galgen hängen. Ein anderer aber schlug vor, den Gauner in einen starken Sack zu stecken und in dem großen Weiher außerhalb des Dorfes zu ertränken. Diesen Vorschlag hießen die Bauern gut. Sie überfielen Hansl heimlich, steckten ihn in einen Sack und schleppten ihn dem Weiher zu. Unterwegs kamen sie an einem Wirtshaus vorbei. Der Tag war heiß und der Durst groß. Deswegen beschlossen sie, zuerst eine kleine Erfrischung einzunehmen. Während sie nun am Biertisch saßen, lehnte der Sack, in dem Hansl stak, draußen neben der Haustür. Hansl verlor seinen Mut nicht und rief fortwährend: »Jetzt soll ich Papst zu Rom werden und kann nicht lesen und nicht schreiben!«

Da kam ein uralter gebrechlicher Schafhändler des Weges. Er führte an die hundertfünfzig Schafe mit sich, blieb vor dem Wirtshaus stehen und horchte auf den merkwürdigen Ruf, der aus dem Sack drang. Er fragte: »Was hast du gesagt da drinnen?« Der Hansl schrie nun mit lauter Stimme: »Jetzt soll ich Papst zu Rom werden und kann nicht lesen und nicht schreiben!« »Ei der Tausend«, erwiderte der Alte, »Papst zu Rom könntest du werden! Das möchte ich schon lange sein. Komm, Freund, tauschen wir! Steig doch heraus aus dem Sack und laß mich hinein, dann gehören dir alle meine Schafe!«

Es geschah nun, wie es der Greis gewünscht hatte, und Hansl trieb sogleich in frohester Stimmung seine ansehnliche Schafherde heimwärts. Als die Bauern ihren Durst gelöscht hatten, nahmen sie den Sack wieder auf den Buckel und sprachen: »Ei, wie gering jetzt der Hansl geworden ist! Das kommt davon her, daß wir uns nun ein wenig gestärkt und erfrischt haben!« Am Weiher angelangt, warfen sie den Sack unter Jubelgeschrei in das tiefe Wasser. Fröhlich traten sie den Heimweg an. Aber o Schreck! Vor dem Dorf gewahrten sie auf einem Feld den Hansl mit einer riesigen Schafherde. Bald sang er vor Freude, bald pfiff er, dann schnalzte er wieder lustig mit der Peitsche. Die Bauern eilten auf ihn zu und fragten ihn erschrocken, was denn da wieder für ein Wunder geschehen sei.

Hansl erzählte ihnen, daß er, im Sack stehend, ungefährdet auf

dem Grund des Weihers angekommen sei. Dort befinde sich eine wunderbare Wiese mit herrlichstem Vieh aller Gattungen: Pferde mit goldenem Geschirr, Ochsen, schöner wie sie, die Bauern da, Kühe, Schweine, Schafe und so dahin. Alles zum Aussuchen und ohne Geld zu haben! Er habe sich diese Schafe hier ausgewählt und sei damit zufrieden. Vielleicht, meinte er, möchten sie sich auch solches Prachtvieh da drunten holen.
Da waren die Bauern wie besessen und beschlossen, ebenfalls Vieh von dieser Wunderwiese zu holen. Sie wanderten am nächsten Morgen alle an den Weiher. Jeder trug einen Sack bei sich und einen großen Stein. Dieser würde dafür sorgen, daß man ja rasch den Grund des Gewässers erreichen möchte. Der Gemeindevorsteher wünschte, als erster in den Weiher geworfen zu werden, damit er den Männern Kunde bringen könne über die Wunderdinge da drunten. Die Männer packten ihren Vorsteher in den Sack, legten den schweren Stein dazu und warfen ihn ins Wasser. »Plumps!« gurgelte die Flut. Die Männer aber verstanden »Kommts!« und folgten dem Vorsteher auf der Stelle nach. Es ist aber keiner mehr zurückgekommen. Der dalkete Hansl aber lebte von nun an in Wohlhabenheit, Glück und Zufriedenheit, und wenn er noch nicht gestorben ist, so lebt er heute noch. Er kann aber auch schon eingegraben worden sein; denn ich habe schon ein paar Jahre nichts mehr von ihm gehört.

# Zwoa-Zwo-Zwä

*Kurze Sprachlehre in waldlerischer Mundart*

Mir Waldler, ja, mir ham a Sprach,
dö klingt da nur aso;
dö hat na ganz die alte Kraft,
drum sagn mir: Zwä — Zwoa — Zwo.

Wer hochdeutsch redt, kann so ebbs nöt,
der kennt nix als wia »Zwei«.
Ganz anderst unsa Ausdrucksweis,
und dera bleibn ma treu!

I werd dir iatz dös Ding erklärn,
denk nur recht fleißi mit!
Lus af, so oafach is dös nöt,
aft spannst den Unterschied!

Da Reindl und da Binder-Sepp,
dö sehg i hoamzua gäh;
a jeda wacklt, plärrt und schreit:
dö ham an Rausch, dö *Zwä!*

D' Frau Zwickl und d' Frein Schnaderbeck,
dö woartnd vorm Büro,
und d' Mäuler gähnd eah grad wia geschmiert,
denn Ratschna hands all *Zwo!*

Da Bürstnbinda und sei Wei,
dö raufand 's ganze Joah;
er prügelt sie, sie prügelt eahm,
so prügelns alle *Zwoa!*

Zwä Hund', zwo Katzn und zwoa Schaf,
zwä Gickln und zwo Küah,
zwoa Roß, zwo Sau, zwä junge Stier:
aso, Leut, redn ma mir!

Ja, dös is na die alte Sprach,
und dös klingt frisch und schä,
aso muaß 's bleibn bei uns im Wald!
Sags nach, Preuß: Zwoa — Zwo — Zwä!

*Anmerkung*

Früher lautete die männliche Form des Zahlwortes 2 »zween«, die weibliche »zwo«; »zwei« war die sächliche Form. Das heutige Schriftdeutsch kennt einen Geschlechtsunterschied nicht mehr und gebraucht für alle Geschlechter »zwei«, mundartlich »zwoa« für die weibliche Form. Hier haben wir eines der vielen Beispiele dafür, daß unsere uralte Mundart bis heute feine Sprachunterschiede bewahrt.

# Erster Kirchenbesuch

Das ist ein wahrhaftiges Stücklein aus dem Holzland zwischen den Unterläufen von Vils und Rott. Dort hauste in einer weltverlorenen Einschicht der Gassenbauer, der einmal, an einem Maiensonntag, seinen kleinen Xav erstmals mitgenommen hat in Amt und Predigt in die weit entfernte Pfarrkirche. Wie das Büblein wieder heimkommt, erzählt es mit Stolz und Eifer der Mutter: »Also, glegn (spaßig) ist es gewesen! Da ist zuerst der Pfarrer von der Kuchl außergekommen, hat ein langes weißes Hemad angehabt, ist über ein paar Staffeln aufigestiegen, hat allerweil so dahinbrummfelt, immer so hin und her gebenedeit und mittendrin rechte Plärrer getan. Dann geht er wieder in die Kuchl eini. Dauert nöt lang, steigt er in der Mauer bei einem Loch außer und stellt sich in einen Zuber eini, der an der Wand hängt. Und da hat er recht gemaulwerkt und die Leut recht geächtet (geschimpft). Alsdann steigt er wieder auf die Staffeln aufi und tut wieder weiter. Auf dem Schrot droben ist der Schullehrer gewesen und die Wirtsmenscher auch, und sie haben eine Mordsmetten gemacht. Das ist aber dem Pfarrer doch zu dumm geworden. Drum hat er sich öfter umdraht und dem Schullehrer abboten. Dann aber haben die auf dem Schrot droben erst recht greislich getan!«

## Der Paſſauer Semperlprater

Es war vor hundert Jahren eine stille Zeit in Passau! Verblichen war der Glanz des geistlichen Fürstensitzes, versiegt waren die reichen Einnahmequellen, die aus der Anwesenheit eines Fürsten, seines großen Hofstaates, vieler Beamter und einer zahlreichen Dienerschaft dem Erwerbsleben der Stadt durch Jahrhunderte hindurch offengestanden waren. Zwar war Passau infolge Neuordnung der staatlichen Verhältnisse Sitz der Regierung des Unterdonaukreises geworden; allein das war nur ein schwacher Ersatz für die glanzvollen fürstbischöflichen Zeiten. Und diese stille Zeit war auch eine harte Zeit! Denn es galt, die schlimmen Nachwehen der politischen Umstellung und von Krieg und Teuerung zu überwinden. Und es dauerte eine geraume Weile, bis das plötzlich abgestorbene Passau zu neuer lebendiger und gesunder Zukunft auferstehen konnte.

In jenen Tagen lebte in Passau-St. Nikola ein ehrsamer Schuhmacher und Bildschnitzer namens Engelbert Zirnkilton, dessen Lebenszeit die Jahre von 1800 bis 1876 umschloß. Er war es, der den Passauer Kindern ihren Jubelprater geschenkt hat. Von ihm und seinem Werk soll hier die Rede sein.

Man fragt sich: Woher kommt der ganz unniederbayerisch klingende Name dieses Mannes? Die Familienüberlieferung besagt, daß das Geschlecht der Zirnkilton vor einigen Jahrhunderten in Schottland ansässig gewesen sei. Von dort sei es infolge religiöser Wirrungen vertrieben worden. Samt einigen Mönchen habe es sein Vaterland verlassen und sich mit diesen in dem bekannten oberwäldlerischen Wallfahrtsort Neukirchen-Hl. Blut bei Kötzting niedergelassen. Die Zirnkilton seien Baumeister gewesen und hätten den Bau des dortigen Wallfahrtsklösterleins besorgt. Tatsache ist, daß 1656 die Franziskaner nach Neukirchen berufen wurden und das dortige Kloster, das übrigens irgendwelche architektonische Merkwürdigkeiten nicht aufweist, 1659 erbaut und

1720 erweitert wurde. In einer Bürgerliste des Marktes Neukirchen aus dem Jahre 1754 finden wir einen Georg Zörnkitl. Es mag sein, daß dieser Mann ein Vorfahre der Passauer Zirnkilton gewesen ist und seinen Familiennamen der neuen Heimat angepaßt hat. »Zörnkitl« kann aber auch der echt bayerische »Zornkittel« sein.

Ein Zirnkilton aus Neukirchen-Hl. Blut, seines Zeichens ein Kreuzlmacher oder Bildhauer, ließ sich im 18. Jahrhundert vor den Toren der Stadt Passau nieder. Vielleicht hatte ihn die Aussicht auf reiche Verdienstmöglichkeit in der kunstliebenden Fürstenstadt und ihrer klösterreichen Umgebung angelockt. Er vererbte seine künstlerische Begabung auf seinen Sohn Engelbert. Dieser erlernte außerdem noch das ehrsame Handwerk des Schusters; denn als dieser Bub aufwuchs, hatte alle fürstliche und klösterliche Herrlichkeit bereits ein Ende gefunden. Dieser Engelbert ist der bereits erwähnte Stammvater des Praters. Von ihm wissen wir, daß er für die Pfarrkirche in Heining einen hl. Isidor und einen hl. Johannes schnitzte und mit dem dortigen Pfarrherrn einen kleinen Streit hatte wegen eines Schamtuches für einen Heiligen, das er blau gefaßt hatte, obwohl der Pfarrer die rote Farbe gewünscht hatte.

Für die damaligen Schuster boten die Sommermonate, in denen das Volk vielfach noch barfuß ging, nur geringe Verdienstmöglichkeiten. Deshalb verlegte sich Meister Engelbert Zirnkilton I. auf einen neuen und recht seltsamen Erwerbszweig. Im Jahre 1826 begann er damit, kleine Pferde für einen künftigen Prater zu schnitzen und alle übrigen Teile für ein solches Unternehmen mit eigener Hand anzufertigen. Im Jahre 1829 war der Prater fertig, und ein Jahr darauf, also 1830, bezog Engelbert I. zum ersten Male die Maidult, die bekanntlich aus dem Krügelmarkt von St. Nikola hervorgegangen ist, und im Sommer die Innpromenade, wo er zunächst in der Nähe des Rudhartdenkmals einen Platz zugewiesen erhielt. Als 1859 kurzsichtige Bürger auch das malerische Karolinentor am Sand und die dortigen Reste der alten Stadtmauer abgerissen hatten, verlegte der Prater seine sommerliche Luststätte an jene Stelle, wo man ihn noch heute in den

Tagen der großen Ferien sehen kann. Der Standplatz auf der Maidult aber blieb bis auf den heutigen Tag der gleiche. Jeder Passauer kennt ihn von Kindheit an.
Der Urprater des Engelbert Zirnkilton war klein und ganz einfach. Er hatte bloß 16 Rösser. Sie zeichneten sich durch schöne Gestalt und edle Bewegung aus. Die Rößlein waren viel kleiner als die heutigen. Nach und nach wurden sie durch größere ersetzt. Von den ausgedienten Pferden wurden 30 auf Wiegengestelle befestigt, aufgefrischt und als Schaukelpferde an Passauer Bürgerhäuser verkauft. So haben sich beispielsweise in den Familien Weidmann und Zimmermann durch lange Zeit solche umgemodelte Praterpferde erhalten.
Der erste Prater besaß weder ein Dach noch eine Drehorgel. Für die Maidulttage stellte der Pratermann ein paar billige Musikanten ein. 1838 wurde die erste Drehorgel erworben. Sie hatte viele Nachfolgerinnen. Ihre größte und schönste stammt aus dem Jahre 1926. Sie geht elektrisch und hat 3200 Mark gekostet. Im gleichen Jahre erfolgte die Einrichtung des Motorbetriebes, so daß also nunmehr Prater und Orgel mechanisch betrieben werden. Vorher wurde der Prater durch Knaben angetrieben. Sie boten sich immer in Mengen mit Eifer und Freude an. Wer viermal den Prater trieb, hatte Anspruch auf eine Freifahrt. Um diese Freifahrten haben sich nicht bloß Buben aus minderbemittelten Kreisen beworben; auch jeder andere rechte Passauer Bub setzte seinen Stolz darein, wenn er mithelfen durfte, den vielgeliebten Prater in Bewegung zu setzen.
So alt wie der Prater selbst ist das äußerst beliebte Ringelstechen, das einer geübten und glücklichen Hand den goldenen Ring aus dem Maul des Fisches beschert, der Ruhm und Freud, rotweiße Fahnenzier und eine ehrenreiche Freifahrt einträgt. Dieses Preisringes wegen nennen die Wiener das Karussell »Ringelspiel«.
Geändert hat sich auch die Beleuchtung. Sparsam und schlicht und damit dem Wesen des Praters gemäß ist sie noch heute; denn Nachtfahrten gibt es beim Jubelprater nicht. Um halb 9 Uhr schließt er seine Pforten; anders ist man es bei diesem gediegenen Unternehmen nicht gewohnt. Am Maidultmittwoch 1930 hat er

eine Ausnahme gemacht; denn es gab für ihn einen großen Fest- und Ehrenabend, zu dem sich Passaus alte Damen und Herren in treuer Anhänglichkeit an ein liebes Stück goldener Jugenderinnerungen massenhaft eingefunden haben, um nochmals eine fröhliche Rundfahrt bei Vater Engelbert III. zu machen. Und der trug noblen Zylinder und Bratenrock, und seine Frau trug die passauische Goldhaube und das vornehme Seidenkleid, und es war so ein schönes Stück Alt-Passau lebendig geworden. Es leuchteten dazu die modischen Glühbirnen und nicht mehr wie früher die Unschlittkerzen in den vier Laternen, die an Pfählen aufgehängt waren.

Im Jahre 1910 starb Engelbert Zirnkilton II. im Alter von 77 Jahren. Auch er hatte den Prater immer treu gepflegt und immer mehr verschönert. Sein Todesjahr brachte eine wesentliche Vergrößerung des Praters. So verfügt er heute über 30 Pferde, 2 stramme Hirsche mit mächtigen Geweihen, 10 Sofas und 4 Kutschen mit zusammen 80 Sitzplätzen. Die ältesten der noch heute benutzten Pferde gehen auf die Zeit von 1850 bis 1860 zurück. Die übrigen sind vom Großvater und Vater des heutigen Praterherrn geschnitzt worden und verraten, daß sich das Künstlerblut der Zirnkilton auch auf sie vererbt hatte. Auch alle übrigen Teile des Praters sind eigene Erzeugnisse der Familie Zirnkilton.

Für eine Fahrt bezahlte man früher einen Kreuzer, für drei Fahrten einen Groschen. Einst betrugen die Gebühren, die der Pratermann an die Stadt zu entrichten hatte, für Dult und Innpromenade zusammen 8 Gulden. Gegenwärtig ist dafür fast ein halber Tausender zu entrichten.

Trotz Motors und elektrischen Lichts hat der Passauer Jubelprater sein schlichtes und gediegenes Urväterwesen beibehalten. Er hat von jeher auf Flitterzier und billigen Tand verzichtet und Schäbigkeit nie gekannt. Als man das letzte Mal sein Gewand erneuern mußte — denn Sonne und Wetter setzen der Praterausstattung bös zu —, hat man an seiner gediegenen und hübschen Eigenart nichts geändert. Wieder und noch immer hängen an den Schmucktüchern die festen und sauberen handgearbeiteten Häkelspitzen, die eine Frau Zirnkilton in mühsamer Winterarbeit anfertigt.

Noch immer sind die Polster in Kutschen und auf Sofas so säuberlich weiß überzogen, als seien sie aus einem Frauenkloster entliehen. Jedes Reittier und alles Holz ist frisch gestrichen, und alles ist wohlausgebessert, so daß der Würde dieses Hundertjahrpraters nichts an seinem Gewand abträglich sein kann. Heute führt Engelbert IV. Zirnkilton die praterfreundliche Überlieferung seines Geschlechtes weiter.
Daß die Familie Zirnkilton mit ihrem Prater eng verwachsen ist, läßt sich denken. Und damit ist sie auch verwachsen mit der gesamten Bevölkerung unserer Stadt, die zu jeder Maidult und jeden Sommer ihre Kinder zu Vater Zirnkilton schickt. Und es gibt so viele Familien in der Stadt, von der gleich drei oder gar vier Geschlechterfolgen auf diesem Jubelprater gefahren sind.
Wenn draußen auf dem Kleinen Exerzierplatz die Maidult jubelt und braust, ruht in den Schusterwerkstätten des Meisters Zirnkilton alle Arbeit. Denn die ganze Familie ist beim Prater benötigt. Motor, Orgel, Fahrgäste und Ringelspiel erfordern fünf fleißige Leute.
Die Passauer Kinder haben das Zirnkilton-Karussell so gern, daß sie ihm schon seit langem einen netten Spitz-, nein Kosenamen zugelegt haben. Sie nennen ihren Leib- und Heimatprater kurz und gut den »Bemperlprater« (»Pemperlprater« müßte es nach dem Altmeister der bayerischen Mundartforschung J. A. Schmeller heißen, aber »Bemperl« klingt gemütlicher). Damit wollen ihm aber die Kinder nichts von seiner Würde absprechen, sondern ihn nur gemütlich unterscheiden von den neumodischen überlauten und prunkvollen Pratern.
So hat unser »Jubelprater« eine ehrenvolle lange Zeit hinter sich. Und auch eine doppelt glückliche Zeit; denn alleweil gingen die Geschäfte gut, und nie ist seinen kleinen Fahrgästen der geringste Unfall zugestoßen. Es ist, als ob der liebe Gott selber Freude hätte an diesem Stücklein Kinderparadies, weil seine Schutzengel die praterfahrenden Kinder so treulich vor jeder Unbill und aller Gefahr beschirmen! So ist es durch über fünf Viertel eines Jahrhunderts gewesen, und so möchte es auch in künftigen Zeiten sein!

# Die niederbayerische Pfingstkerze

In dem wald- und hügelreichen Landzwickel zwischen Donau und Inn, nicht weit von Vilshofen und Ortenburg, dem »lutherischen Marktl«, liegt das stille Pfarrdorf Holzkirchen, dessen Bewohner aus einem längst verklungenen Jahrhundert eine ebenso anmutige wie merkwürdige Sitte in unsere nüchterne Gegenwart herübergerettet haben. Sie zeugt von offenem Glaubensbekenntnis, treuem Festhalten an Urväterbrauch und bester niederbayerischer Bauernkraft. In dem bunten Kranz, den Heimatsitte um unser niederbayerisches Pfingstfest gewunden hat, ist sie eine der schönsten Blüten. Gemeint ist das berühmte Kerzenopfer der Holzkirchner, das sie am Pfingstsonntag der Lieben Frau auf dem Bogenberg darbringen. Eine ähnliche Sitte kannte man auch auf dem Wallfahrtsberg Maria-Plain bei Salzburg. Doch ist sie dort schon längst erloschen.

Dieses merkwürdige Kerzenopfer soll der Überlieferung nach auf das Jahr 1492 zurückgehen. Damals wollten der in unheimlichen Massen auftretende Borkenkäfer die Wälder der Holzkirchner und die Wut böser Schauerwetter ihre Ernte völlig vernichten. In ihrer Angst und Not gelobten die Bauern, alljährlich an Pfingsten zum weitberühmten marianischen Bogenberg bei Straubing zu pilgern und der gnadenreichen Himmelskönigin eine riesenhafte Kerze zum Opfer zu bringen. Sofort wich jegliche Gefahr von Forst und Feld.

Als Ende des 16. Jahrhunderts in dieser Gegend der katholische Glaubenseifer zu erkalten begann und der neue Glaube sich da und dort festsetzte, vergaß man des alten Pfingstgelübdes. Und wieder bedrohten Borkenkäfer und Schauerwetter Wald und Flur, bis man wieder daranging, das Versprechen der Väter aufs neue getreulich zu erfüllen.

Die genannte Pfingstkerze ist nun keineswegs durchaus aus Wachs gemacht. Sie ist vielmehr eine riesige, 13 Meter hohe feste Stange, die in den Tagen vor dem Fest säuberlich zurechtgemacht, schön mit glutroten Wachssträngen umkleidet und mit grünen Büschen verziert wird. Diese über einen Zentner schwere Kerze wird nun zu Pfingsten wallfahrenderweise nach Bogen verbracht und dort von kräftigen Manneshänden aufrecht stehend auf den hohen und steilen Bogenberg hinaufgetragen.

Begleiten wir einmal die Bauern von Holzkirchen auf ihrem etwa zwölf Stunden langen Wallfahrtsweg! Freilich müssen wir recht früh aufstehen am Samstag vor Pfingsten! Denn schon in der Morgendämmerung brechen die Kreuzleute mit ihrer Kerze auf, der vielbestaunten, die abwechselnd zwei Männer auf ihren Schultern tragen. Überall wird das »Kreuz« von Holzkirchen freudig begrüßt, nicht bloß von staunenden Blicken, sondern auch überall in den Kirchorten von den schallenden Glocken. Land- und Stadtleute eilen aus ihren Behausungen, um das seltsame Erbstück aus Urväterzeiten und seine Begleiter zu bewundern. Betend wandern die Pilger weiter.

In Vilshofen betreten sie das linke Donauufer, und sie kommen, getreulich begleitet von den Waldhängen des Gebirges, donauaufwärts, durch alte, malerische Orte, die heute still und verlassen am Fuß des Waldgebirges und am Strand des Nibelungenstromes träumen. Wie waren sie einst voll blühenden Lebens und Wohlhabenheit, als die Schiffahrt auf der Donau noch im Schwung war! Die Pfingstpilger sehen bald über ihren Häuptern die Trümmer der Donauburg Hilgartsberg; sie gehen hindurch durch den abgestorbenen Marktflecken Hofkirchen mit seiner edlen gotischen Kirche, durch Neßlbach, Flintsbach, das schier endlose Winzer, den gewerbsamen Hauptsitz der Körbelzäuner und Hausierer. Bald treten die Berge zurück, die weite Niederalteicher Ebene tut sich auf, aus dem Hintergrund ragen die blauen Hochberge des Deggendorfer Gebirges, Hengersberg zeigt sich mit seinen zwei Bergkirchen, und aus einsamen Auwaldungen steigen feierlich die landbeherrschenden Türme der Basilika von Niederalteich auf.

In diesem Klosterort kommen die Holzkirchner auf uralten und heiligen Heimatboden. Sie stellen ihre Riesenkerze im Wirtschaftsgarten der Klosterbrauerei ein und statten dann dem prunkvollen Münster einen kurzen Besuch ab. Das hat für den kommenden Festtag sein Prachtgewand angelegt; und wenn unsere Wallfahrer Glück haben, so kommen sie gerade recht zur festeröffnenden hochfeierlichen Vesper, zu der eben der Abt mit Inful und Stab und unterm Geleit seiner vielen Mönche, alle angetan mit goldstrotzenden Ornaten, schreitet. Drüben im Gastgarten sammeln sich indessen Welt- und Klosterleute, um die Schau- und Wunderkerze gebührend zu bewundern und eifrig nach Länge und Gewicht abzuschätzen.

Die Holzkirchner stärken sich für ihren Weiterweg mit einem Trunk aus der Stiftsbrauerei, dann ziehen sie weiter, nunmehr auf dem erhabenen Damm, der die Altacher Fluren vor dem Zorn der Donau schützt. Man wandert und betet zwischen sommerlich bunten Wiesen, vorbei an märchenhaft verwilderten Altwässern mit Seerosen und seltsamen Wasservögeln. Vom nahen Berghang schimmert das helle Rokokokirchlein der Halbmeile herüber, und bald ist man dann in der guten Mirakel- und Knödelstadt Deggendorf. Das Dunkel der mittelalterlichen Grabkirche, in der die wunderbaren Hostien verwahrt und verehrt werden, nimmt die lange Kerze zur nächtlichen Ruhe auf. Denn es ist inzwischen Abend geworden. Der Weg war lang und der Tag sommerlich heiß. Drum suchen unsere Holzkirchner, nachdem sie einen kurzen Imbiß eingenommen haben, in den altvertrauten Gaststätten bald ihr ersehntes Nachtlager auf.

Wenn am nächsten Dämmermorgen die Pfingstglocken die Stadt überwallen, wohnen die Wallfahrer einer Messe in der Grabkirche bei; sie nehmen ihre Kerze wieder in Empfang und wandern dann wieder weiter, immer das Gebetswort auf den Lippen, durch eine unberührte einsame Gegend, über Metten, Offenberg, Welchenberg und Pfelling. Bald gewahren sie den Zielpunkt ihrer Pilgerfahrt, den merkwürdigen Bogenberg, den das Waldgebirge als letzten Vorposten so nahe an die Donau und an den Saum der Bayerischen Kornkammer hinausgeschoben hat. Auf seiner einsamen Höhe steht die gotische Gnadenkirche, einst berühmt im ganzen Bayernland und älter als Gnadenstätte denn Altötting. Gegen Mittag treffen die Kreuzleute in der kleinen Stadt Bogen ein, die sich zutraulich an den Fuß und Hang des Gnadenberges schmiegt und wie seit Jahrhunderten die Holzkirchner mit Priester und ungezähltem Schauvolk, Glocken und Fahnen froh willkommen heißt. Das stärkende Mittagessen wird eingenommen. Dann kann das kraftentfaltende und glaubenbezeigende Pfingstschauspiel von Bogen, das Hinauftragen der Riesenkerze auf den Berg, beginnen. Tausende von Fremden aus Stadt und Land sind eifrige Zuschauer. Ja, wo in unseren Landen gäbe es auch so ein Männerstückl zu sehen!

Wie in einem Imbfaßl geht es zu auf dem weiten Stadtplatz von Bogen! Droben in der stattlichen Bergkirche und herunten in der glücklichen erneuerten Stadtkirche schwingen sich die Festtagsglocken in vielstimmigem Chor. Die weißblauen Fahnen flattern, die Blechmusik schmettert weltlich und fröhlich ihre Jubelweisen; und sie übertönt mit dem Glockenlied das kräftige Gebet der Holzkirchner: »Heilig, heilig, heilig ist der Herr Gott Sabaoth, Himmel und Erde sind seiner Herrlichkeit voll!« Mädchen in alten Bauerntrachten und Kranzljungfrauen in blühweißen Kleidern tragen Marienfiguren auf geschmückten Schulterbühnen, Kirchenfahnen bauschen sich im Mittagwind; alles Volk ist hochfestlich gestimmt und richtet die Augen auf die rote Riesenkerze und ihre heldischen Träger.

Ob nicht das Wachs schmilzt in der Sommerhitze? Nein, noch begießen die Holzkirchner ihre Kerze fleißig mit frischem Wasser. Dann steigt sie empor aus dem Volksgewimmel, schön rot leuchtend, wahrhaft kerzengerade. Nun ruht sie nimmer auf den knochigen Mannesschultern. Jetzt halten und führen sie nur mehr zwei starke Hände, schier sagenhafte Hände eines kraftstrotzenden Burschen aus Holzkirchen, der sicher, gelassen und in bewundernswerter Ruhe dieses schwere Schaustück meistert. Aber auf lange Zeit geht das nicht! Auch wenn man die Sache zu Hause an kühlen Maienabenden fleißig geübt hat. Drum sind ständig zwei und mehrere Krafthände bereit, den hemdärmeligen, über und über von Schweiß bedeckten Träger abzulösen. Und der Weg da hinauf zur Gnadenmutter von Bogen ist ja so gach und steinig und so endlos lang! Das Volk drängt sich ganz nahe an die Kerze heran, wimmelt durcheinander und fährt erschrocken auseinander, wenn sich die Kerze unter der Last ihres Gewichts ein wenig biegt. Immer fröhlicher leuchtet die büschlverzierte Riesenkerze, wie ein mächtiger Finger, der anklopfen will am blauen Himmelsgewölb, um zu bitten bei der Lieben Frau für die Holzkirchner und für den wackeren Träger. Ohne Unfall wandert die Opferkerze den Pilgerweg hinauf.

Gottlob, nun hat man sie glücklich erreicht, die Plattform des Marienberges. Man trägt die Kerze zwischen den kleinen altväterischen Häuslein hindurch, darin man die bunten Wallfahrtsandenken verkauft, die lange nicht mehr so kunstreich, wertvoll und volkstümlich sind wie in früheren Zeiten. Man trägt die Kerze hinein in die kühle und ernste Marienkirche und stellt sie feierlich und froh vor dem Gnadenaltar auf, auf dem die gotische steinerne Muttergottes steht, die den Sohn Gottes einst im gebenedeiten Schoß sichtbar trug und nun ihr Geheimnis mit einem steifen Brokatmantel verhüllt, der auch unbarmherzig alle Liebreize des mittelalterlichen Bildes verhüllt. Hier heroben darf nun die Kerze zwei Jahre lang verweilen, zugesellt ihrer Vorfahrin vom verflossenen Jahr, zwiefach leuchtend und berichtend von bäuerlichem Glauben und bäuerlicher Heimattreue.

Nach der feierlichen Vesper, der dreispännigen, dürfen sich die müd gewordenen Wallfahrer, insonderheit die verdienten Kerzenträger, schon einen kleckenden Trunk und einen nahrhaften Brotlzeug vergönnen irgendwo in einer der altbürgerlichen Tavernen der Stadt oder in einem schattigen Bergkeller, in dem heute die Blechmusik mächtig werkt und die Schauleute den Holzkirchnern treue Gesellschaft leisten. Man sitzt gemütlich beisammen mit seinen altvertrauten Gastgebern und ist fröhlich, weil man noch mitten in dem schönen Tag steckt, auf den man sich ein ganzes langes Arbeitsjahr über redlich gefreut hat.

Am Pfingstmontag treten unsere Kreuzleut wieder ihre Heimreise an. Freilich nicht mehr mit der alten und gemütlichen Holzplätte, auf der man einstens — noch meine liebe selige Mutter hat das mitgemacht — langsam und feierlich zwischen den begnadeten Stromufern heimzu geschwommen ist, betend und fromme Frauenlieder singend. Heut hat man die viel geschwindere Eisenbahn, in der sich allerdings lautes Beten und heiliges Singen nicht schicken würde, was aber die Liebe Frau von Bogen von ihren treuesten Verehrern, den Holzkirchnern, nicht verlangen wird, zumal sie wiederum ein so rares und herrliches Opfer in ihrer Gnadenkirche hinterlassen haben.

## Das Englmari-Suchen

Das bunteste und merkwürdigste Zierstück der an uralten Sitten reichen Waldlerpfingsten ist das Englmari-Suchen in dem hochgelegenen Walddorf St. Englmar im Bezirksamt Bogen. Als Überrest der einst häufigen halb weltlichen, halb kirchlichen Schauspiele barocker Art verdient es die besondere Beachtung der Heimatfreunde. Es erinnert an den seligen Einsiedler Englmar, der besagtem Ort Ursprung, Namen und weitreichenden Ruhm verlieh. St. Englmar lebte vor mehr als 800 Jahren, und zwar zuerst in der Gegend von Passau, wo er wie seine Eltern dem bäuerlichen Beruf oblag. Er lernte einen heiligen Bischof kennen, der ihn im christlichen Glauben unterwies. Als sein väterlicher Freund und Lehrer gestorben war, verließ Englmar seine Heimat und begab sich in den oberen Bayerischen Wald in jene damals noch recht unwirtliche Gegend, in der sich Predigtstuhl und Hirschenstein einsam über das Waldgebirge erheben.

Hier, in tiefster Abgeschiedenheit des Urwaldes, vereinte er sich mit einem Gleichgesinnten zu einem heiligmäßigen Buß- und Opferleben. Das Volk, das sich bereits in zugänglicheren und milderen Lagen der Umgebung angesiedelt hatte, pilgerte gern zu dem frommen Einsiedler und vertraute seine Nöte der Fürbitte des Wundertätigen an. Auch der reiche und mächtige Graf von Bogen lernte St. Englmar kennen und schätzen und sorgte für sein Fortkommen, indem er ihm durch einen Diener von Zeit zu Zeit Nahrung überbringen ließ. Allein bald hatte es der Knecht satt, auf weiten und mühsamen Steigen Lebensmittel in die Klause Englmars zu tragen, und in einer gottverlassenen Stunde — es war mitten im tiefsten Winter — ermordete er den frommen Einsiedler. Eine andere Fassung der Legende will wissen, daß St. Englmar von seinem eigenen Genossen aus Neid getötet worden sei. Der Mörder vergrub die Leiche Englmars im Schnee und deckte sie sorgfältig mit Reisig zu. Das war um das Jahr 1100.

Am darauffolgenden Pfingstfest kam zufällig ein Priester des

Weges und gewahrte über dem Ruheplätzlein des teuren Leichnams wunderbaren Lichtschein und holdschimmernde schwebende Englein. Man begann nachzuforschen und entdeckte den Leib des ruchlos Ermordeten. In feierlichem Zug wurde nun der Leichnam eingeholt. Man legte ihn auf einen Wagen, an den zwei ungeschirrte Maulesel gespannt waren. Die Zugtiere sollten kraft himmlischer Weisung selbst entscheiden, wo der heilige Leib zur Ruhe bestattet werden sollte. Sie schritten gemächlich fürbaß und blieben an jener Stelle unbeweglich stehen, auf der sich heute die Pfarrkirche von St. Englmar erhebt. Hier wurde nun St. Englmar in ein würdiges Grab gebettet, zu dem bald eine lebhafte Wallfahrt der umwohnenden Bevölkerung einsetzte. Propst Rupert der nahen Prämonstratenserabtei Windberg ließ kurz nach 1125 über dem Grab einen kleinen Steinbau errichten, über den sich dann bald ein Kirchlein erhob. Wahrscheinlich 1131 wurde dieses Gotteshaus geweiht. Um 1140 beschrieb ein Windberger Mönch das Leben Englmars. Seine zeitgenössischen Aufschreibungen haben uns die Kunde vom Leben und Sterben St. Englmars und der wunderbaren Auffindung seiner Leiche überliefert.

Die Errichtung einer Kirche hatte die Ansiedlung von allerhand Waldleuten zur Folge. So entstand im Lauf der Zeit das hoch gelegene und wegen der Schönheit seiner Landschaft gern besuchte Pfarrdorf St. Englmar, das in allem ein großes Denkmal für seinen Gründer und Schirmherrn darstellt. 1634 brannten die Schweden Kirche und Pfarrdorf nieder. 1656 entstand unter Verwendung älterer Bauteile das gegenwärtige Gotteshaus neu. Die Deckengemälde, geschaffen von einem geschickten ländlichen Meister, zeigen den Kirchenpatron St. Englmar als Helfer gegen Unwetter, raschen Tod, Pest, Hunger, Krieg und sonstige Übel. Auch die Ermordung Englmars in seiner Felsenklause ist dargestellt. Sechs alte Ölbilder, die wohl aus der Zeit um 1650 stammen, erzählen die Legende St. Englmars in anschaulichen Darstellungen und kraftvollen Reimen. Erhalten hat sich auch noch ein spätgotisches Holzrelief mit der Wiedergabe des Todes Englmars. Unweit der Leonhardskapelle steht auf einem Felsen der »Steinerne Englmar«, ein Bildstock von 1723.

Besondere Aufmerksamkeit erheischt der Leib St. Englmars, der seit 1717 in einem Glasschrein des wieder glücklich erneuerten Barockhochaltars aufgestellt ist. Das bekleidete und verzierte Gerippe thront auf einem barocken Stuhl und ist umhängt mit einem prunkvollen Mantel aus rotem Samt, der reich mit Goldstickereien aus dem Anfang des 18. Jahrhunderts geschmückt ist.

Was sich nun vor uralter Zeit hier auf wunderbare Weise begab, wird alljährlich zu Pfingsten unter großem Zulauf des Volkes in einer barocken, dramatisch bewegten, bunten und volkstümlich ungezwungenen Schaustellung feierlich dargestellt. Dieses »Englmari-Suchen« findet am Pfingstmontag statt. Eine große Prozession zieht bergwärts zum nahen Wald. Angehörige der Pfarrei spielen die Gestalten, die einst an der Bergung des hl. Leibes beteiligt waren. Reiter auf bäuerlich geschmückten Rossen eröffnen den Zug. Es folgen der Graf von Bogen mit seiner Begleitung, darunter sein Leibjäger mit einem leibhaftigen Dackel, der ein geblümtes Halsband und am Schwänzlein eine bunte Masche trägt, der Abt von Windberg im weißen Mönchsgewand, die Fuhrknechte mit dem grünen Englmariwagen, der von zwei kräftigen Ochsen gezogen wird, der Pfarrherr von St. Englmar mit Chorrock und Stola, ebenfalls beritten, und einige ritterliche Herren. Weitere Reiter und die Scharen des Volkes beenden den einzigartigen Zug. Man zieht zu einem felsigen Hügel, in dessen Nische der Leib des Heiligen, eine lebensgroße bekleidete Holzfigur, versteckt und mit Reisig verdeckt worden ist. Der gräfliche Leibjäger und sein braver Dackel spüren den heiligen Schatz auf, der Jäger macht seinem Herrn Meldung, Graf und Abt erheben feierlich den heiligen Leib, ein Engel erklimmt den Felsen und verkündet laut, daß der Leichnam St. Englmars aufgefunden worden sei. Man hebt den Holzleib auf den Englmariwagen, der Pfarrer hält die Festpredigt zu Ehren des Heimatheiligen, und dann geleitet der große Zug den Leichnam zur Pfarrkirche, wo er unter seltsamen Bräuchen auf ein eigenes Gerüst gestellt wird. Das festliche Hochamt beschließt das anschauliche kirchliche Spiel, das früher immer am Fronleichnamstag abgehalten und später auf den Pfingstmontag verlegt worden ist.

# BUNTER SOMMER

# Örtler Kirchweih in alter Zeit

Am Sonntag nach Pfingsten, am Fest der Heiligen Dreifaltigkeit, feiern die Bewohner des Örtels in Passau ihren Kirta. Das Örtel heißt sich das Endstück der Halbinsel zwischen Donau und Inn, auf der sich der Hauptteil der Stadt aufbaut. Im Örtel steht das palastähnliche Waisenhaus mit der reizvollen kleinen Rokokokapelle, die den drei göttlichen Personen geweiht ist. Daher die Kirchweihfeier der Örtler am besagten Sonntag. Dieser Stadtteil, sonst ein wenig vergessen und verschlafen, wie so manch anderes Gebiet der Altstadt, beherbergt noch heute ein Völkchen, das sich ein gut Teil vom biederen und gemütlichen Alt-Passauer Wesen bewahrt hat.
Das Örtel ist ausgezeichnet durch Geschichte, Lage und Stimmung. Hier, nahe dem Gasthaus zur Laube, befand sich einst die Uferstelle, von der aus man über Donau und Ilz zur malerischen Ilzstadt überfuhr, als es den Durchbruch noch nicht gab, den der Fürstbischof von 1762 bis 1769 in den riesigen Felsenbauch des Oberhauser Berges hat sprengen lassen, zum Schrecken der Nonnen von Niedernburg, deren Einnahmen aus der Überfahrt nunmehr beträchtlich zusammenschmolzen. Hier am Donauufer standen einst Mauern und Turm, hier herrschte den ganzen Tag über buntes und fröhliches Leben. Reisende, Händler, Wallfahrer, Fremde und Einheimische ließen sich hier gegen Entrichtung des Wasserzolls übersetzen und belebten die vielen Gaststätten in der Alt- und Ilzstadt, insonderheit die Wirtschaften im Örtel, die Laube und den Hirschwirt und den benachbarten Koppenjäger in der Bräugasse mit ihren niedern und gemütlichen Gewölben und der echten alten Wirtshauspoesie. Freilich, den burgartigen Englischen Hof drüben, das allerletzte Haus an der sonnigen Innseite, gab es damals noch nicht. An seiner Stelle stand einst eine starke Burg, von deren Geschichte man kaum etwas weiß. Später hat man in den festen Bau die Fronfeste hineinverlegt. Hoffentlich

haben die Gefangenen von der prachtvollen Aussicht auf den Innstrom, seinen Uferhang mit der lichtstrahlenden Gnadenkirche Mariahilf und die nahen österreichischen Waldberge ein wenig genießen dürfen. Der Englische Hof steht meinem Herzen nahe. In ihm habe ich zu Anfang dieses Jahrhunderts als Präparandenschüler drei gute Jahre bei einer braven Studentenmutter, der Lehrerswitwe Anna Gugler, verlebt.

Das Örtel reiht sich um einen engen unregelmäßigen Platz, der mancher kleinen Stadt als Rathausplatz wohl anstünde. Dort steht, zu meiner Zeit von Bäumen umgrünt, die Steinfigur des bewährten Wasserschirmherrn St. Johannes Nepomuk, 1759 laut Inschrift errichtet von dessen »mindestem Pflegekind und Diener Johann Jakob Pichler, bürgerl. Fragner und Schifmeister«. Von seinem Sockel schaut der Heilige immerwährend hinüber zur Donau und zur Ilz, zum ernsten mittelalterlichen Wasserschloß Niederhaus, das mir in viel späterer Zeit durch vier Jahre gute Heimstatt gewesen ist, und zur Ilzstadt. Der schweigsame Gottesmann wird schon oft Fürbitte eingelegt haben für seine Passauer und am meisten für seine Örtler, wenn immer wieder die Hochwasser die Stadt bedrohten. Aber nicht jedesmal war diese Fürbitte von Erfolg, wie die erschreckenden alten und jüngeren Hochwassermarken an mehreren Häusern beweisen. So Anno 1899 im Spätsommer und 1954 im Juli, da man im Örtel aus den Fenstern des ersten Stockes geradeswegs in die Zille steigen konnte. Denn jene Hochwasser waren wild und gewaltig wie lange nimmer.

Der hl. Johannes Nepomuk hat es berufshalber mehr mit dem Wasser als mit der Kunst. So ist es zu erklären, daß er seinen Rücken der stattlichen und feinen Schauseite des Passauer Waisenhauses zuwendet, das 1749 bis 1751 der große Wohltäter der Stadt und des Bistums Passau erbaut und reich mit Kapitalien ausgestattet hat, der fromme Schiffmeister und Weinwirt vom Sand Lukas Kern. Die Steininschrift überm Portal des Waisenhauses besagt von ihm, daß er »mit viller Gefahr Reichthum gesammelt, damit er im Leben Gott loben und seinen Nächsten lieben, nach dem Tode aber er und seine Erben arme Waysen reich an Tugend und Wissenschaft machen könnte«. Ein festliches

Prunkportal, umrahmt von Stuck und Fresken, führt in die stille
traute Hauskapelle, sehr nobel ausgestattet, fast das einzige kirchliche Rokokobauwerk der kirchenreichen Stadt, aber selbst nur
wenigen Passauern bekannt.
Den Waisenhausplatz umschließen mächtige Häuserblocks nach
drei Seiten. Da finden wir ein wuchtiges Haus, das früher Salzstadel und dann Kaserne war. Was könnte es uns erzählen vom
alten Passauer Salzhandel, der die wirtschaftliche Grundlage des
Stadtwesens gab und hier an der Donau seinen wichtigen Umschlagplatz hatte! Das Salz kam vom Inn, ging von hier aus über
Donau und Ilz in die Ilzstadt, von wo aus es die Säumer mit ihren
fleißigen Rößlein ins Böhmische verfrachteten, über die uralten
Goldenen Steige, auch wieder umwittert von Geschichte und Sage.
Diesem Haus gegenüber liegt die gastliche Taverne zur Laube, zu
meiner Kindheit ein bescheidenes Wirtshaus, heute Eigentum der
Brauerei Hacklberg, die der Gaststätte die schönen Lauben nach
langer Blindheit wieder geöffnet und ihr ein einladendes bodenständiges Aussehen und ihrem Innern altpassauisches Wesen
geschenkt hat. Nirgends in Passau sitzt es sich hübscher und gemütlicher als auf der Terrasse der Laube mit dem entzückenden
Blick auf Oberhaus und Niederhaus, Donau und Ilz, die sich
gleich da drüben friedlich vereinen, die liebe altmodische Ilzstadt
mit den Behausungen der alten Fischer- und Schiffergeschlechter
und ihrem steilen Hang. Zusammen wie eine riesenhafte Freilichtbühne von höchster romantischer Wirkung.
Wie gerne bin ich in schönen Jahren auf dieser Terrasse mit lieben
Freunden gesessen! Und dann, wenn uns das berühmte Passauer
Neun-Uhr-Lüftchen erfrischt hatte und der Personendampfer, von
Wien und der Wachau kommend, vorbeizog, tranken wir noch
eins und wurden es nicht müde, dem Rauschen der Flüsse zu horchen und die Schönheit des Abends zu genießen. Dann aber fühlte
ich mich geradeswegs als leibhaftiger Venezianer, wenn ich die
Gondel bestieg und der brave Gondoliere mich über Donau und
Ilz fuhr bis an die unterste Stufe der Steintreppe, die von dem
schwarzen Waldfluß unmittelbar zum Niederhaus, meiner damaligen Wohnung, führt. Die Gondel war aber nichts anderes

als eine sichere Ilzer Zille und der Gondoliere ein wassertüchtiger junger Ilzer Fischer.
An die Laube fügt sich das altersgraue stattliche Haus des einstigen Käsehändlers Gerner, ohne den man sich einst einen Jahrmarkt in der Umgebung von Passau nicht hätte denken können. In die krumme gegenüberliegende Häuserreihe stellt sich der schmale Hirschwirt, ein völlig altväterliches Wirtshaus mit eisernem Schild, kleinem Vorgärtlein und ganz niederem Gewölb, wie geschnitten aus einem Spitzwegbild. Wie haben doch unsere Altvordern bauen können ohne Akademien und Kulturverbände, ohne graue Theorie und langes Gerede! Aber sie hatten es *in* sich und gehörten noch einer Zeit an, die Kultur hatte, ohne davon zu wissen und zu reden. So bauten sie malerisch und gemütvoll, bodenständig und schlicht und schufen Bilder, die zum Herzen reden. Von dem Waisenhausplatz aus führen Gassen in die Stadt und zu den Flüssen. Sie geben immer wieder wechselnde schöne Ausblicke auf die Merkwürdigkeiten der ausgezeichneten Stadt und ihre Uferhöhen. Wenn es nun Abend wird oder gar erst volles Mondlicht auf den flachen Dächern und in den Zeilen dieser südlichen Stadt liegt, wenn die drei Flüsse rauschen und ein letztes Fenster leuchtet, fehlt bloß mehr der Nachtwächter mit Horn und Hellebarde zum lebendigen Bild aus der viel herbeigesehnten sogenannten guten alten Zeit.
Das Örtel wird umschlungen von Donau und Inn, die sich nun gleich vereinen an der sehr schmalen Spitze der Landzunge, die in der Neuzeit von Amts wegen »Dreiflußeck« getauft wurde. Die Örtler aber sagen Sporn oder Wechsel; denn sie sind nicht für die Reklame. Und woher der Name ihres Stadtwinkels? Echt baierisch! Das Ende heißt für unsere Zunge noch heute »das Ort«. Und weil hier die Passauer Altstadt zu Ende geht, haben wir da den Stadtteil »Im Ort«, wie die amtliche Schreibweise lautet. Der Bewohner aber sagt liebkosend »das Örtel«. Die Stadt wird hier herunten abgeschlossen mit alten Wehrmauern, dahinter stille Gärten wie verwunschen träumen. Dann kommt die schmale Landzunge, die sich seit Menschengedenken stark vergrößert hat und zu meiner Zeit wenig Pflege fand. Dort haben wir Örtler Buben alljährlich

unser Sonnwendfeuer entzündet, ganz heimlich und nicht ohne Herzklopfen, denn wir »Studenten« durften nach sechs Uhr abends die Wohnung nicht mehr verlassen.
Seit einigen Jahrzehnten ist das Dreiflußeck sauber hergerichtet, eingedämmt, mit Bäumen bepflanzt, mit Bänken versehen und mit einem schönen bequemen Weg, der um die Landzunge herumführt. So ist es sehr angenehm, hier zu wandeln und zu rasten, nicht bloß für junge Liebesleute, hier, wo die drei Ströme und Flüsse Hochzeit halten, wo man den gesegneten Blick hat auf grüne Höhen und stille Wälder, wo das einzigartige Stadtbild herauswächst aus zwei Halbinseln und sechs Ufern, wo Österreich schon ganz nahe ist. Hier erfreut man sich an der fast unverdorbenen Schönheit des Stadtbildes und der Stromlandschaft, während der Westen Passaus, die Gegend um den Bahnhof und das Industriegebiet, zum Teil recht häßliche Bilder aufweist: die Unkultur der letzten Jahrzehnte!
Hier im Örtel war es einstens das ganze Jahr über recht still und beschaulich. Aber an seinem Kirchweihfest wachte der Stadtwinkel auf zu stolzer Lebensfreude und stolzem Selbstbewußtsein. Einige Tage vor dem Dreifaltigkeitssonntag luden Anzeigen in der »Donau-Zeitung« zur Teilnahme an der altberühmten Örtler Kirchweih ein. Da haben sich dann die Örtler, und auch wir »Studenten«, nicht wenig eingebildet, weil wir nun auch etwas waren und galten in der lieben weiten Stadt. Der Haupttag war der Sonntag, der Montag brachte den stilleren Ausklang.
Schon der Samstag war voll Erwartung und Verheißung. Fromme Hände legten grüne Girlanden um das Standbild des hl. Johannes Nepomuk. Verlockender Duft drang aus allen Wirtskucheln, aber auch aus manch anderer Örtler Küche. Aus den Schmalzpfannen stiegen haufenweis Krapfen und Pafesen, Strauben und Schnürkrapfen, die unerläßlichen heimatlichen Festtagsbäckereien. Gänse, Enten und anderes Geflügel starben in Mengen den Opfertod für die Örtler Kirchweih und legten sich dann am Sonntag in die Reinen und Röhren. Überall duftete es so herrlich, daß uns Buben fast der Neid überkam und der Hunger nach solchen Wunderdingen.

Am Sonntagmorgen eröffnete in der schmuckprangenden Waisenhauskapelle das festliche Amt zu Ehren der Heiligen Dreifaltigkeit den großen Tag; nachmittags wurde dort nicht minder festlich die Vesper gesungen. Dann begannen die weltlichen Freuden. Mit Frühschoppen und Kirtamahl, auch im Speisesaal des Waisenhauses, dessen edler Stifter auch an das Kirchweihessen seiner Schützlinge gedacht hatte. Nach seinem Willen bekam an diesem Tag jedes Waisenkind ein Gansviertel und einige Krapfen. Wie wird sich dann jedesmal der brave Waisenhausvater Lorenz gefreut haben mit seinen uniformierten Buben und Mädchen, die Tag für Tag in züchtigen Reihen ausgeführt wurden!
Es kam einmal, so erzählt man sich, ein junger Waldlerbauer ins Passauer Örtel, just in dem Augenblick, als die Waisenkinder zum Spaziergang das Tor verließen. Dreißig oder vierzig Jahre später sah der Biedere dasselbe. Und er fragte einen Einheimischen: »Wie kommt denn bloß das, daß diese Waisenkinder nicht größer geworden sind die ganze lange Zeit her?« – – –
Nachmittags strömten dann die Festgäste haufenweis ins Örtel herunter: Beamte, Bürger, Geschäftsleute, Freunde altmodischer Wirtshausfröhlichkeit und nahrhafter Kirchweihfreuden. Es kamen Männer und Frauen mit Kind und Kegel und füllten den letzten Winkel in allen Galerieräumen und in den kleinen Gärten. Es gab festtagswürdigen Trunk aus den Passauer Brauereien; für die Frauen, Mädchen und Kinder besten Bohnenkaffee mit Kuchen, Torten und Schmalzgebäck. Überall spielte eine kleine Musikkapelle die alten fröhlichen Weisen. Auch ein Kasperlmann hat einmal sein Theater aufgeschlagen und alt und jung ergötzt mit den ewigjungen Raufereien zwischen Kasperl, Tod und Teufel. Viele kamen auch, um zu sehen und gesehen zu werden, und wanderten gemächlich über den Waisenhausplatz und entlang an den Ufern. Im Gärtchen unseres Englischen Hofes saß der Selch-Sepperl, das stadtbekannte Original aus der Milchgasse, seines Zeichens Holzmacher, spielte seine Zither und sang immer wieder sein Leiblied von der Leineweberzunft, dessen Kehrreim er kräftig durch Klopfen mit dem Fuß betonte.
So saß man behaglich beisammen, freute sich des Lebens, führte

kurzweilige Gespräche, sang mit bei diesem oder jenem Lied und dankte dem Herrgott für den schönen Tag. Man saß beisammen bis tief in die Nacht hinein. Freilich, wir »Studenten« durften nur für ganz wenige Stunden an dieser Kirtaseligkeit teilhaben, und auch da nur als arme Zaungäste, was unsre jungen Waldlerherzen arg beschwerte. Aber die gute Hausfrau stiftete uns dann schon ein paar Krapfen und Pafesen, wenn wir in unserer gewölbten Studierstube im ersten Stock saßen und sehnsüchtig hinunterschauten und hinunterhorchten in den Garten, darin es gar so fröhlich zuging. Wie gern hätten wir schon groß und erwach-

sen sein mögen! Und heute, da es schon dem Siebziger zugeht, möchte man wieder das Büblein von einstens sein, das es doch gar nicht so leicht gehabt hat! Ja, jedermann will alt werden, aber alt sein, das will niemand!
Der Kirchweihmontag dann verlief um ein erkleckliches stiller. Da blieben dann die Örtler mehr unter sich. Da kam in unseren Wirtsgarten der noble und reiche Stockbauerbräu mit seiner stattlichen Gattin, der »Madam«, wie man die angesehene Frau allgemein titulierte. Wir Buben bestaunten den ungekrönten König von Passau, von dessen Besitztümern und Reichtümern man sich Sagenhaftes erzählte. Viel, viel später dann bin ich manchmal mit dem liebenswürdigen Herrn Kommerzienrat, dem Ehrenbürger seiner Vaterstadt, der er viele Wohltaten erwiesen hat, in seinem Stockbauergarten über der Donau beisammengesessen. Und der kluge und tüchtige Mann hat mir erzählt von seiner bescheidenen Jugend, die im Stuckwirtshaus an der Roßtränke begonnen hat, und vom Leben im alten Passau. Er hat mich in seine vornehme Wohnung an der Bräugasse geführt und mir den hohen Wandschrank geöffnet, darin er so viele schriftliche und gedruckte Dinge, alle höchst säuberlich geordnet, verwahrte, handelnd von heimatlichem Wesen, dem sein Herz auch gehörte.
Der reiche Bräu und seine »Madam« saßen an jenen Kirchweihmontagen ohne Stolz unter den andern Bürgern, grad so wie andere Leute, und stifteten Preise zum Sackhüpfen und Wurstspringen und ließen Backwerk verteilen, damit die Örtler Jugend, darunter viel Kinder kleiner Leute, auch ihren rechten Anteil an dem Fest hatte. Wie gesagt, bildeten heute die Örtler die Hauptgäste. Sie waren schon immer ein eigenes Völkchen, das mit Liebe und Stolz an seinem Stadtwinkel hing. Drum schlossen sie sich später auch zur kurzweilpflegenden »Örtel Gmoa« zusammen, deren »Bürgermeister« der biedere Schuhmachermeister Franz Amsl war, der nun wohl bessere und ewige Kirchweih im Himmel feiern darf...
Jene Zeiten sind vorbei. Vorbei für mein geliebtes Örtel sein heiterer und genießerischer Kirta. In meinem Herzen aber lebt er weiter in köstlichen Erinnerungen an unwiederbringliche Tage.

## Der Donausegen zu Niederalteich

Seit unvordenklichen Zeiten verbindet die mehr als zwölf Jahrhunderte alte Klosterhofmark Niederalteich mit ihrer prunkvollen Fronleichnamsprozession einen ebenso sinnreichen wie schönen Brauch: Der Abt segnet feierlich die Fluten des Donaustromes, der in wuchtiger Breite an den Mauern des friedlichen Dorfes vorbeirollt.
Oft trat die Donau über ihre flachen Gestade und richtete große Schäden an auf den weiten Fluren und in den menschlichen Behausungen. Unter dem 50. Abt des Stiftes Niederalteich, Johann II. Kuchelmund aus Regen (1414 bis 1434), drangen die Wasser der Donau sogar in die Hallen des Münsters ein, so daß man mit Kähnen in der Kirche herumfahren konnte und die Messen auf Gerüsten über den Altären gelesen werden mußten. Jene große Überschwemmung dauerte volle zehn Tage und hatte eine schlimme Teuerung im Gefolge.
Verschiedene Äbte des Mittelalters suchten den Donaufluten zu wehren, indem sie stattliche Dämme und Ablaufkanäle errichten ließen. Nicht bestimmt nachweisbar ist die in der Heimatgeschichte oft erwähnte und gerühmte Angabe, daß Abt Peter I. (1343 bis 1361) auf Befehl Ludwig des Bayern der Donau ein neues Rinnsal graben ließ, so daß sie in der Folge nicht mehr nördlich des Klosterortes, bei Hengersberg, sondern im Süden vorbeifloß und so Niederalteich und seiner Umgebung nicht mehr so viel anhaben konnte.
Allein auch der angeblich neue Donaulauf gefährdete wiederholt die Ufer auf das schwerste. Der berühmte 73. Abt Joszio Hamberger aus München (1700 bis 1739), der zur Jahrtausendfeier seiner Abtei im Jahre 1731 Stiftskirche und Klosteranlage vollkommen erneuern und im Sinne des Barocks mit fürstlicher Pracht ausstatten hatte lassen, schuf neue große Dämme, die von den Zeitgenossen wegen der Großzügigkeit ihrer Anlage nicht wenig bestaunt wurden. Nach ihrer glücklichen Vollendung brachte Abt

Joszio marmorne Dank- und Gedenktafeln an diesen Wasserwehren an, die in lateinischer Sprache von seinem Werk Kunde gaben.
Eine der Tafeln redete so:
> Was für gewaltige Mühsal es war, die Wildflut zu zwingen,
> Kannst du hier schaun!
> Doch nein! Nimmer vermagst du es ganz!
> Der weitum rasenden Donau hat durch einen Wall von
> Felsen und Stämmen Joszio, Abt von Altach,
> Einen Zügel aufgezwängt:
> Und so hat er mählich das dazwischenliegende
> Land seinem Kloster zurückgewonnen
> Im Jahre des Herrn 1705.

Die andere Tafel meldete:
> Dies Werk,
> Vor fünfzehn Jahren mit großem Mute begonnen,
> Hat mit noch größerem Glücke und größten Opfern, für die auch
> Der Landesherr selbst sein Scherflein gnädigst beizusteuern
> geruhte,
> Wider vieler Erwarten und nach dem Herzenswunsch aller glücklich vollendet
> Joszio, Abt von Altach
> Im Jahre des Herrn 1714.

Leider sind die Steintafeln längst vom Erdboden verschwunden. Heute schirmen neue und mächtigere Dämme, Kanäle und Pumpwerke die Altacher Fluren. Allein auch sie vermögen es nicht, jeglichen Wasserschaden zu verhüten. Darum ruft auch in unserer Gegenwart Altachs Abt gleich seinen Vorgängern am Prangertag den Segen des Himmels auf die Fluten der Donau herab.
Nach dem prunkvollen Pontifikalamt in der Basilika bewegt sich die riesenhafte bunte Prozession des Fronleichnamstages durch die weitläufige und feiertäglich stille Dorfschaft zum Gestade der Donau. Festlich schallen die Glocken von den Türmen des päpstlichen Münsters; Trompeter, Kirchenchor und Sängerknaben loben in jubelnden Hymnen den Herrn in Brotsgestalt; dröhnende

Böllerschüsse tun hohe Freude kund. Riesige Sechsmännerfahnen bauschen sich im Morgenlüftchen und lassen verblichenen Damast aufleuchten; kostbares Gerät funkelt; wertvolle kirchliche Gewänder, dem ausgehenden Mittelalter, den Barock- und Rokokozeiten entstammend, legen Gold, Silber und Seidenblumen um die Schultern des Abtes und seiner Mönche.
Unterm rotgoldenen Traghimmel schreitet langsam Altachs achtzigster Abt, Dr. Gislarius Stieber (1891 bis 1956), die kränzleinumschlungene Monstranz in seinen Händen haltend. Die Mönche seines Hauses geleiten ihn auf dem Triumphzug des Heilandes. In reicher bäuerlicher Zier prangen die Häuser des Dorfes, alte Bildwerke stehen an den Fenstern, Fahnen wehen von allen Giebeln, Pfingstrosen glühen in den sommerlichen Gärten, Gottes Friede liegt über jeglicher Heimstatt. Alles Volk nimmt teil an dem großen Umgang; kein müßiger Gaffer steht an den blumen- und grasbestreuten Wegen. Mütter tragen ihre Allerkleinsten auf den Armen und weisen die größeren ihrer Kinder an den Händen; denn es ist ein uralter Trostglaube hier: Kinder, die an der Prozession des Prangertages teilnehmen, können in den Fluten der Donau nicht ertrinken.
Unter schattigen Kastanienbäumen, an würdevollen alten Barockhäusern, erbaut in glanzvollen Klosterzeiten, stehen die Prozessionsaltäre und stellen Kostbarkeiten zur Schau, die das ganze Jahr über in den königlichen Schränken der berühmten Sakristei verborgen waren. Vor jeder Haustür grünen die Prangerstauden.
Man denkt vielleicht zurück an jene merkwürdige Fronleichnamsprozession, die Altach vor mehr als zwei Jahrhunderten, zur Zeit des Österreichischen Erbfolgekrieges, erlebt hat. Damals hat unsere Heimat und ganz besonders unser Klosterort schwer gelitten. Die Kriegführenden, die Bayern und die Franzosen einerseits und die Österreicher mit den Ungarn und den gefürchteten Panduren andererseits, lagen jahrelang in Abtei, Hofmark und Umgebung. Es war am Prangertag 1742, als die Franzosen Herren in Altach waren. Ihretwegen konnte die große Prozession nicht in gewohnter Weise gehalten werden. Man mußte sie auf das Bereich innerhalb der Klostermauern beschränken. Der Oberste Feldherr der

Franzosen, General Herzog de Harcourt, hatte für seine Tafel Silbergeschirr im Gewicht von 1500 Pfund mitgebracht. Aus den schönsten Stücken und mit seinen Tafelleuchtern ließ er im Klosterhof einen prunkvollen Altar aufbauen. Mit mehr als zweihundert Offizieren beteiligte er sich an dem Umgang. Wie der Klosterchronist berichtet, schritten sie mit zu Boden geschlagenen Augen eines Büßers einher. Die meisten von ihnen trugen mit beiden Händen brennende Kerzen und knieten sich beim Segen nicht auf die Schemel, sondern auf die bloße Erde. Zwei Regimenter mußten paradieren, ein Zug Tambours schlug den Marsch.
Das erste Evangelium ist gesungen. Nun langt man an der Donaufähre an, die seit vielen Jahrhunderten Gäu und Wald verbindet. Schon harrt die reichgeschmückte Fähre des göttlichen Gastes. Auch auf ihr ist ein Altar aufgebaut. Abt und Konvent, Ministranten und Kirchenchor, Musikanten und Fahnenträger betreten das Fahrzeug. Der Fährmann stößt vom Land ab. Langsam gleitet die Fähre auf den Wogen der Donau dahin, dem andern Ufer zustrebend, indes das Volk ruhig am kiesigen Gestade verharrt. Immer ferner erklingen Gesang und Musik. Mitten auf dem Strom wird das zweite Evangelium gebetet und gesungen.
Die Fähre macht am jenseitigen Ufer kehrt und gleitet wieder langsam dem heimatlichen Gestade zu. Da, wieder mitten auf dem Strom, erhebt der Abt die güldene Monstranz und betet:
»Benedictio Dei omnipotentis, Patris et Filii et Spiritus sancti, descendat super vos et super flumen Danubium et maneat semper!«
Der Abt beschwört also den Himmel, daß der Segen des allmächtigen und dreieinigen Gottes herabkommen möge auf uns und auf den Fluß Danubius, die Donau, und immerdar hier verweilen.
Nun setzen die Trompeten ein und spielen eine Hymne über den Wassern. Die Weise breitet sich über die ununterbrochen dahinwallenden Fluten aus und dringt hinweg über die Ufer in die Herzen der Beter und weit hinein ins stille frühsommerliche Land. Dann beginnen die Singknaben ihr Lied zu Ehren Gottes in der Monstranz. Sicher gleitet das heute so begnadete Schiff wieder dem Ufer zu.

So erlebte ich den Wassersegen zu Niederalteich das letzte Mal 1934. Seither wird der Brauch wieder wie früher gehalten: Die Donau wird wieder gesegnet vom diesseitigen Ufer oder von der am Ufer liegenden Fähre aus.

## Graf Preysing von Moos
### reitet am Sonnwendabend auf die Saldenburg

Die vielbesungene Saldenburg, die wälderumschlungene einsame und trutzige »Waldlaterne«, befand sich von 1667 bis 1826 im Besitz der Grafen von Preysing auf Schloß Moos, gehörte aber nicht zum Familienbesitz, zum Fideikommiß, sondern war persönliches Eigentum des jeweiligen Majoratsherrn, also Allod. Die Preysing, eine der ältesten und verdientesten Adelsfamilien Bayerns, die sich urkundlich seit 1100 nachweisen lassen, erwarben die heruntergekommene Burg des »Ritter Allein« aus der Gant, ließen sie wieder würdig instand setzen und teilweise neu ausstatten.

Der letzte Preysing auf Saldenburg, von dem nachstehend mehr erzählt werden wird, vermachte 1826 das Schloßgut zu Saldenburg, zu dem auch die niedere Gerichtsbarkeit gehörte, seinem Firmpaten, dem Oberleutnant und Kammerjunker Kaspar Freiherrn von Berchem. Die Preysing, die vielfach mehrere höhere und niedere Staatsstellen gleichzeitig bekleideten und durch die Verwaltung ihres großen Fideikommißgutes sehr in Anspruch genommen waren, bewohnten die Saldenburg nicht. Sie ließen den Besitz durch Beamte und Angestellte verwalten.

Unter den alten Saldenburger Urkunden, die nunmehr glücklich im Staatsarchiv auf der Trausnitz bei Landshut verwahrt werden, entdeckte ich vor Jahren an einem stillen Sommernachmittag einen reizvollen Brief, der mich die Gegenwart vergessen und ein romantisches Bild aus längst verklungenen Zeiten vor mir aufsteigen ließ: Der Herr Graf von Preysing auf Schloß Moos macht am Spätnachmittag des Johannistages im Jahre 1788 einen Ritt von seinem Edelsitz zwischen Isar und Donau zur Saldenburg im Waldgebirge.

Der Schreiber des anheimelnden Briefes ist Graf Kaspar II., der 1748 geboren wurde und 1767 die ausgedehnte Herrschaft Moos mit ihren zahlreichen Nebengütern übernahm. Er starb 1836 im

hohen Alter von 88 Jahren und fand seine Ruhestätte in der Gruft seiner Ahnen zu Isarhofen. Seine Zeitgenossen schätzten den trefflichen Mann als erstklassigen Wirtschafter, berühmten Pferdezüchter und großen Freund des edlen Waidwerks. In seiner Hand vereinigte er mehrere hohe Staatsämter. Sein Fürst belohnte ihn mit Ehrenstellen und Auszeichnungen.
Der leutselige und schlichte Edelmann huldigte gern froher Geselligkeit und den Freuden der heimatlichen Natur. Mehrmals fuhr er in lustiger Gesellschaft unter Musikklängen auf der Donau nach Vilshofen. Nach getanem Tagewerk suchte er Entspannung und Aufheiterung durch Kegelschieben und Kartenspiel. Oftmals verbrachte er ein paar schöne Ruhetage auf der stillen Saldenburg, die er wegen der guten Luft ihrer Wälder und der prachtvollen Aussicht besonders liebte. Einmal ließ er zwei Dutzend Spielkarten und allerlei leckere Dinge auf die Saldenburg bringen: Hendeln, Zucker, Kaffee, damals eine große Rarität, Biskotten (Zwieback), Rosoglio (Likör), einstmals bei uns sehr beliebt, und

vieles andere. Die Teiche und die klaren Waldbäche der Saldenburger Herrschaft lieferten für den Mooser Schloßhaushalt Aale, Äschen, Forellen und schöne Krebse.

Graf Kaspar II., damals 40 Jahre alt, ließ sich auf seinem Sonnwendritt von seinem um zwölf Jahre jüngeren Bruder begleiten, dem Major Graf Max von Preysing (1760 bis 1836) und nachmaligen berühmten Reitergeneral, der seinen Bruder nur um 23 Tage überlebte und Erbe der Herrschaft Moos wurde. Da auch er kinderlos war, erlosch mit ihm die ältere Linie der Preysing zu Moos, auf die nun ein neuer Zweig des uralten Geschlechts folgte, die Grafen von Preysing-Lichtenegg-Moos, die noch heute, heimatverwachsen wie kaum eine andere bayerische Familie, auf Moos sitzen, das sich seit nahezu 400 Jahren, seit 1568, im Besitz angesehener und verdienter Preysing befindet.

Graf Max von Preysing nimmt eine hervorragende Stellung in der bayerischen Kriegsgeschichte ein. Von Malta aus zog der tapfere Kriegsheld gegen algerische und tunesische Seeräuber. Größten Ruhm erwarb er sich im russischen Feldzug 1812 und namentlich beim weltgeschichtlich bedeutsamen Übergang über die Beresina. Nach ihm führten vier Fronten der Festung Ingolstadt den Namen »Max Preysing«.

Nun aber soll der alte Brief selber zu uns reden. Er ist an den Verwalter der Saldenburg gerichtet, der den Auftrag erhielt, alles Notwendige für den Besuch seines Herrn und seiner Begleitung vorzubereiten. Angenehm berührt in dem Schreiben der herzliche und herablassende Ton des hohen Schreibers und dessen Fürsorge für seine Bedienten. Wie anspruchslos sein Bruder, der Major Graf Max, war, erhellt aus der Anweisung, für ihn lediglich ein Strohlager herzurichten. Der Ritt des Grafen und seiner Begleitung ging nach Überquerung der Donau über Hengersberg und dann wohl auf den echt romantischen Pfaden über Schöllnach, Ranfels und Thurmannsbang nach Saldenburg, dem geliebten Zufluchtsort des Vielbeschäftigten. Nach glücklicher Ankunft auf dem Waldschloß in später Abendstunde mag der kleinen Reisegesellschaft ein herrlicher Blick den stundenweiten Ritt würdig gelohnt haben: Ringsum im Kranz der Wälder und Berge der »Waldlaterne« er-

glühten und loderten ungezählte Sonnwendfeuer der heimatbrauchtreuen Bewohner des unteren Bayerischen Waldes. Entzückt und beglückt werden die gräflichen Brüder, an einem der Fenster des hochragenden Schlosses stehend, den bezaubernden Anblick in der stillen feierlichen Mittsommernacht genossen haben.
Es mag damals im Dreiburgenland um Johanni gewesen sein wie in den Tagen meiner Kindheit. Da brockten wir an sonnigen Hängen das heilbringende und unheilbannende Johanniskraut und steckten an jegliches Fenster des Hauses zwei der goldfarbigen Blumen zur Abwehr des Blitzes. Überall in den Höfen hat man aus Schmalz die Krapfen und Hollerküchel gebacken, und tagsüber sammelten wir Buben für das Sonnwendfeuer Kranzelstauden, aufbewahrt vom Prangertag her, Reisig und anderes Holz. Wir schleppten es hinauf auf den Blümersberg, wo wir dann abends das große Feuer abbrannten, daß es wieder weit, weit hinausleuchtete ins Waldland und ungezählte andere Bergfeuer grüßte. So war es eine Kleinigkeit, achtzehn von ihnen zu zählen, damit man ja nicht sterben müsse im kommenden Jahr.
Der alte Sonnwendbrief des Herrn Grafen Preysing von Moos aber lautet so:

Moos, den 22. Juny 1788.
Lieber Verwalter!
Durch diesen Eigenen will ich ihme vernachrichten, daß ich künftigen Dienstag den 24sten Juny abends zu Saldenburg mit 4 Reittpferd nebst meinem Bruder einzutreffen gedencke.
Mein Bruder begnügt sich mit Stroh, folgsam darf Er wegen einem Bett unbekümmert seyn. Den Wein werde ich selbsten mitnehmen.
Er hat um nichts zu sehen, wie auf 2 Mittag zeiten um ein gutes Rindfleisch, und Kälbernen Bratten, auch um acht Händel; das ist alles, was wir brauchen. Um ein Küzel (Kitzel) kann er auch umsehen. Um ½ neun Uhr abends will ich etwas speissen bey ihme am Johannis-Tage, dann mein Brueder. Dann ist auch mit Fleisch vor meinen Reittknecht und Bedienten anzutragen. Mohntag abends soll ein Kahren (Karren) mit ein Pferd zu Hengersberg seyn, damit dieser um 3 Uhr früh meine wenige Bagage den fol-

genden Tag nemlich am Johannstag nach der Saldenburg in der Kühle hineinbringen kann.

Auch solle reittender ein ambtmann (Gerichtsdiener) zu Hengersperg um 3 Uhr Nachmittag am Johannstag auf mich in Erwartung stehen, der mich den besten Weg zu führen hat. Ich freye mich, ihme zu sehen. Mach Er underdessen vor allen Vorfallenheiten seine Notata, damit ich diese berichtigen kann, der ich unter Göttl. Obhut bin. Meinem lieben Verwalter dienstbereiter

Graf Preysing

# Büchelsteinerfest und Büchelsteinerfleisch

Bekanntlich soll der Champagnerwein dort, wo er wächst, am besten sein. Von dem Büchelsteinerfleisch, kurzweg Büchelsteiner genannt, das man in allen deutschen Landen kennt, erwartet man, daß man es nirgends so gut verabreicht bekäme als in seiner Heimat im Bayerischen Wald, genauer gesagt im Sonnenwald, der zwischen Deggendorf und Grafenau eine stattliche Berggruppe bildet. Der Sonnenwald erreicht seine höchste Höhe im Büchelstein (832 Meter) und im Brotjackelriegel (1017 Meter), eigentlich Breiter Jägerriegel, früher allgemein Daxstein geheißen.
Das Büchelsteiner gehört seit jeher zum weitbekannten und gern besuchten Büchelsteinerfest, das alljählich in Friedenszeiten an zwei Tagen, Sonntag und Montag, Ende Juli oder anfangs August abgehalten wird und jeweils eine Riesenmenge von Gästen auf dem Büchelstein versammelt. Das Fest konnte 1939 seine Hundertjahrfeier begehen und wurde angeregt von dem Grafenauer Landrichter Jakob Strelin, der mit seiner Juristenseele eine warmherzige und naturfreudige Gemütsart zu paaren wußte. In jener Zeit überstrenger Landrichterherrlichkeit fürwahr eine Seltenheit!
Strelin lud 1839 erstmals Beamte, Forstleute, Geistliche, Lehrer und andere naturfreudige Bewohner der Umgebung zu einem gemütlichen zwang- und reklamelosen Zusammensein auf dem waldumrauschten Berggipfel des Büchelsteines für den 17. Juni ein, dem Tag des hl. Benno. Man versammelte sich auf der lichten Waldwiese und den sagenumwobenen riesenhaften Granitplatten des Berghauptes und huldigte bei frischem Trunk, den der Wirt von Grattersdorf lieferte, nahrhafter Atzung, Sang und Klang in schlichter Biedermeierart den Freuden und Schönheiten sommerlicher Waldnatur, edler Geselligkeit und schwärmerischer Freundschaft. Der Gründer des Festes stiftete für das Fest ein Gedenkbuch, das er mit einem anspruchslosen, aber poetisch durchglühten

Lobgesang auf den Büchelstein und sein Fest eröffnete. Wie zeitgenössische Aufschreibungen melden, war das Fest um 1860 herum schon wieder in Vergessenheit geraten. Es hatte wohl den Reiz der Neuheit und damit seine Anziehungskraft verloren, zumal auch sein Urheber nicht mehr am Leben war.

Als dann später am Südhang des Berges, auf dem Kerschbaum, eine beliebte Gaststätte und Sommerfrische entstand, wurde das Fest zu neuem Leben erweckt. 1879 beging man dann die Vierzigjahrfeier des Bergfestes bei herrlichstem Wetter und »fescher Musik« mit freudiger Begeisterung. Schon in diesem Jahr wird es als herkömmlich bezeichnet, daß mit dem Fest das Freilichtkochen jener waldlerischen Götterspeise verbunden war, die man bündig Büchelsteiner heißt.

Das Büchelsteinerfest unseres Zeitalters wurde zum Doppelfest, das sich gleichzeitig im Gasthaus zum Kerschbaum und droben am Berggipfel abspielte. Die ursprüngliche schlichte Geselligkeit wurde nunmehr durch allerlei laute Veranstaltungen verdrängt. Der Rummel trat an die Stelle stillfrohen Genusses der sommerlichen Waldherrlichkeit und trauten Verweilens im engen Kreise. Das Fest wuchs sich allmählich zu einer Art Jahrmarkt aus, der von Zweck und Wesen seiner Anfänge kaum mehr etwas ahnen läßt.

Vor mehreren Jahrzehnten entstand am Büchelsteinerfest ein Nebenbuhler im »Pichelsteinerfest« der unweit vom Büchlstein gelegenen kleinen Waldstadt Regen, das alljährlich mit heftiger Werbung als »Heimatfest« aufgezogen wird. Über den wunderlichen Kleinkrieg, der sich zwischen den Veranstaltern und Trägern beider Feste entfachte und sogar in die Amtsstuben einbrach, breiten wir gerne den sanften Mantel des Schweigens.

Doch sei hier jene Mär angefügt, die in jüngster Zeit ein braver Regener erfunden hat, um seiner Stadt das Erstgeburtsrecht am Büchelsteiner zu sichern. Durch Rundfunk und eine große Münchener Zeitung wurde diese Mär verbreitet. Man höre und staune! Anno 1742 ist der böse Franz von der Trenck mit seinen gänzlich ausgehungerten Panduren nach Regen gekommen und hat den nahen Wieshof überfallen. Die gefürchtete Truppe gebot der erschrockenen Bäuerin: »Wenn du uns nicht sofort Gutes und Reichliches zu essen herrichtest, stecken wir deinen Hof in Brand!« Aber auf dem noblen Hof waren auch alle Vorräte aufgezehrt, denn man stak mitten im heimsuchungsreichen Österreichischen Erbfolgekrieg. In ihrer Not und Angst klaubt die Hausmutter alle Fleischüberreste zusammen, vermengt sie mit Kartoffeln und Grünzeug, gibt Fett dazu und kocht diesen Mischmasch nach bestem Können. Die Panduren sind entzückt von dem Gericht, essen sich satt und verlassen den Wieshof, um anderswo zu plündern, zu erschrecken und zu morden. Woher nun aber der Name »Pichelsteiner« für dieses Essen? Die erfundene Sage wagt sich an die erheiternde Behauptung, daß man den Kochtopf einst »Pichel« genannt habe und dieses Gefäß auf einem Stein gestanden sei. Mit zauberischem Hokuspokus waren also unser Büchelsteiner und sein Name erfunden! Der Aufbringer der Sage hat auch übersehen, daß die Kartoffeln erst Ende des 18. Jahrhunderts bei uns eingeführt worden sind.

Regelmäßig wie die Schwalben im Frühjahr kehrte früher allsommerlich in kleinen und großen Tageszeitungen jene andere überdrüssig gewordene Sage wieder, die angeblich zuverlässig die Entstehung des Büchelsteiners berichten konnte. Sie erzählte: In fernen Zeiten kommt ein hundsmüder Wandersmann nach Grattersdorf am Sonnenwald und verlangt ein Abendessen. Die gute Wirtin hat nichts mehr übrig als allerhand Fleischreste, Erdäpfel und mancherlei Grünzeug, das, als Viehfutter bestimmt, in einen Tiegel gegeben war. Angesichts seines Riesenhungers erklärt der weitgewanderte Fremdling, er würde gern mit diesen Abfällen vorliebnehmen, wenn sie die Wirtin nur tüchtig mit Fett versehen und brav garkochen möchte. Die Wirtin tut es. Und siehe da! Hier haben wir sozusagen die Uraufführung des Büchelsteiners! Durch Zufall war ein köstliches Gericht entstanden, das dem Zugereisten trefflich schmeckte, bald in weiteren Kreisen bekannt wurde und sich als »Büchelsteiner« allmählich alle Welt eroberte.

Die Sage werde aber nun durch die Wirklichkeit berichtigt! Das Büchelsteiner entsprang der Kochkunst einer gescheiten und ausgezeichneten Waldlerwirtin von altem Schrot und Korn, der ehrenwerten Frau Auguste Winkler, geborene von Kiesling, die von dem noblen Amthof zu Kirchberg stammte, der einst Verwaltungshof und Brauereigut der Abtei Niederalteich war und seit 1803 herrengutmäßiger Privatbesitz ist. Die Kiesling gehörten mit den Poschingern, Hilzen und Hafenbrädln zu jenen heimatlichen Adelsgeschlechtern, die einst im Wirtschaftsleben des Waldes die erste Rolle spielten und noch heute in einigen Zweigen blühen. Adelige Kiesling haben noch heute den schönen Gasthof, ehemals Brauerei, am oberen Teil des Stadtplatzes zu Deggendorf inne.

Der Winklerwirt von Grattersdorf (heute Gasthaus Altmann) versorgte die Teilnehmer des noch jugendlichen Büchelsteinerfestes mit den nötigen Biermengen und Proviant. Weil nun die trinkfesten, oft von weit her gewanderten Männer statt der üblichen kalten Küche häufig warme Speisen verlangten, ersann unsere tüchtige junge Wirtin ein neues Gericht, das im Wirtshaus herunten vorgerichtet und dann oben auf dem Berg gargekocht wurde. Am Tag vor dem Fest vermischte sie dreierlei Fleisch, alles in kleine Würfel zerschnitten, mit Fett, reichlich Grünzeug, Erdäpfeln und scharfen Gewürzen. In gutschließenden Kasserolen oder Schmortiegeln wurde dann am nächsten Morgen die Mischung auf beschwerlichen Steinpfaden auf den Büchelstein verbracht, wo die Festteilnehmer das Essen über kleinen Feuern fertigkochten. Das schmackhafte, männerwürdige Gericht erntete jedesmal den begeisterten Beifall der Naturfreunde, die alle keine Kostverächter waren. Jedes Jahr mußte das »Büchelsteiner« neuerdings aufgetischt werden. Es wurde zum unerläßlichen Bestandteil der Festfreuden und zum Lockmittel für die ganze Gegend. Schließlich hat man diese neue Kost auch zu anderen Zeiten verlangt und zubereitet, bis dann das Büchelsteiner begann, seinen Siegeszug in die weite Welt anzutreten.

Es eroberte sich die Gunst aller Kochkünstlerinnen und Köche und die Liebe aller Esser, so daß es nunmehr in allen Kochbüchern und auf allen Speisekarten anzutreffen ist, freilich unter recht unterschiedlichen Bezeichnungen: als Pichelsteiner (so nannte man

das Gericht noch 1879), als Pickelsteiner (wohl unter Anglei-
chung an das englische Mixed Pickles) und Büchelsteiner, was
die rechte und bodenständige Schreibweise für diese Götterspeise
ist. Das Büchelsteiner soll auch Bismarcks Leibgericht gewesen
sein.

An die geistige Mutter dieses trefflichen Gerichtes erinnert ihre
wappengeschmückte Grabplatte an der Kirchenmauer zu Grattersdorf, darauf die Brave als »hochwohlgeboren« und »gewesene
Gast- und Tavernwirthin« bezeichnet wird, die 1871 im 48. Jahre
ihres Lebens gestorben ist. Unter die Grabschrift schrieb jemand
mit dickem Zimmermannsbleistift die Worte: »Ihr verdanken
wir das Büchelsteiner-Fleisch.« Sicher schließen sich diesem Dank
gern alle an, die je einmal wohlgeratenes Büchelsteiner aufgetischt bekommen haben.

Zum Schluß erteilen wir noch das Wort dem biederen Grafenauer
Landrichter Strelin und hören einen Teil des poetischen Will-
kommgrußes, womit er das von ihm gestiftete Gedenkbuch eröffnete:

»Willkommen uns, wer unserem frohen Kreise
Sich freundlich naht und heiteren Sinn verspricht
Und gern mit uns auf unseres Lebens Reise
Am Wege hier ein Freudenblümlein bricht,
Der Maaß und Ziel mit lautem Jubel paart
Und treu den Freund in treuer Brust bewahrt!
Der Freund wird ihm ein freundlich Angedenken,
Nach Jahren noch, ist er auch ferne, schenken,
Weil süße Rückerinn'rung ihn entzückt,
Wenn dieses Buch sein theurer Name schmückt.«

# Mariä Himmelfahrt in Rohr

Wenn es hoher Sommer ist und Unsere Liebe Frau aus dem blumengefüllten Sarg zum Himmel auffährt, soll man eine Reise machen nach Rohr in der Hallertau, in eine stille bäuerliche Welt, die auf engem Raum gesättigt ist mit reifen Schöpfungen aller Kunstzeitalter und Erinnerungen an wichtige geschichtliche Ereignisse. Wiederholt hatte sich die Bevölkerung des behäbigen Marktes Rohr um Wiederbesiedlung ihres ehemaligen Augustiner-Chorherrnstiftes (1133 bis 1803) bemüht, bis nun durch das Verhängnis unserer Zeit ihre Klosterkirche, die wegen ihres Hochaltars Weltruf genießt, aufs neue Mönchen anvertraut werden konnte. Im Frühjahr 1946 bezogen einige Mönche der ausgesiedelten Benediktinerabtei Braunau in Böhmen unter Abt Dr. Dominikus Prokop die Gebäudereste des einst weitläufigen Klosterbaues. Mit Mut und Gottvertrauen gingen sie an das schwierige Werk der Einrichtung einer neuen Heimat. Im Sommer drauf, am Fest Mariä Himmelfahrt, hat dann die Pfarrei Rohr den Benediktinern einen herzhaften und begeisterten Einstand bereitet. Ich hatte das Glück, den Freudentag der altvertrauten Kunststätte miterleben zu dürfen.

Von 1717 bis 1722 wurde die schadhaft und unmodern gewordene alte Rohrer Stiftskirche unter Leitung des noch blutjungen bayerischen Baumeisters, Bildhauers und Stuckkünstlers Egid Quirin Asam (1692 bis 1739) nach römischen Vorbildern durch einen Neubau im Stil des fortgeschrittenen Barocks ersetzt und durch ihn auch mit prachtvoller Stuckeinrichtung und Stuckverzierung ausgestattet. Die geplanten Fresken seines gleich schöpferisch begabten Bruders Cosmas Damian Asam (1686 bis 1759), Maler und ebenfalls Baumeister, sind leider nicht zur Ausführung gekommen. Das Brüderpaar brachte das bayerische Barock zur höchsten Entfaltung. Ihre Leistungen stehen nach dem Urteil der Kunstgelehrten auf einem Blatt der Weltgeschichte der Kunst. Unser

Niederbayern birgt drei ihrer Hauptschöpfungen: in den Stiftskirchen zu Rohr, Weltenburg und Osterhofen-Damenstift. Fresken und Stuck zu Aldersbach sind gleichfalls Werke der Asam.
Das Äußere der Kirche zu Rohr, nahezu häßlich und abweisend, verrät nichts von der Pracht ihres Innenraumes, dessen Hochaltar dem Patrozinium der Kirche, der Himmelfahrt Mariä, geweiht ist. Er faßt Architektur, Stuck und Einrichtung zum rauschenden Schlußakkord zusammen und hat diesseits der Alpen wohl kaum seinesgleichen. Der riesenhafte Altarbau umschließt eine große Bühne, auf der sich das Wunder der mit Leib und Seele zum Himmel aufschwebenden hl. Maria in einer zwar erstarrten, aber doch ungeheuer lebendigen, theatralisch anmutenden Szene von überwältigender Wirkung begibt. Diese plastische Darstellung mit ihren ins Übermenschliche gesteigerten Stuckfiguren bildet einen Gipfelpunkt des bayerischen Rokokos, einen Höhepunkt an Kühnheit, die hart an die Grenzen des Zulässigen streift, aber doch noch Schönheit und kirchliche Würde wahrt.
Auf der Bühne erhebt sich ein mächtiger dunkler Sarkophag aus Stuckporphyr. Aus seinem verwaisten Innern leuchten goldene Rosen. Auf seinen Stufen stehen oder knien, strahlend weiß, die erstaunten, ergriffenen, überraschten Apostel in verzückter Haltung und reichster Bewegung. Ihre Blicke richten sich in den leeren Sarg oder hoch nach oben zur himmelfahrenden Gottesmutter. Hier schwebt sie, die Mittlerin aller Gnaden, angetan mit königlichen Prunkgewändern, getragen von zwei großen Engeln in wallenden Kleidern und mit rauschenden Goldfittichen, anscheinend vollkommen frei. Sie schwebt empor, entrückt dem Tal der Tränen und dem Grauen der Verwesung. Das ist nicht mehr die demütige Magd des Herrn, das ist schon die triumphierende Königin des Himmels und der Erde. Mit der einen Hand winkt sie der Erde ein flüchtiges Lebewohl zu, indes die andere schon freudig zum Thron der göttlichen Dreieinigkeit emporweist.
Alle Schwerkraft der Gruppe scheint aufgehoben zu sein. Man steht vor einem technischen Rätsel. Fast schreckt man davor zurück, es zu enthüllen: Drei verborgene Eisenstangen, durch die Fersen der Engel und Putten gehend, tragen die erstaunlich leichte

Gruppe, deren dünne Gipshülle mit Holzkohle und Stroh gefüllt ist. Die Figuren Mariens und der sie tragenden Engel heben sich, ganz in glänzendem Weiß und in Gold gehalten, wirkungsvoll von dem saftiggrünen Stuckvorhang ab, der zwischen den riesigen Säulen des absichtlich schlicht gehaltenen Altarbaues die Stelle des herkömmlichen Altarblattes einnimmt. Auch der Vorhang nimmt an der rauschenden und jubelnden Bewegung dieses himmlischen Barocktheaters teil. Eine Schar von fröhlichen Engeln und Putten hält eine weite Krone. Durch sie muß Maria zum Giebel des Altars emporschweben, wo die drei göttlichen Personen die glorreich Auffahrende erwarten, die nun gleich ihr ewiges Magnifikat anstimmen wird. Eine reizvoll modellierte Schar von Engeln und Putten, echtes Rokoko, schwebt hier auf schimmernden Wolken und ist umglänzt von goldenen Strahlen. Durch gelbe Fensterscheiben dringt mystisches Licht. Eine lateinische Inschrift in Goldbuchstaben am Deckengewölbe des Presbyteriums begrüßt die göttliche Jungfrau und Mutter also:

Einzige Taube, komm!
Empfange Deine dreifachen Würden!
Denn Du bist des Einigen und Dreieinigen
Tochter, Braut und Mutter!

Das ist das Mysterienspiel der Himmelfahrt Mariä zu Rohr. Da ward dem bayerischen Herzen des 18. Jahrhunderts, so sehr der Erde verhaftet und so leidenschaftlich über sie hinausstürmend ins Ewige, ins Paradiesische, der Himmel sichtbar und nahe. Hier haben wir ein Beispiel, freilich eines der allergrößten, von jenem ungeheuren Reichtum, womit kirchliche Kunstfreudigkeit, klösterlicher Opferwille und Stolz im Verein mit größten Meistern des letzten Kulturzeitalters unser Land, auch unser Niederbayern, so sehr gesegnet, geschmückt und bereichert haben. Mit einer Fülle und Schönheit, von der wir Kinder eines »gnadenlosen Jahrhunderts« immer wieder dankbar und beglückt zehren dürfen und mit einem wahrhaften Reichtum, der mit den Stolz und Ruhm unserer bayerischen Heimat ausmacht. Heute erst recht, da so viele unserer bedeutenden Kunstdenkmäler dem Wahnsinn des letzten Krieges zum Opfer gefallen sind.

## Mais-Orte bei Regen

In der Umgebung von Regen finden wir auffallend viel Ortsnamen mit dem Grundwort Mais. Man kann hier von einem Mais-Nest sprechen. In mehreren Fällen geht dem Grundwort ein klangvoller altdeutscher Personenname voraus. Bei Bodenmais finden wir die kleine Ortschaft Mais. Den gleichen Namen tragen 13 weitere altbayerische Siedlungen, meistens Einöden und Weiler. Vor den Toren des gepriesenen Kurortes Meran in Norditalien, der bis 1919 zu Südtirol gehörte, liegt der bekannte Ort Mais. Vielen weiteren Ortsnamen in Altbayern und Österreich, also im baierischen Sprach- und Stammesgebiet, geht dem Grundwort Mais eines der Bestimmungsworte Bach, Berg, Hub, Steig, Tal oder Zell voraus.

Wir haben hier einen der baierischen Sprache eigentümlichen alten Ausdruck, der auf das althochdeutsche Wort meizan zurückgeht, d. h. schlagen, hauen, schneiden, reuten oder roden. Mais heißt Holzschlag und aber auch der Einschlag der Axt in den Baum, der Hieb. Das Wort Mais hängt mit unseren Wörtern Meißel und meißeln zusammen und müßte richtig Maiß oder Meiß geschrieben werden; denn das Volk spricht den Endlaut auffallend scharf.

Alle Mais-Orte sind durch Ausmaißen einer Stelle im Urwald zwecks Gewinnung von Acker- und Wiesenland und Siedlungsplätzen entstanden und haben die gleiche Entstehung wie die Reut-, Ried-, Roth- oder Rott- und Schlagorte. In Niederaltaich sagt man noch heute: »Wir gehen ins Holzmaißen«, d. h. ins Holzschlagen. Die Mais-Orte geben uns durch ihre Namen über Art und Zeit ihrer Entstehung Aufschluß.

Sie haben weder etwas zu tun mit den lästigen Mäusen und noch viel weniger mit der Futterpflanze Mais, dem Kukuruz. Deshalb ist es abwegig und irreführend, wenn noch heute in Bischofsmais behauptet wird und sogar gelehrt wurde: In Bischofsmais haben die Bischöfe zuerst Mais gebaut! Vor 900 Jahren, als die

hiesige Gegend besiedelt wurde, wußte man in deutschen Landen noch nichts vom Mais. Schon der nicht genug zu preisende alte Sprachforscher Johann Andreas Alois Schmeller (1785 bis 1852), ein Sohn der Oberpfalz, hat in seinem berühmten Bayerischen Wörterbuch (4 Bände, 1827 bis 1837) den Namen der Mais-Orte ein für allemal zuverlässig erläutert.

Die Mais-Orte um Regen stammen wohl durchwegs aus der ersten Kolonisations- und Siedlungszeit des Gebietes, also aus dem 11. Jahrhundert. Somit kann ihnen ein Alter von rund 900 Jahren zugemessen werden und sind sie um rund 500 Jahre jünger als die echten Ing-Orte, die bei der Landnahme unserer Heimat durch die Baiwaren bald nach dem Jahre 500 entstanden sind. Je mehr man sich dem Böhmerwald nähert, desto seltener werden die Ing-

Orte. In der Gegend von Regen findet sich nur ein Ing-Ort, Klessing bei Rinchnach, das vermutlich kein echter Ing-Ort ist.
Die Welt am Regen ist noch heute ein Reich ehrfurchterweckender weiter Wälder. Vor 40 Jahren umfaßte das Bezirksamt Regen unter rund 56 000 Tagwerk nutzbaren Bodens allein 36 000 Tagwerk Waldungen. Noch heute ist dort der ewige Wald Herrscher. Das Gebiet blieb lange Zeit der menschlichen Siedlung verschlossen. Die mühe- und opferreiche Erschließung der Gegend für die Kultur ist eines der ganz großen Verdienste der Rodungsmönche von Niederaltaich und Metten. Im 11. Jahrhundert setzte hier die planmäßige Erschließung des Urwaldgebietes ein. Sie dauerte bis ins 13. Jahrhundert hinein.
Der älteste und wichtigste Rodungsmittelpunkt ist Rinchnach, wo sich 1011 der große Kolonisator und Apostel des Waldgebirgs, St. Gunther, schlichter Mönch geworden in vorgerückten Jahren und fürstlichen Geblütes, nach einem bewegten Leben niederließ. Er ist der älteste dem Namen nach bekannte Bewohner des Waldlandes. Im hohen Alter von 90 Jahren starb der auch in vaterländischer Hinsicht reichverdiente Mann bei Gutwasser im Böhmerwald. 1029 hatte ihm Kaiser Konrad II. ein urkundlich genau festgelegtes Waldgebiet bei Regen geschenkt, das nunmehr mit bewundernswerter Hingabe, unbeugsamer Tatkraft und weiser Voraussicht zugänglich gemacht und kultiviert wurde. Zur wirtschaftlichen Aufgabe trat die hochwichtige staatspolitische: die friedliche Aufbauarbeit Baierns mußte durch Schaffung eines staatstreuen und starken Grenzgebietes gegen den von jeher unruhigen Slawen gesichert werden.
Die klösterlichen Kulturpioniere lockten freie und halbfreie Bauern aus schon dichtbesiedelten Gegenden an, tatkräftige unternehmende Männer, die gewillt waren, sich selbständig zu machen und für sich, Kinder und Kindeskinder in entsagungsvoller Arbeit Flur und Hof und dauernde Heimat zu gewinnen. Das große Ausmaißen der gefürchteten Urwälder setzte ein. Es entstanden die ersten Gehöfte, einfache Behausungen, die sich allmählich zu Dörfern auswuchsen oder vielfach Einöden blieben bis auf den heutigen Tag. Mehrere dieser damals entstandenen Orte der aus-

gemaißten Waldlichtungen tragen noch heute den Namen des Mannes, der sie ins Dasein rief oder zuerst bewohnte.

Nun zu den einzelnen Mais-Orten! Der Vorrang gebührt dem stattlichen und bedeutsamen marktähnlichen Pfarrdorf Bodenmais, das anfänglich Pobenmais hieß und die Gründung eines Pobo oder Pabo ist. In Bodenmais gab es schon 1364 Eisenwerke. 1522 wurde der betriebsame Ort zur gefreiten Bergstatt (nicht aber Bergstadt!) erhoben, wodurch ihm wegen seines wichtigen Bergbaues mancherlei Vorrechte zugebilligt waren.

Die Bischöfe von Passau besaßen in früher Zeit in unserer Gegend große Waldungen, die von Seebach bis an den Regen reichten. Die geistlichen Rodungsherren ließen nun, wohl auch im 11. Jahrhundert, jenen Platz ausmaißen, der heute das schön zwischen weiten Wäldern und einsamen Bergen gelegene Pfarrdorf Bischofsmais trägt. Urkundlich tritt uns der Ort erstmals 1136 entgegen, als Berthold von Piscolfesmaez (oder Bischofsmais) sich dem Kloster Oberalteich zu eigen gab. Er war vermutlich ein Adeliger.

Bischofsmais trägt heute seinen Namen mit doppeltem Recht. Denn dort wurde am 31. August 1894 Dr. Joseph Freundorfer geboren, seit 1949 Bischof von Augsburg. In seinem Elternhaus ist dieses Buch geschrieben worden.

Nahe bei Bischofsmais liegt Ritzmais, dessen Platz von einem Rizzo ausgemaißt wurde. Der Ort ist geschichtlich beachtenswert. Schon anfangs des 11. Jahrhunderts führte durch den größtenteils noch unkultivierten Urwald ein Handelsweg, der in Deggendorf begann und sich über Simmling, Haslach, Ruselabsatz, Ritzmais, Hochdorf, Langbruck, Weißenstein und Zwiesel bis nach Neuern in Böhmen erstreckte. Er war von großer Bedeutung für den Salzhandel nach Böhmen und diente den Säumerpferden, die die Frachten durch den 40 km langen Urwald führten. Zur Sicherung des Saumweges, der einer der Goldenen Steige war, dienten burgähnliche Anlagen, Burgställe und Rastplätze zum Übernachten der Säumer und ihrer Rosse. Solche Burgställe befanden sich unweit Hochdorf, wo sich noch heute Überreste wahrnehmen lassen, und zu Weißenstein, das sich später zur prächtigen Burg entwickelte. Die Inhaber der Burgställe und Halteplätze waren ver-

pflichtet, die Säumerzüge sicher durch den wilden Urwald zu geleiten und bei drohender Gefahr Lichtzeichen zu geben.
Zur Nachbarschaft von Bischofsmais gehören auch Dietrichsmais, das sein Entstehen einem Dietrich oder Diethart verdankt, und Hochdorf, das ursprünglich Diepoldsmais hieß. Hier hat ein Mann namens Diepold den Ort durch Ausmaißen des Waldes gegründet. An der Bundesstraße Deggendorf—Regen liegt unweit des einstigen Schlosses Au Reinhartsmais, das einen Reinhart als Gründer hat. 1285 unterzeichnete zu Aldersbach ein Otto von Reinhartsmais als Zeuge den Schenkungsbrief des im gleichen Jahre gestifteten Klosters Gotteszell. Er war vermutlich ein Angehöriger des niederen Adels.
Abgeschliffen ist der schöne altdeutsche Mannesname Adelhard in der letzten hierhergehörigen Ortsbezeichnung Allhartsmais, zwischen Kirchberg und Schöfweg und schon im Landkreis Deggendorf gelegen. Weil es einst Edelsitz war (hier saßen zuletzt die alten Waldgeschlechter der Herren von Kiesling und Hafenbrädl), ist es noch heute Sitz einer allerdings sehr kleinen Gemeinde. Sie zählt kaum 200 Seelen. Nach Allhartsmais verlegt der Volkswitz so manches lustige Finsinger Stücklein, darunter die sehr ergötzliche, freilich ziemlich unzarte Geschichte von der merkwürdigen Honiggrube, nach der ja niemand fragen soll, der nach Allhartsmais kommt.
Weitere Mais-Orte der Umgebung von Regen müssen auf den Namen ihres Urhebers verzichten: Oberneumais bei Regen, auch Sitz einer Gemeinde, Unterneumais bei Kirchberg und endlich Altenmais bei March, das schon zum Bezirk Viechtach gehört. Sie alle wollen uns sagen, daß hinter oft gedankenlos ausgesprochenen Ortsnamen ein gewaltiges und ehrenwertes Stück alter menschlicher Kulturarbeit steckt, deren Segen seit Jahrhunderten von Geschlecht zu Geschlecht achtlos genossen wird.
Das amtliche Ortsbuch von Bayern (1932) verzeichnet 14 Orte »Mais«, durchwegs sehr kleine Siedlungen und alle in Ober- und Niederbayern gelegen, dazu weitere 29 Orte, die mit »Mais« oder »Maisen« beginnen. Das Buch führt über 53 000 Ortsnamen auf. Wie viele davon mit »mais« enden, wurde nicht festgestellt.

# Hirmonhopfen und Hirmonkirwa

Was tun heiratslustige wäldlerische Mädchen, wenn sie keinen Hochzeiter auftreiben können? Sie machen eine Wallfahrt nach St. Hermann bei Bischofsmais und hopsen dort den Hirmon. Der heilige »Sonderbeauftragte« für Herzensnöte gibt gern Auskunft und erfleht vom Himmel rechtes Eheglück. Wie kommt nun der hl. Einsiedler Hermann zu dem schwierigen Amt des Heiratsvermittlers, das er schon seit Jahrhunderten verwaltet? Das wissen nicht einmal die Gelehrten, die sich schon seit alter Zeit den Kopf darüber zerbrechen. Viel weniger unsereins.

Such mich also auf, liebes Mädchen, und ich führ auch dich hinaus zum Heiligtum des Hirmon, der berühmtesten und wohl auch ältesten Wallfahrt des Waldgebirgs! Dort findest du viel Schönes und Erbauliches. Da haben wir die hölzerne Einsiedeleikapelle mit der angeblichen Zelle des Heiligen, beides von St. Hermann, einem Niederalteicher Mönch und Laienbruder, im Jahre 1322 errichtet und im 17. Jahrhundert stilvoll erneuert. Da hat St. Hermann eine Zeitlang als Klausner und großer Guttäter des Waldvolkes gelebt, hochverehrt wegen seiner Wunderkraft und der Gabe der Weissagung. Er hat sich aber bald in das damals noch ganz unwirtliche Rachelgebirge zurückgezogen, wo er das heutige große Glashüttendorf Frauenau gegründet hat und 1326 starb.

Über der Heilquelle, die St. Hermann auf wunderbare Weise dem Boden entlockt haben soll, entstand neben seiner Klause 1611 die rassige Rund- und Brunnenkapelle im Mischstil von sehr verspäteter Gotik und Renaissance. Als nach der Notzeit des Dreißigjährigen Krieges der Zudrang der Wallfahrer immer stärker wurde, erbaute man 1656 die große barocke Wallfahrtskirche. In allen Bauwerken erfreuen dich künstlerisch und volkskundlich bedeutsame Schnitzwerke und Bilder aus der gotischen Zeit, dem Barock und dem Rokoko. Stunden müßten wir aufwenden, um allein die Hunderte von köstlichen alten Votivtafeln und die vielen anderen Opfergaben, darunter viele Hunderte von hölzernen Gliedmaßen, zu studieren, die die Wände der Einsiedeleikapelle über und über bedecken. Und wie wundersam umschließt die reine Gottesnatur das einsame Heiligtum mit Bach und Baum, Wiesen und Feldern, Hochwald und kühnen Bergriegeln!

Der Sommer, in dem hier jede Woche die hl. Messe gefeiert wird, bringt dem Hirmon, so heißt unser Volk den Heiligen und auch seine Gnadenstätte, an den beiden Märtyrerfesten St. Laurentius (10. August) und St. Bartholomäus (24. August), denen die große Kirche geweiht ist, zweimal die berühmte Hirmonskirwa, wie man bei uns sagt. Da ist gute Gelegenheit zum weitbekannten Hirmonhopsen, und zwar jetzt in der Brunnenkapelle, in der heut die merkwürdige Holzfigur des Hirmon, die zum Hopsen dient, aufgestellt ist, während sie sonst ihr Quartier in einem engen Gitterschränkchen der Einsiedelei hat.

Dieser Hirmon, eine plumpe und auffällig schwere Figur, anscheinend im 17. Jahrhundert aus einer älteren umgearbeitet, zeigt den Heiligen im Meßkleid, in betender Haltung und ohne Füße. Der Volksglaube weist diesem Schnitzwerk eine zukunftenthüllende Bedeutung zu; namentlich gilt es als Heiratsorakel. Die Mädchen fassen die Figur mit beiden Händen und heben sie vorsichtig hoch. Neigt sich der Heilige auf die Hopserin zu, macht er ihr zu wissen, daß schon ein Hochzeiter in Aussicht stehe. Dann heißt es: »Er hat schon geknauckt!« Der Hirmon hat also genickt. Aber das Nicken fällt ihm heute schwer. Denn 1875, als man die ganze Wallfahrt mit viel Geld, aber nicht glücklich restauriert hat, hat man ihm statt des beweglichen alten Kopfes ein feststehendes Haupt aufgesetzt.

Der Ausdruck »Hirmonhopsen« ist längst in das Sprachgut des Waldlandes eingegangen. Überall weiß man von dem Brauch, der auch in einigen älteren und neueren Dichtungen geschildert ist. Im halben Waldgebirg und auch draußen im Gäu zwickt man Mädchen, deren Herzen sich gar zu einsam fühlen, auf: »Mußt halt den Hirmon hopsen!« Die Sitte erinnert an das bekannte Würdingerschutzen bei St. Leonhard in Aigen am Inn, an dem wir im Herbst teilnehmen werden. Hier wie dort liegt dem merkwürdigen Brauch der unbewußte Glaube zugrunde, daß sittliche Reinheit und damit ungeschmälerte Leibeskraft allein die Probe zu bestehen vermag.

Da und dort nannte man und nennt man noch heute das Hirmonhopsen auch Guntheri- oder Konterihopsen; denn hier in St. Hermann vermengt sich der Kult dieses Heiligen mit dem St. Gunthers, des großen Rodungsapostels, der hier 1011 an einer heidnischen Kultstätte das erste Kreuz aufgepflanzt haben soll. Dazu verehrt man hier einen dritten Niederalteicher Einsiedler, St. Degenhard, der sich 1344 auf der heutigen Zellwiese an dem Hang der hohen, windumtosten Oberbreitenau Klause und Kapelle erbaute und dort 1374 starb. Dieses Heiligtum wurde im Dreißigjährigen Krieg zerstört. Seine Feste und Sagen verbanden sich mit St. Hermann, dessen Aufschwung nun einsetzte. Es ist lobenswert, daß im Hirmonsland von jeher gern Büblein auf die schönen altdeutschen Namen unserer drei Heimatheiligen getauft werden.

Das Hirmonhopsen ist aber bloß ein Teil von den Dingen unserer Hirmonskirwa, die am Vorabend des Festtages anhebt und bis in den nächsten Abend dauert, während sie früher drei Tage währte. Vor dem Haupteingang zur mauerumfriedeten Wallfahrt liegt die große Festwiese mit den zwei stattlichen Bierhütten. Dort gibt es jeweils einen Jahrmarkt ganz großen Stils mit Krämerständen aller Art, Methütten, Schaukeln und Prater und anderen vergnüglichen Unternehmungen, früher auch Gurkenweiber, Schaubuden mit Sehenswürdigkeiten aus dem Menschen- und Tierreich, ganz früher sogar einen reichen Markt mit bäuerlichen Möbelstücken, damit sich die erhörte Hochzeiterin auch gleich ihren Kammertwagen aussuchen konnte. Da hat sich also unser Waldvolk im einsamen Hirmonsland ein kleines Paradies geschaffen, gemischt aus himmlischen und irdischen Freuden.

Wenn es unserer Kirwa zugeht, denkt jeder Bischofsmaiser heim, der in der Fremde sein Brot essen muß; wenn er auskann, nimmt er Urlaub; muß er fernbleiben, schreibt er seinen Leuten wenigstens und wünscht ihnen ein gutes Fest. Sogar Heimatvertriebene, die nach 1945 einige Zeit im Hermannsland gewohnt haben und jetzt in weiter Ferne ihr Brot verdienen, nehmen für diese Fest-

tage Urlaub. Nach dieser Kirwa berechnen unsere Leut ihr Jahr. Sie steht rot und mit erster Klaß im bäuerlichen Kalender. Und wie liebevoll wird dieses Fest noch heute geehrt und gefeiert! Jegliche Behausung ist festlich gescheuert. Geschlossen sind an den Haupttagen alle Werkstätten und Krämerläden. Sonntägig still ists dann auf allen Feldern und Wiesen und in den stundenweiten Forsten, wär die Arbeit auch noch so trabig. Wie anmutig ist dann das Bild, wenn am Kirchweihmorgen die Beterscharen auf sommerlich hellen Wegen und Gangsteigen ihrem lieben Hirmon zuwallen: herunter von der Tausendmeterhöhe der Oberbreitenau und vom Teufelstisch, herauf aus den Tälern und Mulden, heraus aus den Waldeinschichten und allen Dörfern. Alles in besten Kleidern und bester Stimmung, voraus die Kinder, denen heut die Eltern eine schöne »Kirwa« kaufen müssen, sonst wäre für die Buben und Dirndln der Festtag nur halb! Jedes Herz jubelt, wenn ihm die Kirchweihfahne vom Schindeltürmlein der großen Kirche entgegenlacht.

Schon am Vorabend sind von weit her Wallfahrer gekommen, namentlich aus dem Nachbarsbistum Regensburg, aus Deggendorf und aus den Gegenden von Ruhmannsfelden, Viechtach, St. Englmar, Bogen und Straubing, alle zu Fuß, darunter alte Leute, die schon über fünfzigmal zu ihrem Hirmon gepilgert sind, gleich ihren Ahnen und Urahnen. Die Wallfahrer finden in altvertrauten Bauernhäusern Unterkunft. Heute kann man sie leicht mit Dutzenden zählen, früher waren es viele Hunderte und im wallfahrtslustigen 18. Jahrhundert sogar Tausende. Da mußte dann in allen Bauernstuben der ganzen Umgebung Stroh aufgeschüttet werden, damit die Pilger nach mühseliger Wanderung eine gute Liegerstatt hatten.

Am Vorabend besucht man die festeröffnende Predigt mit feierlicher Vesper, am Haupttag Frühamt und Messen und das ganz festliche dreispännige Hochamt, bei dem auch die Instrumente auf der Orgelempore mittun. Man empfängt die Sakramente, betet in den Kapellen, studiert ihre Kunstwerke und Opfergaben, hopst den Hirmon oder bestaunt ihn wenigstens, bewundert das Käsemirakel, rutscht auf den Knien um den Barockaltar der Klausenkapelle, wäscht sich die Augen am wunderkräftigen Heilbründl und legt sein Scherflein in den Opferstock, darauf schon seit Jahrzehnten geschrieben steht: »Zur Wiederherstellung von St. Hermann.« Denn der Zahn der Zeit nagt seit langem bös an den drei Bauwerken.

Wallfahrer lassen sich von Einheimischen wohl auch noch den merkwürdigen »Ochsentritt« zeigen und die Geschichte erzählen, darin sich das Volksgemüt die Entstehung der drei Heiligtümer auf seine Art erklärt. In alter Zeit wollte ein Bauer vom verrufenen Peuntloch der Oberbreitenau ein recht schweres Bloch mit

den Ochsen zur Säge führen. Aber herunten am Bach gehen die Ochsen einfach nicht mehr weiter. Güte und Hiebe helfen nichts. Die Zugtiere bleiben wie gebannt stehen. Da holt sich der Mann eine Säge und schneidet das Bloch in der Mitte entzwei. Siehe, da kommt die eingewachsene Figur des hl. Hermann zum Vorschein! Das Wunder erregt ringsum großes Aufsehen. Nun erbaut man dem Heiligen die große Kirche und stellt sein Holzbildnis in ihr auf. Aber schon in der Nacht drauf verschwindet der Hirmon und kehrt wieder in sein finsteres Peuntloch zurück. Aha, denkt man sich, weil der Gottesmann in einem runden Bloch gewohnt hat, will er sicher auch ein rundes Gebetshäuslein haben! Jetzt erbaut man ihm die Rundkapelle. Aber der Hirmon flüchtet aufs neue in das nahe Holz. Vielleicht paßt ihm eine hölzerne Kapelle, denken die Leute, helfen wieder schön zusammen und zimmern neben der Kirche und der runden Kapelle die hölzerne. Nun endlich ist der heilige Einsiedelmann zufrieden und nimmt für immer Wohnung in ihr. Dort steht er noch heute in seinem engen vergitterten Schränklein und wartet still und geduldig auf die Beter und Hopser. Einen Büchsenschuß westlich der Wallfahrt kann man noch heute in der sumpfigen Wiese in einem Stein den scharfen und deutlichen Abdruck der Ochsenklaue sehen, den vielberedeten »Ochsentritt«, also jene wunderbar angemerkte Stelle, an der die Schubochsen nicht mehr weitergegangen sind ...
Die Seele ist nun mehrfach gestärkt und gelabt, da darf man endlich auch an den Leib denken. Jetzt geht man hinaus auf die Festwiese, geht herum zwischen den Krämerständen, kauft ein, plaudert, erinnert sich alter Kirchweihen, ergötzt sich an diesem und jenem und reibt sich dann hinein in die dunklen und kühlen Bierstädel, in denen bereits eine Bläserkapelle spielt. Da fließt heut das Bier in Mengen, und auch an eßbaren Dingen fehlt es nicht. Man darf sich aber nicht überessen, denn zu Hause wartet der Festtagstisch.
Da gab es oftmals handfeste Räusche, und gar mancher kleine Mann hat an diesem Tag sein sauer verdientes Gerstl versoffen. Es kam oft vor, daß sich leicht erregbare Männergemüter erhitzten und Blut zu fließen begann. Man raufte. Soll jeweils ein un-

erläßliches Schaustück gewesen sein und für manchen Vollblütigen ein gesunder Aderlaß.

Das wußte am besten der vielgerühmte Doktorbader von Bischofsmais, mein lieber Schwiegervater Josef Freundorfer, der es an den Kirwatagen schon gar nimmer erwarten konnte, bis man ihn holte, wie meine gute selige Gattin Maria immer erzählt hat. Da rannte der heiltüchtige Bader aufgeregt und voll Tatendrang in seiner Balbierstube auf und ab, immer wieder auf das schon hergerichtete Verbandzeug blickend. Bis dann endlich die Tür aufgerissen wurde und ein eiliger Meldegänger hereinstürmte: »Bader, gschwind komm! Zwei sind schon gestochen und blueten wie narrisch! Andere raufen auch, was sie können! Grad lustig gehts zu jetzt draußen! Komm!« Und der Heilkünstler, um den die Leut noch heut jammern, fliegt hinaus an die jetzt so unheilige Gnadenstatt, verbindet und flickt und schimpft und ist in seinem Element. Zusammengerichtet hat er sie jedesmal alle, denn die Männer vom Hirmonsland haben eine gußeiserne Körperschaft. Mag auch der hl. Hermann Fürbitte eingelegt haben für seine Verehrer, die das Opfer ihrer angeblichen Stammesleidenschaft geworden waren...

Ja, die Hirmonskirwa! Ohne sie möchten sich unsere Leut Leben und Welt gar nicht vorstellen, was sich beweist in dem Ausspruch einer biederen Bischofsmaiserin, der nun auch kein Zahn mehr weh tut. Als sie noch unbemannt war und in die Kirchdorfer Pfarr eine glänzende Heirat hätte machen können, hat sie den reichen Jungbauern gefragt, ob es dort auch eine Hirmonskirwa gäbe. »Nein, die gibt es bei uns nicht«, erwiderte er. Da schüttelte die Enttäuschte ihr Haupt und beteuerte: »Nein und dreimal nein! Und wenn du mit Gold eingefaßt wärst und so reich wie der Graf von Irlbach, nein! In eine Pfarrei, wo es nicht einmal eine Hirmonskirwa gibt, heirate ich nicht! Amen!«

# Mein Freund Mattheisl

Es war in dem kleinen Schuldorf Greising, hoch und einsam über Deggendorf zwischen weiten Wäldern gelegen. Dort lernte ich in den letzten Tagen des Jahres 1920 im Wirtshaus ein seltsames Mannsbild kennen. Ich saß mit einigen Freunden im Kreis lustiger Hochwaldleute, da tat sich die Tür auf, und herein kam ein uraltes verhutzeltes und zusammengeschrumpftes Männlein. Ein allzulanger Frack vornehmer Herkunft umschloß die abgemagerte Gestalt; ein steifer Hut, der wohl ebenfalls bessere Tage bei einem anderen Herrn erlebt hatte, bedeckte das greise Haupt, das schon lange keinen Kamm und kein Rasiermesser mehr gesehen hatte. Zwei gütige und lebfrische Augen guckten fröhlich aus dem Gesicht voll Runzeln, ein Schimmer von Friede und Behagen lag über den Zügen des zwergenhaften Manderls. Aus Geschau und Gehabe konnte man den weisen Philosophen erkennen, der den Sinn des Lebens begriffen und dessen Sorgen und Zweifel längst überwunden hatte.

Still lächelnd setzte sich der Alte in den efeuumrankten Herrgottswinkel, nahm eine Zugharmonie aus dem Rucksack und begann dem scheidenden Jahr einen Abschiedsmarsch zu spielen. Der klang traurig; dann aber kam ein schneidiger und frischer Marsch, so wie ihn das Bergvolk hier heroben liebt. Er galt dem kommenden Jahr zur freudigen Begrüßung. Übermütige Landler und einschmeichelnde Walzer folgten; bald breitete sich helle Fröhlichkeit im verschneiten Bergwirtshaus aus.

Der Alte war der Mattheisl, von dem ich mir schon allerhand hatte erzählen lassen, und es war mir eine Freude, den weitbekannten Musikus endlich, und zwar gleich mitten in seinem Geschäft, kennenzulernen. Noch seltsamer sah er aus, wenn er seine Harmonie klingen ließ. Ein widriges Geschick hatte dem Sonderling das Gehör fast ganz geraubt; da mußte er sich denn fast wie eine Kugel zusammenrollen, wenn er noch ein paar Töne

seines Instrumentes erhaschen wollte. Als er eine kleine Pause eingelegt hatte, um sich mit einem frischen Trunk zu stärken, hörte man bald da, bald dort eine Stimme: »Geh, Mattheisl, sing eins!«
Mattheisl, der sich eines großen und weiten Rufes als zünftiger und unerschöpflicher Sänger erfreute, ließ sich nicht lange bitten. Mit dem alten Lied »Die Elternlieb«, das unsere Landleute so gern singen und hören, eröffnete er jedesmal seine Singerei. Wenn sich um die Herzen seiner Zuhörer Wehmut gelegt hatte und in ihren Augen heimlich Tränen glänzten, sattelte er schnell um und begann auszupacken aus seinem Schatz alter Volkslieder, darin waldlerischer Humor und Urwüchsigkeit angesammelt sind. Da hörte ich eine Reihe von Gesängen, alle geboren aus einem kräftigen Volkstum: Der Pfannenflicker, Die Handwerkerzunft, Die Wirtsdirn von Haselbach, Die Weiberleut in der Kirche und Das Bettelmandl. Eins nach dem andern sang er, mit viel Humor und Faxen; nur die Stimme klang nimmer frisch, denn Mattheisl stand schon am Ende der Siebziger. Besonders ergötzte mich die Gepflogenheit, daß er an jedes Lied den Zusatz anfügte: »Bei der Infanterie.« Damit rief er sich und seinen Verehrern die große Begebenheit ins Gedächtnis, daß er einst zu Passau einige Tage den Rock eines Infanteristen getragen hatte.
Immer lustiger wurde es im einsamen Bergwirtshaus. Was konnte es schaden, wenn draußen ein wilder Waldwinter stürmte und wachelte! Wir saßen wohlgeborgen in der gemütlichen Gaststube, und im Kachelofen krachten fleißig die mächtigen Buchenbinken. Die Bergleute hören ja immer gern singen. Sie alle, die Bauern und Holzhauer, die Tagwerker und Kleinhäusler, sitzen oft stundenlang beisammen, ihre ungezählten ernsten und lustigen Lieder immer wieder aufs neue aufleben lassend. Wie dann der alte Mattheisl seinen herabgewürdigten Halbzylinder von Tisch zu Tisch wandern ließ, zeigten sich seine Zuhörer nicht geizig. Sie, die ja selbst jeden Tag den Kampf mit einem schweren Dasein aufs neue beginnen müssen, haben ein warmes Herz für Bedürftige und Hungernde.
Mattheisl und ich, wir beide sind an jenem Dezembernachmittag

gute Freunde geworden und es geblieben bis zu seinem Tod. Es hat nicht lange gedauert, so bin ich hinübergestiegen über den rauschenden Höllbach, hinauf an dem steilen Hang des Hausstein nach Freiberg, wo zwischen weitverstreuten Berghäusln Mattheisls Hütte stand. Ein Backofen oder eine Streuschupfen wär's, so meinte ich, denn man konnte es kaum glauben, daß in diesem Häuslein, von verwilderten Hollerstauden und hohen Brennesseln umschlossen, ein Mensch wohnen möchte und könnte. Für ein Erdmandl könnt die Hütte gebaut sein, ja!
Nun, der Mattheisl ist ohnehin schier eins gewesen und hat sich wie dieses seltsame Wichtelvölkchen in seine wilde und doch so heilige Einsamkeit eingesponnen. Er ist nur dann unter die Menschen gegangen, wenn ihn die Not dazu trieb. In diesem seinem winzigen Heim lebte der Alte zufrieden und wunschlos, denn er war ein größerer Lebenskünstler als manche jener Siebengescheiten, die sich mit dem Warum und Wie des Lebens Kopf und Seele zerbrechen. Er hatte alles, was ein rechter Mensch braucht: seinen festen Glauben an einen guten Herrgott, der ihm schon ein gutes Plätzchen aufgehoben habe, seine Arbeit im Stall und Holz draußen und nicht zuletzt seine Musik, die treue und wahrhafte Freundin des Menschen, die ihn wieder aufrichtete, wenn irgendein Ungemach den Tag mit Sorgen erfüllte.
Kaum umdrehen konnte man sich in seinem Stüblein, denn es maß nicht mehr als drei Ellen in der Länge und deren zwei in der Breite. Und wenn man um ein gutes Stück größer geraten ist als der Hausherr, mußte man sich bücken. Und schier unheimlich wars in Mattheisls Stüberl. All die tausend Kleinigkeiten, die er im Lauf eines langen Lebens angesammelt hatte, waren mit jahrealtem Ruß und Staub bedeckt. Man glaubte bei einem bösen Zauberer zu weilen, der all das alte Werkzeug, die vielen Fläschchen und Schächtelchen zu seinem grausigen Handwerk braucht. Ein halbverfallener Ofen, ein wackeliger Tisch, ein nicht besserer Sessel sowie ein uraltes schmales Kanapee, das dem Mattheisl zum Nachtlager diente, bildeten die Einrichtung.
Wirklich gruselig sah es in dem engen und kühlen Vorraum aus: Da hing an einer Stange allerhand ausgezogenes Getier. Hunde

und Katzen, kranke oder verendete Schafe, Ziegen und Kälber durfte sich der Alte in der ganzen Umgebung holen. Hier hing er sie in der frischen Luft zum Trocknen oder Luftselchen auf, wie er sagte. Das Fleisch dieser Tiere bildete seine und seiner beiden Hunde Hauptnahrung. Sie sind alt geworden, alle drei, und gesund geblieben dabei und haben so gewisse Gesundheitsregeln förmlich zuschanden gelebt.

Zwei treue Freunde teilten Mattheisls Einsamkeit, Buzl und Schockl, die Hunde, die sich zwar nicht durch Rassereinheit, wohl aber durch eine rührende Anhänglichkeit auszeichneten. Mit ihnen plauderte er in einsamen Stunden. Sie verstanden und befolgten jedes seiner Zeichen und Worte.

Draußen im engen Stall stand des Alten Freundin, eine Ziege, die er selbst betreute, mit dankbarer Güte, weil sie ihm und seinen Hunden nahrhafte Milch schenkte. Seine Tiere hatten es nicht schlechter als er. Ja, die Hunde durften sogar Nacht für Nacht die Liegerstatt mit ihm teilen, und es hätte keinem von den dreien wohlgetan, hätte einer gefehlt.

Oft und gern bin ich drüben gesessen in dem stillen und düsteren Stüblein des Alten vom Berge, habe seinen Liedern und Weisen gelauscht und mich von ihm in die Geheimnisse der hochwaldumrahmten Bergwelt einweihen lassen. In dieser weltfernen Gegend ist das Leben und der Sinn in vielen Dingen noch so einfach und einfältig wie vor hundert Jahren. Die Gestalten der verschiedenen Sagen und Geistergeschichten spuken immer noch mit Lebendigkeit in diesen Köpfen. Höchstens die jungen Geschlechter wollen zum Verdruß der Alten jene Ahnenmärlein nimmer ganz sicher für wahr halten.

So hat mir auch der Mattheisl in vielen stillen Stunden eine Menge gruseliger Geschichten aus seiner Berggegend erzählt. Ich hätte ihn schwer beleidigt, hätte ich an der Möglichkeit und Wahrheit seiner Berichte auch nur im geringsten gezweifelt. Leute, die ständig im harten Kampf mit des Lebens Not stehen, können jenen Geisterglauben schwerer entbehren als andere.

Nicht selten ist der Mattheisl mit seiner Zugharmonie auch ins Bergschulhaus von Greising gekommen. Dem weltabgeschiedenen

Waldschulmeister haben sich auch da allerhand bunte Bilder aus einem seltsamen Leben aufgetan. Mattheisl hat von seiner fernen Jugendzeit erzählt, in der es nicht viel zu nagen und zu beißen gab. Schon frühzeitig mußte er in die Welt hinaus, um sich sein Brot als Dienstbub selbst zu verdienen. Als er schon zum Knecht vorgerückt war, ist die Lieb über ihn gekommen. Ein braves, unschuldiges Mädchen, die Erbin eines Gütchens, hatte es ihm angetan. Das waren schöne Zeiten, und bald sollten die zwei vor den Traualtar treten. Da hat eine böse Sucht die junge Braut überfallen, und schnell ists mit ihr abwärts gegangen. Als der Tod schon an ihrer Bettstatt lauerte, haben sie die traurigen Eltern gefragt, ob sie noch einen Wunsch habe. »Meinen Mattheisl möchte ich noch einmal sehen!« hat sie mit schwacher Stimme geantwortet. Da hat man das Knechtl geholt, und es kam gerade noch recht zum Verscheiden seines lieben Nannerls. Sie hat ihm noch einmal die Hand gedrückt und ihm fest in die Augen geschaut. Dann hat sie sich hinübergedreht und ist friedlich entschlafen; die Lungl ist ihr plötzlich hinuntergefallen! Das war ein schwerer Schlag für den jungen Hochzeiter; er hat ihn zeitlebens nimmer überwunden. Das Andenken an sein geliebtes Nannerl hat er so hochgehalten, daß er nie mehr seine Augen zu einem Mädchen erheben mochte und einschichtig geblieben ist sein Leben lang.
Mattheisl war trotz seiner kleinen Gestalt dazu ausersehen, des Königs Rock zu tragen. Wie bereits erwähnt wurde, diente er in Passau kurze Zeit bei der Infanterie. Da er im Waffenrock nicht viel ausrichten konnte, mußte er bei der Regimentsmusik die große Trommel schlagen. Denn die Musik war schon in der Jugend sein Auf und Nieder. Aber der Hauptmann hats dem schwachen Tambour angemerkt, daß ihm das Tragen der großen Trommel allzu schwer fiel, und er schickte ihn unverwandt nach Hause.
Dann begann Mattheisls Aufstieg. Wegen seines guten Gehörs und seiner schönen Singstimme wurde er in einen lustigen Kreis berühmter Bauernmusikanten aufgenommen. Das waren die drei Brüder Friedl, die zu jener Zeit den ganzen Lallinger Winkel und den Umkreis seiner Berge bei allen festlichen Gelegenheiten mit

frohem Sang und Klang erfüllten. Sie waren Musikantenseelen von echtem altem Schlag, unerschöpflich und gottbegnadet in ihrer Kunst. Zugharmonie, Zither und Gitarre ließen sie an jedem Sonn- und Feiertag erklingen. Wenn in irgendeinem Wirtshaus der weiten Umgebung eine Festlichkeit abgehalten wurde, waren die drei Friedln unentbehrlich. Den jungen Mattheisl nahmen sie mit auf ihren wöchentlichen Wanderfahrten, damit er in die Schliche und Geheimnisse ihrer Kunst eingeweiht würde. Sie lehrten ihn das Greifen auf der Harmonie, er las ihnen die berühmten alten Volkslieder vom Mund ab und bewahrte sie für Zeiten auf, da niemand mehr etwas von den Brüdern Friedl und ihrer Kunst weiß.

»Da haben wir oft ganze Wirtshäuser staad gmacht«, erzählte er oft mit Stolz und stiller Wehmut. Als sie dann schnell nacheinander starben, die drei kunstreichen Brüder, da hat Mattheisl als einziger das Amt seiner Freunde und Lehrer übernommen und es treu verwaltet, bis auch ihm der Tod die Harmonie aus den Händen nahm.

Einfach wie die Menschen war früher auch ihre Kurzweil. Neujahrssingen und Sternsingen in der Dreikönigsnacht, Eierscheiben und Gockelschlagen, Sackhupfen und Ringelreiten, Hunds- und Schubkarrenrennen, Erntebier und Brechlsuppe, Drischelfeier und Kirchweihtanz, das waren damals die Anlässe, die Lustige aus nah und fern beim Maßkrug versammelten. Da durfte Mattheisl nirgends fehlen; wohin er kam, hieß man ihn freudig willkommen. Er war unerschöpflich in seinen Musikstückchen, Liedern und Schnaderhüpfeln und ging gern auf die Wünsche seiner Zuhörer ein. Wenn bei einer Hochzeit oben auf dem Tanzboden die »richtigen« Musikanten zum Tanz aufspielten, durfte Mattheisl die Gäste in den unteren Räumen des Wirtshauses mit Spiel und Sang unterhalten.

Eine goldene Zeit brach für Mattheisl an, als drüben am Südabhang des Hausstein das schöne und große Sanatorium für Lungenkranke eröffnet wurde. Da hat sich einmal der kleine Musikant in die feierlichen Räume des weiten Gebäudes verirrt und hat den vielen Erholungsbedürftigen aus allerhand Städten einen aufgespielt. Mattheisl ist ihnen sowie den Krankenschwestern und Ärzten zum willkommenen Freudebringer und Freund geworden. Die Kranken richteten sich auf an seiner Urwüchsigkeit und seiner Lebenslust; die »Großstädtischen und Nobligen« (insofern sie nicht gut niederbayerisch sprachen, nannte er sie »Preußen«) fanden Gefallen an dem Kauz und lohnten seine Darbietungen mit reichem Sold. So sprach Mattheisl gern zu an stillen Sonntagen bei den guten Menschen im »Sanktorium«, wie er die Heilanstalt nannte.

Kamen auf den beschwerlichen Gebirgspfaden Pilgerzüge zum trauten Heiligtum der Muttergottes von Greising, dann schenkte Mattheisl den Wallfahrern nach beendeter Andacht ein willkommenes Stündlein weltlicher Lust.

Einmal hat er sogar seinem lieben Herrgott ein kurzweilig Stücklein vormusiziert. In einer schönen Mondnacht ging er in froher Laune von der Hackermühle in der Höllschlucht heimwärts. In dem Wirtshaus hatte er gut verdient: für die kommende Woche war also keine Not zu befürchten. Der Himmel war voller Sterne. Friedliches Mondlicht lag über den blauen Bergen und den schweigsamen Wäldern. Feierlich und freudig wurde es da in Mattheisls einfacher Seele. An dem hohen Wegkreuz der Ringelwies angelangt, überkam den heimkehrenden Musikanten ein heißes Dankesgefühl für den Heiland am Kreuz. Ihm, der die Welt so schön gemacht, der ihm die Gabe der Musik und damit allezeit das tägliche Brot gegeben, ihm will er heut zum Dank und Preis ein andächtiges Ständchen bringen. Er nimmt die Harmonie aus dem Rucksack, hockt sich auf den bemoosten Stein und schaut hinauf zum sterbenden Heiland, dessen nackter Leib in himmlischem Glanz prangt. »Geh her, ich spiel dir einen umsonst, weil du dich so annimmst um mich! Bist auch ein Armer gewesen, ein notiger Zimmermannssohn, und haben dich die Leut gar nicht für wert gehalten! Drum sollst jetzunder einen zu hören kriegen, damit du auch eine Freud hast in deiner Einschicht heroben auf der Ringelswies!«

Ein feierlicher Marsch klingt durch die Mondnacht der Berge. Die Wälder halten ihren Atem an, um dem Abendlied des seltsamen

Menschenkindes zu lauschen. Wer diese Geschichte nicht glaubt, der lasse sich am Gericht zu Hengersberg die Bücher aufschlagen. Da kann er dann lesen, was folgt: »Der Inwohner Matthias Schreiner von Freiberg, geboren am 16. Juli 1843, wird wegen Gotteslästerung zu drei Tagen Haft verurteilt.« — Ein übelwollender Nachbar lag während des nächtlichen Ständchens im Gebüsch und hinterbrachte die Geschichte verdreht und verkehrt dem Gericht...

Im Auswärts des Jahres 1921 überfiel den immer noch Frischen und Rüstigen ein unbestimmtes Todesahnen. Da begann er für seine »Hinfertigung« zu sparen. Er legte Mark zu Mark und verzichtete nicht selten auf die gewohnte Halbe Bier. Eines schönen Tages stieg er hinunter in die Stadt Deggendorf und erwarb ein Totenhemd, ein Versehtuch und ein sauberes Handtuch, Dinge, die der Pfarrherr von Schaufling brauchen wird, wenn er einst kommt, um dem Sterbenden den Heiland mitzugeben auf die weite Reise in die Ewigkeit. Mattheisl trug die drei blühweißen Wertstücke stolz und glücklich hinauf in sein Berghäusl und hatte eine Freude an dem Tag, als sei das Christkindl mit reichen Gaben bei ihm eingekehrt.

Da geschah das Grausame und Herzlose! Während Mattheisl eines Tages im Wald draußen Holz sammelte, drangen böse Menschen in seine schlecht verwahrte Wohnung und entwendeten dem Armen die mühsam erworbenen Stücke, in den damaligen Zeiten der Geldentwertung ein harter Schlag! Ich schrieb darauf in der Passauer Donau-Zeitung von dem notigen Leben des Sonderlings und erwähnte auch den grausamen Diebstahl. Mitleidige Menschenherzen aus vielen Gegenden Niederbayerns und Süddeutschlands und sogar Deutsche aus Amerika sandten milde Gaben. So konnten wir den bösen Verlust wiedergutmachen und — Mattheisl war inzwischen wirklich aufs Sterbebett gekommen — seine letzten Tage freundlich gestalten.

Anfangs September des Jahres 1921 ging er in einer trüben Nacht spät von der Hackermühle nach Hause. Er verirrte sich in dem verwachsenen Gebüsch am schäumenden Sturzbach und konnte keinen Ausweg mehr finden. Er fing laut zu beten an, ein Rosenkranzgesetzlein nach dem andern. Ein anderer Wanderer hörte

ihn und rief ihn an. Mattheisl schwieg und duckte sich ängstlich unter das Gebüsch am feuchten Ufer des Baches, weil er fürchtete, es könnte ihm ein Leid zugefügt werden. Anruf auf Anruf folgte, der Alte antwortete nicht und blieb die ganze Nacht in seinem nassen Versteck. Und so hatte der Tod seinen Anfang genommen.
Es folgten Tage des Leidens. Oft bin ich in jenen Septembertagen nach Freiberg hinübergewandert, um die letzten Stunden mit ihm zu teilen. Ich konnte mich an seiner Geduld und Zuversicht erbauen, mit der er die Stunde des Todes erwartete.
Wir ließen ihn ruhig gewähren, als er in den ersten Wochen seiner Krankheit uralte Mittel des Aberglaubens wider seine Schmerzen anwandte. Der alte Eder kam mit einem »Altwurm«, den er unter merkwürdigen Umständen vor Georgi gefangen, gedörrt und in ein Stück Leinwand und Leder genäht hatte. Dieses Tier,

es war ein Feuersalamander, mußte der Mattheisl soundsolang um den Hals tragen; es würde dann gegen das »Schwinden« helfen.
Als dieses angesehene Mittel versagte, wurde die Karlbauernfranz von Tattenberg gerufen, damit sie den Kranken »anspreche«. Sie tat das, wobei sie ihn mit einem Stein segnete, den sie eben erst heimlich aus irgendeiner Mauer genommen hatte und der nach erfolgter Benutzung unbemerkt an seinen alten Platz gelegt werden mußte. Dreimal sprach sie mit Flüsterstimme:

»Fleisch und Blut, Mark und Bein
sollen nicht schwinden als wie dieser Stein!«

Und als auch dieses Mittel den bösen Wehtum nicht vertreiben konnte, hatte Mattheisl nur mehr den einen Wunsch, daß er in jenen Tagen sterben dürfe, da man in Deggendorf unten die berühmte und heilssichere »Gnad« feiere. Und seine Todessehnsucht ward zur rechten Zeit erfüllt. Am Mittwoch, dem 28. September 1921, entschlief der Alte vom Berge sanft und selig im Herrn, nachdem er noch vorher voll der Freude die Tröstungen der Kirche empfangen hatte. Er hatte 78 Lebensjahre erreicht.
Am Samstag drauf trugen wir ihn zu Grabe. Ich meine, jener schimmernde und doch so ernste Herbsttag steht jetzt vor mir auf. Ein sonniger und klarer Herbstmorgen liegt über den stillen Bergen und Wäldern. Ein Himmel in festlichem Blau spannt sich über die Bergwelt. Die vielen schwarzgekleideten Menschen, die heute auf den sonst so stillen Gebirgspfaden von allen Seiten her nach Freiberg eilen, wollen gar nicht hineinpassen in die heitere Landschaft. Vor dem kleinen Haus des Mattheisl bleiben sie stehen und mustern mit Behagen die mächtigen Schauflinger Postschimmeln, die heute zu einem traurigen Geschäft auf diese Berge gestiegen sind.
Wir betreten noch einmal das enge Stübchen, in dem wir zu Lebzeiten des Freundes so gern verweilten, und halten letzte stumme Zwiesprache mit dem Toten, der mit lächelndem und verklärtem Gesicht auf dem Brett liegt. Schön haben sie den Mattheisl aufgebahrt, in einem Haufen von Kränzen und Blumen. Heilige Bil-

der und Figuren hat man in Menge aufgestellt. Wir legen ihn in die Truhe, geben ihm geweihtes Wasser und Blumen mit ins Grab. Der Schreiner breitet den »Übertan« über dem Entschlafenen aus, schrille Hammerschläge klagen durch den verwaisten Raum. Was Garten und Wald an spätem Schmuck geboten haben, legen wir auf den schlichten Sarg. Nun tragen ihn die Männer hinaus und senken ihn alter Sitte gemäß dreimal über der Schwelle des Hauses. Irgendwo in einem hochgelegenen Berghäusl heulen zwei Hunde jämmerlich: Buzl und Schockl, des Verstorbenen ausquartierte Freunde, die es wittern, daß man ihren guten Herrn fortführt für immer.

Der Leiterwagen setzt sich in Bewegung. Mit langsamen Schritten gehts hinüber über die sonnigen Bergwiesen, hinab durch den herbstlich stillen und bunten Wald. Durch das grüne Geäst lacht der blaue Himmel und will uns ein Zeichen unserer Hoffnung sein. Nach langer Fahrt verläßt der Leichenzug den Hochwald. Da liegt vor uns, in hellste Sonne getaucht, das anmutige Land des obstreichen Lallinger Winkels mit seinen zahllosen freundlichen Siedlungen aus der ältesten Zeit unserer Heimatgeschichte. Die Bergmassen des Brotjackelriegel und des Büchelstein sind noch von grauen Nebelschleiern verdeckt. Im Süden windet sich das Silberband der Donau durch das gesegnete Land, und an ihren Ufern träumt das Münster von Niederaltaich von glanzvollen Zeiten. Zwischen zwei kirchengekrönten Hügeln breitet sich behaglich der freundliche Marktflecken Hengersberg aus. Wo immer Gangsteige in die Straßen einmünden, an Kreuzwegen und Wegkreuzen mit der Fülle von Totenbrettern und an den Einöden warten Scharen von Betern auf den Leichenzug. Wir ziehen hindurch durch das uralte Nadling mit seinen schönen Holzhäusern aus dem Ende des 18. Jahrhunderts. Droben im Türmchen der Dorfkapelle wimmert ein Glöcklein dem einen letzten Gruß zu, der so oft diesen Weg gegangen war.

Am Eingang des freundlichen Pfarrdorfes Schaufling erwarten Priester und Kirchenchor den Verstorbenen. Weich und tröstend klingt der einfache Totenruf durch den lichten Morgen. Das Fuhrwerk hält. Es kommen die Träger und heben den toten Mattheisl

auf ihre Schultern. Wir betreten den kleinen Friedhof und staunen über die große »Leich«, die sich von dem Begräbnis eines reichen Bauern in nichts unterscheidet. Die Glocken tönen ernst und klagend. Weihrauch steigt empor, lateinische Gebete flehen zum Himmel, noch einmal legt ein Totenruf milden Trost auf unsere trauernden Seelen.
Draußen vor dem Friedhof spielen und scherzen sorglos frische Waldlerkinder, herinnen senkt man den Alten vom Berge in die kühle Erde. Der Glückliche hat erreicht, was vielen Großen und Weisen nicht zuteil wird. Ein kleines Leben voll stiller Größe endete schön und friedlich. Sicher sind an dem lieben Toten die Worte der Schrift wahr geworden, die wir ihm auf seine Sterbebilder setzen ließen: »Selig sind die Armen im Geiste, denn ihrer ist das Himmelreich.«
Einen Leichentrunk hatte sich der Mattheisl auch noch angefriemt auf dem Sterbebett. Drum vereinigen sich nach dem Totenamt die Trauergäste auf der Post zu der herkömmlichen Stärkung. Der eine erzählt von dem Verstorbenen dies, der andere das, alle preisen ihn und hätten ihm noch ein paar Jährchen vergönnt. Mit Staunen hört man hier die Kunde, daß sich der Verstorbene für seine Leich sechshundert Mark zusammengespart habe. Andere tischen allerhand lustige Stücklein aus dem Leben des Alten auf, und der Sigl-Muck von Irlmoos, der's alleweil gut trifft, meint: »Schad ist um ihn, ewig schad um seine Musi! Ein solches Mandl findst nimmer!« Das ist die Meinung aller. Einer aber wünscht: »Jetzt sollt er halt noch leben, der Mattheisl, nachher müßt er uns einen aufspielen!« —
Ich aber mochte an diesem Tag nicht an die Stätte meiner Arbeit zurückkehren. Auf fremden und stillen Wegen schritt ich einsam hinein in den sonnigen Herbst.

## Der Brunnkorb von Tittling

Auf dem Marktplatz meines Heimatortes Tittling stand ein schlichter alter Steinbrunnen. Aus zwei eisernen Rohren floß das Wasser in den weiten runden Grand, der aus dem Granit der steinbruchreichen Gegend gefertigt war. Unsere Väter, die jeden Pfennig zweimal umdrehten, ehe sie ihn ausgaben, haben ein Opfer gebracht, als sie den Brunnen, den man kurz und gemütlich den Brunnkorb nannte, zu Nutzzwecken und zur Verschönerung des weiten Marktplatzes errichteten. Als der neue Brunnen dastand, freute sich mit meinen Landsleuten der alte steinerne Johannes Nepomuk, der seit mehr als zwei Jahrhunderten über die Tittlinger wacht. Er hatte nun einen kurzweiligen Freund und Nachbar erhalten.
Der volksliebe böhmische Heilige, Schirmherr der Brücken und Flüsse, hört ja gern ein Wasser oder Wässerlein rauschen. Kanns kein Strom oder Fluß oder Bach sein, ist er auch mit einem einfachen Röhrenbrunnen zufrieden. Drum haben die zwei, der Johannes und der Brunnkorb, allewahl gute Freundschaft gehalten, und der Wasserherr ist nicht eifersüchtig geworden, als er sah, daß der neue Brunnkorb bald eine geachtete und begehrte Persönlichkeit wurde, während an ihm die große Menge vorüberschritt.
Hin und wieder kam aber auch der Heilige aus Stein zu vorübergehenden Ehren: wenn ein neuer Pfarrherr einzog; wenn drin in der neuen Pfarrkirche ein Primiziant zum ersten Meßopfer an den goldenen Hochaltar schritt; wenn einer der vielen Vereine wieder einmal eine neue Fahne unter großem Gepränge weihen ließ. Dann hat man seinen gedrungenen barocken Steinleib mit dicker Ölfarbe angestrichen, sich über die hohe künstlerische Tat gefreut und die Brennesseln entfernt, die an seinem Sockel emporwuchsen. Alsdann hatte er wieder Ruhe für lange Zeit, und er konnte sich, das Leben am Marktplatz beobachtend, Gedanken machen über die Menschen und die Zeit.

Ja, da gab es den ganzen Tag über viel zu sehen! Lebhafter Fuhrwerksverkehr strömte durch den rührigen Markt. Am fröhlichsten aber wars vom Taganläuten bis in die Nacht hinein am Brunnkorb. Es kamen Frauen und Mädchen mit leeren Eimern und vollen Herzen, füllten das eine und leerten das andere unter langen eifrigen Gesprächen, was man dem Weibergeschlecht nicht verübeln darf; denn sie haben von der Bibel her das verbriefte Recht, plaudernd an öffentlichen Brunnen zu verweilen.

Auf dem Rand des Brunnens stiegen wir, brave und böse Kinder, umher, machten lustige Wasserspiele, streckten die nackten Beine ins frische Wasser, tuschten uns unter wildem Geschrei ab, machten Wettläufe um den Brunnkorb und labten uns schließlich an seinem kühlen Trunk. Alles das hat der gute Brunnen gern gestattet, und er hat sich auch nicht geärgert, wenn die Tittlinger Buben seinem heiligen Nachbarn ein recht weltliches Gsangl zugerufen haben:

> Johannes von Nepomuk
> sitzt auf der Donaubruck,
> hat an Scherz Brot im Mäu
> und frißt owei.

Ehe der strenge Waldwinter kam, wurde über dem Brunnen ein festes Holzhaus errichtet, damit die Kälte ihm nichts anhaben konnte. Wenn nun der Brunnkorb zugemacht war, konnten wir den ersten Schnee kaum erwarten.

In stillen sommerlichen Mondnächten bin ich manchmal auf den Stufen des Brunnens gesessen. Wenn rings in den Häusern alles Leben erloschen war, wenn die Fenster der stattlichen Gasthöfe dunkel geworden waren, wenn sich ein klarer Sternenhimmel über den verschlafenen Platz spannte, hat mein Freund gern sein Herz aufgeschlossen und dem heimathungrigen jungen Schwärmer von vergangenen Zeiten und Geschlechtern, von alten Sitten und Trachten, von freudigen und traurigen Ereignissen erzählt.

Dann gestand er mir, daß er oft Zeitlang hatte nach den sechs gelben Postkutschen, die einst Morgen für Morgen oder auch am Abend vom noblen Postgasthof aus nach allen Richtungen ab-

fuhren: nach Passau, Grafenau und Schönberg, nach Kalteneck zur Bahnstation, nach Thurmannsbang und zu den drei Waldschlössern, die der Stolz und die Zierde meiner Waldheimat sind und ihr den Namen »Dreiburgenland« eingetragen haben, nach Englburg und Fürstenstein und zur Saldenburg, genannt die »Waldlaterne«.
Der Brunnkorb hat mir von den braven alten Postillonen erzählt, wie dem Posthiasl und dem Postsepperl. Sie alle haben an hohen Feiertagen die schmucke Festtracht ihres Standes getragen, die Uniformen in den Farben unseres Bayernlandes. Die Postillone hatten so viel Freude an ihren Rossen, ihren Kutschen und ihrem Beruf. Die meisten von ihnen verstanden es, das Posthorn trefflich zu blasen, voraus der Postillon, der nach Thurmannsbang fuhr. Postwagen und Posthorn sind längst abgewürdigt. Das liederreiche goldene Instrument träumt nun irgendwo in einem Winkel von alter Postkutschenherrlichkeit. Als kleines Studentlein habe ich die Postfahrten in die Passauer Stadt noch mitmachen dürfen.
Einer der Freunde des Brunnkorbs war der Nachtwächter. Wie oft habe ich ihn gehört als Kind, wenn ich plötzlich aus gesundem Schlummer erwachte und seinem Lied lauschte, da er mit Laterne und Spieß durch die stillen Gassen und Straßen schritt, um zu wachen über Schlaf und Bürgerglück des Marktes. Wie ein Ruf aus einer anderen Welt kam mir sein ernster Ruf vor. Kaum wagte ich es, ans offene Fenster zu treten, um seine dunkle Gestalt zu sehen. Ich hörte seine schlürfenden Schritte und das Aufstoßen der Hellebarde, indes er die Mitternachtsstunde begrüßte:

> Herrn und Frauen, laßts euch sagn:
> Der Hammer, der hat zwölf Uhr gschlagn!
> Lobet unsern Herrn und Unsere Liebe Frau!
> Hat zwölf Uhr gschlagn!

Ehe die ersten Hähne krähten, sich frühes zaghaftes Licht in das Dunkel der Nacht mischte und hinterm Dreisesselgebirge die Sonne emporstieg, sang er:

Wachet auf in eurem Sinn,
denn die Nacht ist jetzt schon hin!
Danket Gott, daß er euch hat
so väterlich bewacht!
Hat drei Uhr gschlagn!

Wenn ich Zwiesprache hielt mit dem Brunnkorb, schwärmten wir beide von den festlichen und heiteren Tagen der Heimat, von stolzen bäuerlichen Hochzeitszügen mit Goldhaube, Riegelhaube und eingewirktem buntem Schal, von dem kinderbeglückenden Krapfenauswerfen aus den Fenstern des Gasthofes, darin die Hochzeit stattfand; von den feierlichen Prozessionen nach der Auferstehung und am Prangertag; von den bunten Jahrmärkten mit den vielen Krämerständen, mit Zirkus, Kasperl, Moritat und Prater; von der alten Praterfrau, der Frau Meindl, die ihren Ehemann zu Tittling ins Grab senken mußte und der so schön Trompeten blasen konnte, die uns auf recht spürbare Weise mit dem Trommelschlägel zurechtwies, wenn wir uns ungebührlich benahmen auf ihren noblen Rössern, dem ernsten Elefanten oder dem weißen Schwan mit dem königlichen Hals. Wir erzählten von anderem fahrenden Volk, wie den Künstlern, die auf dem Marktplatz ihr Theater aufschlugen und dort das Leiden Christi spielten. Sie alle durften damals noch im Bereich des Brunnkorbs ihre fahrbare Heimat aufrichten, die geheimnisbergenden grünen Wohnwagen, die wir so gern betreten hätten.
Es war aber nicht alles eitel Lust und Wonne, was sich im Reich des Brunnkorbs abspielte. Denn er hat auch allerlei Trauriges und Niederdrückendes erleben müssen. Oft jammerte das Zügenglöcklein vom hohen Turm der Pfarrkirche, es sang der Glockenchor einem Entschlummerten das Grablied, es meldete die nächtliche Sturmglocke einen Brand auf den Firsten des Marktes.
Wie zum Beispiel am Weißen Sonntag 1803, da fast der ganze Markt den Flammen zum Opfer fiel und das traute gotische St.-Veits-Kirchlein, das mitten auf dem Marktplatz stand, ganz ausbrannte und andere Schäden erlitt. Weil es schon längst für die große Pfarrei zu klein geworden war, ließ der tatenreiche Pfarrer

und Dekan Max Muggenthaler, später Domherr zu Passau, in den Jahren 1890 bis 1892 an der Nordwestecke des Platzes die große neue Kirche im spätromanischen Stil aus dem Granit unserer Steinbrüche erbauen. Die Pläne hatte der Münchener Hochschulprofessor Dr. Freiherr Heinrich von Schmidt geschaffen, der den Passauern den jetzigen Rathausturm er- und die Domtürme »aus«gebaut hat. Bischof Michael von Rampf weihte am 21. September 1893 das neue Gotteshaus feierlich. Der Umzug des Oberhirten und seiner Priester um die Kirche gehört zu meinen ersten Kindheitserinnerungen.
Bald darauf mußte das alte Kirchlein, darin mir Anno 1891 der damalige Kooperator das Taufwasser über den heidnischen Bubenschädel gegossen hat, fallen. Groß und stolz überragt nun die stattliche Kirche mit ihrem hohen Turm den Markt und macht sich weithin sichtbar. Bloß ein wenig nüchtern ist sie und erinnerungsarm. Das haben wir schon als Kinder verspürt und drum die alten Nachbarskirchen, wie etwa unsere Mutterpfarrkirche zu Neukirchen v.W. und das kunstreiche Gotteshaus zu Preying, die Jugendkirche meiner lieben Mutter, fast sündhaft beneidet um ihre barocken Herrlichkeiten und ihren Stimmungszauber ...
St. Johannes Nepomuk ist der Meister des Schweigens. Deshalb hat er auch einen so jämmerlichen Wassertod in der Moldau zu Prag erdulden müssen. Aber er, der viel Ältere und Erfahrenere, mischte sich zuweilen doch in unsere Gespräche, denn er wußte viel mehr zu berichten von früheren Zeiten. St. Johannes ist ja ein gelehrter Mann und konnte drum aufwarten mit viel Namen und Jahreszahlen. Er schloß mir die Chronik des alten Tittling auf. Schon im 14. Jahrhundert wurde Tittling mit Marktfreiheiten begabt. Der Ort war herzogliches Kammergut und kam 1397 an das Rittergeschlecht der Puchberger. Ihnen folgten die Nußdorfer, die Freiherren von Schaetzl, die Rumpeltshofer, die Ziegler und Lier und endlich die Grafen von Tauffkirchen auf Englburg. Die Herren von Ziegler haben das alte Schloß erneuert und schön herrichten lassen. Im Jahre 1803 aber hat der große Marktbrand die Schloßherrlichkeit mit ihren Lustgärten und Alleen fast ganz vernichtet. Übrig blieben ein reizvoller Rokokopavillon, in dem sich

später eine Brauerei einnistete, und ein paar Nebenbauten. An der Stelle des Hauptschlosses entstand der Gasthof zur Post. Das war der Beginn des neuen Jahrhunderts. Der Pavillon wurde in unseren Tagen zum »Grafenschlößl«, Gasträume, die zum Postgasthof gehören. — So erzählte St. Johannes und legte wieder seinen Finger an die schweigsamen Lippen.

Als ich ein andermal den Heiligen fragte, ob er auch etwas von Gespenstern wüßte, erzählte er mir die schaurige Geschichte vom Tittlinger Totenzug. Früher mußten die Tittlinger im Friedhof ihrer alten Mutterpfarrei zu Neukirchen v. W. beerdigt werden. Erst 1821 erhielt Tittling im Westen des Marktes eine eigene Begräbnisstätte. Der neue Freithof war aber so feucht, daß die Toten in Erde und Wasser zugleich gelegt werden mußten, weshalb man 1859 im Norden des Marktes einen neuen Friedhof anlegte. Da hat es den Schlummernden im alten Friedhof nicht mehr gefallen. In einer Allerseelennacht stiegen sie alle aus ihren Gräbern und machten sich zum Abschied bereit. Sie ordneten sich in Paaren zu einem feierlichen Zug und trugen brennende Kerzen in den Händen. So wanderten sie die Färbergasse herauf über den Marktplatz dem neuen Gottesacker zu, wo sie sich dann still zur ewigen Ruhe niederlegten. — Es war in später Abendstunde, als ich diese Geschichte unter Gruseln hörte. Ich habe keine zweite mehr verlangt.

Später ist es gewesen, als mir der Brunnkorb über die neu heranwachsende Zeit vorklagte, die sich so laut gebärdet, viel gibt und noch mehr nimmt. Wagen ohne Roß sausten durch den Markt, wie vom Bösen gejagt. Da wurden die alten Postkutschen mit Blumen und Kränzen behängt, denn sie hatten ihre letzte Fahrt zu machen. Durch die Luft zog man geheimnisvolle Netze von Drähten. Nun konnten die Marktleute ihr Wort in märchenhafte Fernen senden. Blitzhelles Licht erfüllte zur Nachtzeit Häuser und Gassen. Auf eisernen Pfaden kamen dann Tag für Tag pfauchende schwarze Wagen mit Menschen und Lasten herangerollt. Man riß die Erde auf und leitete Wasser vom Blümersberg durch eiserne Rohre in alle Behausungen.

Das war die Schicksalsstunde des Brunnkorbs. Der Strahl seiner

Röhren wurde immer dünner. Niemand mehr begehrte sein Wasser, das man schließlich ganz abzapfte, so daß er, der einst so fleißige Brunnen, ohne Freude und Arbeit dastand. Dann kamen unselige Jahre über uns und die ganze Welt. Der Brunnen mußte angeblichen Verkehrsrücksichten weichen. Wo sich heute seine Steintrümmer befinden, ich weiß es nicht. Aber das weiß ich, daß mit dem lieben alten Brunnkorb ein teures Stück Heimat und eine gute Zeit verschwunden sind für immer.

## Vom Natternberg

Immer schon hat der einschichtige Natternberg, der zwischen Deggendorf und Plattling unweit des rechten Donauufers aus der fruchtbaren Stromebene aufsteigt, die staunende Beachtung des Volkes erregt. Die Sage macht es sich leicht, wenn sie die Entstehung dieses in Urzeiten vom Bayerischen Wald abgesprengten Sonderlings erklärt. Nach ihr ist der Berg eine Schöpfung des Bösen. Ebenso bequem macht es sich das Volk mit der Deutung seines Namens: die Felsenhänge des Berges seien einst die Brutstätten von allerhand Natterngezücht gewesen. Professor P. Wilhelm Fink O.S.B. von der nahen Abtei Metten, hochverdient um die Erforschung der Geschichte dieser Gegend, weiß auch hier das Richtige zu sagen. Nach ihm ist der Natternberg der Berg der Schiffer oder Natterer (vom lateinischen Wort nautarius = Schiffer), die in der Nähe hausten und den Verkehr auf der Donau vom aussichtsreichen Berg aus schön überblicken konnten.

Es wird angenommen, daß der Natternberg schon zur Römerzeit befestigt gewesen sein soll und sie das günstige Berghaupt als Hochwarte benutzt haben. In der Umgebung hatten sie ja wichtige Straßen und Niederlassungen. Wie ein alter Bericht meldet, soll 1538 »by Reparirung eines tieffen Brunnens ein solcher aus Messing 2 Spann groß gemachter Haus-Götz gefunden worden seyn, welcher einen unleidentlichen Gestank von sich gegeben, in dem Mund aber einen schönen Diamant-Ring getragen hat«.

Im Jahre 1145 taucht der Berg erstmals in den Urkunden auf als Edelsitz eines Hartwig von Natternberg, der ein Angehöriger der mächtigen Grafen von Bogen war. Als 1242 dieses Geschlecht nicht gerade ruhmreich erlosch, kamen Berg und Burg an die bayerischen Herzoge, womit sie nun in das hellere Licht unserer Landesgeschichte treten. Die Burg wird Sitz eines Pflegers. Später verbringt die niederbayerische Herzogswitwe Agnes ihren neunjährigen Sohn Heinrich, den nachmaligen Herzog Heinrich XV.

von Niederbayern, auf die Burg Natternberg, um ihn hier, fern der Landshuter Hofluft und mitten in bäuerlicher Umwelt, erziehen zu lassen. Nach dem Aufenthaltsort seiner Kindheit benannte er sich später Herzog Heinrich der Natternberger. Als Niederbayern 1331 geteilt worden war, erhielt Heinrich den östlichen Teil mit den Grafschaften Bogen und Cham sowie mehreren Städten, wie Deggendorf, Landau, Dingolfing, Osterhofen, Cham und Waldmünchen, und andere Gebiete.
Heinrich ergriff nunmehr sofort die Regierung. Kaum dem Knabenalter entwachsen, vermählte er sich mit der Tochter des Kaisers Ludwig des Bayern, der Prinzessin Elisabeth. Der junge Fürst geriet jedoch bald in schwere Fehde mit seinem unruhigen Vetter Heinrich dem Älteren von Landshut. Aus Verdruß über den Zwist legte er bereits 1332 die Regierung nieder und trat sein Land an den verwandten Widersacher in Landshut ab, so daß Niederbayern jetzt wieder unter *einem* Fürsten stand. Der abgedankte Fürst wollte nunmehr auf dem Natternberg ein friedliches Leben führen. Allein schon 1333 ging er, erst 21 Jahre alt, mit Tod ab, nachdem

er sich beim Springen ein Bein schwer verletzt hatte. Nur ein Jahr hatte er im »Ruhestand« auf dem Natternberg verbracht, der auch sein Sterbeort geworden war.

Heinrich der Natternberger und sein Nachfolger hatten für kurze Zeit der kleinen Stadt Deggendorf Rang und Leben einer fürstlichen Residenz gegeben. Natternberg wurde wieder wittelsbachisches Lehen, das schon 1333 an den Ritter Peter von Egg bei Metten vergabt wurde. Nachdem er seinen Landesherrn verraten hatte, wurde er 1337 auf seinem Bergschloß von starken Truppen eingeschlossen und ein volles Jahr belagert, bis Kaiser Karl IV. ihn entsetzte. Der Egger konnte frei und in allen ritterlichen Ehren abziehen, mußte aber den Natternberg an den bayerischen Herzog zurückgeben.

Den Wittelsbachern war nunmehr die Lust vergangen, den Edelsitz weiterhin als Lehen zu vergeben. Natternberg blieb nun Pfleggericht bis in den Anfang des 19. Jahrhunderts. Dem Gericht war auch der damalige Markt Plattling unterstellt, dessen Bürgerschaft sich mit den Pflegern fast niemals gut vertragen hat und mancherlei Kämpfe mit ihnen ausfechten mußte. Nach Aufhebung der Pfleggerichte kam Natternberg in den Besitz der Grafen Preysing auf Schloß Moos, die 1836 die Burg an einen Baron Berger veräußerten. Schon nach zwei Jahren verkaufte Berger den Besitz an den Wirt von Natternberg. Nunmehr wird die Burg zu einem Schachergegenstand, der in einer einzigen Nacht dreimal seinen Besitzer wechselte. Ein Zustand der Stetigkeit trat wieder ein, als die Preysing den Natternberg zurückerwarben. Sie besitzen ihn heute noch. Noch einmal wurde der bescheidene Sitz Wohnstätte einer adeligen Familie. Der österreichische Graf Harrach, der eine Tochter des volkstümlichen Grafen Konrad von Preysing auf Schloß Moos (1843 bis 1903) ehelichte und sich einen Namen als Jagdschriftsteller machte, bewohnte den Natternberg längere Zeit. Nach dem Tod seiner Gemahlin kehrte Graf Harrach auf seine österreichischen Besitzungen zurück. Seither dient die Burg, die vor einigen Jahren ausgebessert und verschönert worden war, verschiedenen gemeinnützigen Zwecken.

Wer sich nun auf unserem Berg ein mächtiges und stolzes Ritter-

schloß vorstellt, würde eine arge Enttäuschung erleben, wenn er die steile Straße, die von dem Dorf auf ihn führt, erklommen und Umschau in den Gebäuden gehalten hat. Es mag schon die erste Burg, wohl von den Grafen von Bogen errichtet, eine stattliche Anlage gewesen sein. Das Gemälde von Hans Donauer von etwa 1590 im Antiquarium der Münchener Residenz zeigt einen weitläufigen gotischen Bau mit zahlreichen Türmen, darunter zwei mächtigen Bergfrieden, Giebeln und Zinnen, zusammen fast eine Festung, die das ganze Berghaupt einnimmt. Aber von dieser Herrlichkeit hat der Dreißigjährige Krieg, der diese Gegend bös heimgesucht hat, fast nichts übriggelassen. Die Reste des Schlosses verfielen mehr und mehr. Der Pfleger, seine Amtsleute, Diener und Knechte mußten sich mit ein paar dürftigen Räumen begnügen. Schließlich hat man die Reste des ehemaligen Riesenbaues abgetragen und für das Pfleggericht am Südrand der Burganlage einen bescheidenen Bau errichtet, der sich von einem besseren Bauernhaus kaum unterscheidet und dem Freund alter Kunst keine Entdeckungen zu bieten vermag.
Nur mehr unansehnliche Reste erinnern in etwa an die frühere stattliche Burganlage: Trümmer der Wehrmauern, Wälle, Gräben und Mulden und endlich der etwa zehn Meter hohe Stumpf des östlichen Bergfrieds oder Hauptturmes. Im 19. Jahrhundert hat man diesem Stumpf einen wohnlichen Aufbau und ein bescheidenes Spitztürmlein aufgesetzt, das weit in die niederbayerischen Lande hinausschaut.
Ein Aufstieg auf die romantische, vom Zauber der Vergangenheit umsponnene Höhe des Natternberges lohnt sich, auch wenn er nichts mehr zeigen kann von ritterlicher Größe und Pracht, wie sie gewissen Schwärmern vorzuschweben pflegt. Man steht hier auf einem der schönsten Aussichtspunkte der altbayerischen Lande. Wer einmal von hier aus in Sammlung und Stille sein beglücktes Auge schweifen ließ nach allen Seiten, auf Berg und Wald und die fruchtgesegnete bayerische Kornkammer, auf Dorf und Stadt, Burg und Abtei, der wird es niemals vergessen, wie er hier dem Lande Niederbayern, dem Bauernlande, geradeswegs ins erlesene Herzstück hat blicken dürfen.

Ja, jetzt hätt ich bald drauf vergessen! Zum Natternberg gehört doch auch jene kaum bekannte nette Geschichte, die mir einst ein gutbayerischer Landsmann erzählt hat. Bayerns Märchenkönig Ludwig II. lebt noch, sagte er. Wie weiland der große Kaiser Karl im Untersberg und Kaiser Rotbart im Kyffhäuser, so haust der verbannte König einsam und vergessen im Natternberg in einer verborgenen Höhle, betreut von wenigen zuverlässigen Dienern, und wartet auf seine Stunde. Kaum jemand weiß von diesem Geheimnis. Alljährlich an seinem Namensfest, das zugleich sein Geburtstag ist, verläßt der greise Monarch beim ersten Morgengrauen seinen Felsenkeller. Langsam wandelt er, gebückt und traurig, in schneeweißem Haar und schneeweißem Bart zur nahen Landstraße. Dort fragt er den Nächstbesten, der ihm in den Weg kommt, mit Grabesstimme, indes sein Auge seltsam aufleuchtet: »Ist Bayern noch bei Preußen?« — Den Gefragten überläuft es eiskalt, und zitternd antwortet er: »Ja!« — — Darauf läßt der König sein Haupt noch tiefer sinken und wankt wieder betrübt seiner unterirdischen Residenz zu . . .

# Der Ritter Allein in Geschichte, Sage und Dichtung

Zu den volkstümlichsten Gestalten der niederbayerischen Geschichte, Sage und Dichtung gehört der adelige Herr Heinrich Tuschl von Söldenau bei Ortenburg, der unter dem romantischen Namen Ritter Allein seit sechs Jahrhunderten ununterbrochen bei uns fortlebt, auch als Erbauer der Saldenburg im Dreiburgenland und Gründer des 1803 aufgelösten Kollegiatstiftes zu Vilshofen.
Vom geschichtlichen Ritter Allein wissen wir nicht allzuviel. Urkundlich tritt er uns erstmals 1340 gegenüber. Er besaß das Schloß Söldenau (heute Brauerei Huber), nach dem er sich benannte, die nur mehr in wenigen Resten bestehende Burg Ranfels, den Edelsitz Dießenstein im wildromantischen Engtal der Ilz, der 1742 von dem berüchtigten Pandurenführer Franz Freiherr von der Trenck ungewollt in Trümmer gesprengt wurde, das stattliche Schloß Fürsteneck, ebenfalls an der Ilz und wie Ranfels und Dießenstein im Dreiburgenland gelegen, noch wohlerhalten und heute auch eine Brauerei beherbergend, ferner die von ihm errichtete, prachtvoll in die Waldlandschaft gestellte Saldenburg, nunmehr wieder Jugendherberge und viele andere kleinere Besitzungen im östlichen Niederbayern, wie zahlreiche Urkunden beweisen.
Heinrich Tuschl entsproß einem hochangesehenen edlen Geschlecht, das erstmals im 13. Jahrhundert in den Urkunden genannt wird und wohl gegen Ende des folgenden erlosch. Unser Ritter Allein war der Sohn des Schweiker I. Tuschl von Söldenau, der hoher Regierungsbeamter, Vizedom an der Rott, herzoglicher Forstmeister im Neuburger Wald bei Passau sowie Inhaber anderer wichtiger Ämter war und 1343 zu Vilshofen mit seinem Bruder Otto, Pfarrer und Dekan zu Vilshofen, ein noch heute bestehendes Spital »für zwölf arme Menschen« stiftete, wie ein Gedenkstein an diesem Gebäude besagt. Schweiker hinterließ fünf Söhne und fünf Töchter. Einer der Söhne, Otto, vereinigte

nach damaliger Übung in einer Hand mehrere hohe kirchliche Stellen. So war er u. a. Stiftsdekan zu Vilshofen, Domherr zu Passau, Chorherr von St. Johann in Freising und zu Altötting. Er starb 1348 zu Passau, wo noch heute in der Kreuzwegkapelle am Dom sein Grabstein vorhanden ist.

Heinrich Tuschl hat wohl von seinem Vater ein beträchtliches Vermögen geerbt, dazu reiche Gefälle und einträgliche Rechte. Mit seinem Reichtum konnte der tiefreligiöse, kirchenfreundliche Mann zahlreiche Gotteshäuser unterstützen und verschönern, große Wohltaten üben und endlich wiederholt hohen geistlichen und weltlichen Herren, darunter sogar regierenden Fürsten, aus Geldverlegenheiten helfen, so daß er als Rothschild seiner Zeit und seines Gaues galt. Hohe Einkünfte mag Tuschl auch als tüchtiger und bewährter Feldherr bezogen haben, der u. a. als Bekämpfer der Freibeuter Namhaftes leistete, die über den Inn eingefallen und bis ins Rottal und nach Vilshofen vorgedrungen waren, und im Krieg des bayerischen Herzogs gegen die Fürstbischöfe von Passau und Salzburg.

Sein frommer Sinn und seine reichen Mittel veranlaßten ihn zu der schon erwähnten Gründung eines Kollegiat- oder Chorherrenstiftes zu Vilshofen im Februar 1376, kurz vor seinem Tod, wobei ihn sein Sohn und Besitznachfolger Schweiker III. kräftig unterstützte. Für die zwölf Chorherren, an deren Spitze ein Propst stand, stellte er Wohnhäuser und angemessene Einkünfte zur Verfügung. Die Stiftung dürfte Geldmittel im heutigen Wert von etwa einer Drittel Million Mark erfordert haben. Über die Absichten, die Tuschl zur Gründung des Stiftes veranlaßten, unterrichtet ausführlich ein Schreiben, das er mit der Bitte um Genehmigung seiner Gründung an den damaligen Papst Gregor XI. (1370 bis 1378) richtete. In seinem noch vorhandenen, geradezu fürstlichen Testament, das von außergewöhnlichem Wohltätigkeitssinn zeugt, sorgte Tuschl nochmals großzügig für seine Chorherren, indem er ihnen zur Aufbesserung ihres Einkommens Einkünfte im heutigen Wert von mehr als 100 000 Mark vermachte. In diesem Testament bestimmte er auch die Vilshofener Stiftskirche als seine Begräbnisstätte. In diesem berühmten Vermächtnis, dessen zuverlässige Übersetzung in die Sprache unserer Zeit und Veröffentlichung erwünscht ist, sorgt der Ritter Allein mit fürstlicher Freigebigkeit und edlem Sinn für Kirchen, Klöster, Wohltätigkeitsanstalten, Verwandte, Freunde und nicht zuletzt für seine Dienerschaft mit beträchtlichen Schenkungen. So vergißt er darin auch nicht die Tochter seines Hundekochs, das Ännchen Reisacher. Seiner von ihm getrennt lebenden dritten Gattin überläßt er als Witwensitz die Burg Fürsteneck, Kleinodien, Pferde, Betten usw. und zur Sicherung des Lebensunterhalts ansehnliche Einkünfte.

Heinrich Tuschl war dreimal verheiratet, und zwar zuerst mit einer Gertraud von Jahenstorf, dann mit einer Ahaimerin und zuletzt mit der Witwe des Albert Staudacher von Landshut, Elsbeth Mauthner von Katzenberg. Aus den leider nicht näher ergründbaren Unstimmigkeiten der letzten Ehe (zwischen dem Paar soll ein sehr großer Altersunterschied bestanden haben) erwuchs jener unverwelkte Sagenkranz, der Heinrich den Namen Ritter Allein und ein unvergängliches Andenken im Gedächtnis des Volkes verliehen hat. Aus den drei Ehen sind drei Kinder nachweisbar. Das letzte Mal urkundet ein Nachkomme Tuschls, sein Sohn Peter, 1397.

1368 erhielt Heinrich Tuschl von Graf Leopold von Hals in Saldenburg ein Gut verliehen mit dem Auftrag, dort eine feste Burg zu errichten. Der Hauptbau des von Tuschl errichteten Schlosses, die ernste, wuchtige und eindrucksvolle »Waldlaterne«, wie das Volk diese Burg nennt, steht noch heute und hat sich das stimmungsvolle und romantische Wesen der Erbauungszeit bis in unsere Zeit herübergerettet. In diese waldumrauschte Burg zog sich Tuschl zurück, als das Glück seiner kurzen letzten Ehe zerschellt war und er das Ende seiner tatenreichen Lebenstage herannahen fühlte. Dort starb er in freiwillig erkorener Einsamkeit am 24. Februar 1376. Dort soll er noch vor wenigen Jahren als Gespenst umgegangen sein.

Wunschgemäß wurde er in seiner Stiftskirche in Vilshofen beigesetzt. Dort errichteten die Chorherren später zu Ehren ihres Guttäters im Presbyterium ein elf Schuh hohes kunstreiches

Grabdenkmal aus rotem Marmor, das unseren Tuschl in Lebensgröße, voller Rüstung und stolzer Haltung zeigte. In der Linken hielt er die Lanze, in der Rechten einen Schild mit dem vielsagenden und vielumstrittenen Wort »Alain«. Dieses auch heimatgeschichtlich wertvolle Denkmal erlebte ein unglaubliches Schicksal. Als 1824 zu Vilshofen eine neue Brücke über die Vils erbaut wurde, ließen die ahnungslosen Bürger nebst anderen Gedenksteinen auch das Grabmal ihres großen Wohltäters in den diesseitigen Brückenkopf einmauern. Glücklicherweise hat sich das Bild dieses verlorenen Kunstwerkes in einer biederen Zeichnung eines braven Vilshofener Bürgers aus dem 19. Jahrhundert erhalten.

An der südlichen Vorhalle der Turmwand der ehemaligen Stiftskirche zu Vilshofen, seit Aufhebung des Stiftes Pfarrkirche, befindet sich ein farbig gefaßtes Steinrelief von etwa 1520. Es zeigt den Kirchenpatron St. Johannes den Täufer und u. a. das Tuschlwappen mit der Inschrift »allain«, ferner die in gotischen Buchstaben gehaltene Bitte: »O Heiliger sant Johans pit got vir uns.«

An Heinrich Tuschl erinnern auch noch ein Gedenkstein in der prachtvollen Rokokokirche zu Aldersbach, den die dankbaren Zisterzienser zu Ehren ihres Wohltäters im 17. Jahrhundert errichten ließen, und ein einfaches Gemälde im Schloß zu Söldenau, das den edlen Mann hoch zu Roß und mit der Bezeichnung »Tuschl allain« zeigt. Daneben sehen wir zwei Hunde, die sich heftig um einen Knochen streiten, eine Anspielung auf die dritte Gemahlin Tuschls, die ihm ein fescher junger Knecht entführt haben soll, wie die Sage behauptet. Das Wort »Alain« auf dem Grabstein Tuschls ist sicher eine Zutat der Vilshofener Chorherren, die wohl damit einen Lieblingsausdruck des enttäuschten und einsamen alten Mannes verewigen wollten. Anlaß zu dieser Einfügung mögen auch die Verse gegeben haben, die Heinrich Tuschl dem Stiftungsbrief für das Kollegiatstift beigegeben hatte:

»Ein Gamsel auf dem Stein
lockt mich in Wald hinein.

Zwei Hund an einem Bein,
ich Tuschel bleib allein.«

In unserer Zeit schuf der Münchener Künstler Eugen Schoch für den Rathaussaal in Vilshofen drei große Tafelbilder, die wichtige Ereignisse und Persönlichkeiten aus der Geschichte der Stadt in monumentaler und volkstümlicher Weise darstellen. Auf einem der 1949 angebrachten Bilder stehen in stolzer ritterlicher Haltung und Rüstung Schweiker I. und sein Sohn Heinrich, dessen Turnierfahne das Wort »Allain« trägt.
Die sagenhafte Geschichte von Tuschls letzter Ehe finden wir erstmals verzeichnet bei dem großen bayerischen Geschichtsschreiber Johannes Turmair, genannt Aventinus (* 1477 zu Abensberg, † 1534 zu Regensburg), von dem aus sie immer wieder in das heimatliche Schrifttum und insbesondere in die Sagenbücher überging, immer wieder verändert und mit neuen Zutaten versehen. Kein Wunder, daß sich diese romantische Geschichte die besondere Gunst des Volkes und der Dichter erwarb. Wir geben nachstehend eine der verbreitetsten Fassungen der Sage vom Ritter Allein wieder.
In seinen alten Lebenstagen schließt Heinrich Tuschl einen dritten ehelichen Bund mit dem zauberhaft schönen und blutjungen Ännchen. Das lebensfrische Ding kann keinen Gefallen an dem ernsten Greis und dem Leben auf dem einsamen Schloß finden. Es verliebt sich in einen strammen und hübschen Knecht des Gatten und brennt mit ihm in Nacht und Nebel durch. Niemand weiß, wohin das Paar geflüchtet ist. Der einsame, verbitterte und schwer enttäuschte Tuschl macht sich trotz seines hohen Alters auf, die Treulose zu suchen. Er ergreift den Wanderstab und wandert dahin, Tage und Wochen und Monde. Aber nirgends vermag er eine Spur von seinem geliebten Ännchen zu entdecken. Seine Sehnsucht führt ihn sogar in fremde Erdteile. Tuschl kommt nach Ägypten oder gar ins Heilige Land. Auch Italien nennen die Sagenerzähler.
Da findet er irgendwo in einer weltfremden Stadt auf merkwürdige Weise seine entlaufene Gattin wieder. Bei einem Schu-

ster muß er sich die schadhaft gewordenen Stiefel ausbessern lassen. In der Schusterwerkstätte entdeckt er in der Hausfrau, umgeben von einer Schar lieblicher Kinder, sein Ännchen, blühend und reizend wie nie zuvor, fröhlich und glücklich über alle Maßen. Und der ehrsame Schuster, sein einstiger Knecht, ist der Gatte der holden jungen Frau! Tiefe Rührung überkommt den alten Tuschl. Tränen entrollen seinen Augen, er erbaut sich an dem Familienglück, kann es aber nicht übers Herz bringen, sich zu erkennen zu geben. Er entlohnt den Schuster königlich für die kleine Arbeit und wandert betrübten Gemütes wieder seiner fernen Waldheimat zu, wissend, daß er nunmehr allein bleiben muß bis ans Ende. Zu Hause angelangt, zieht er sich von allem Verkehr zurück. Völlig einsam haust er bald auf Ranfels, bald auf Saldenburg, legt seinen alten Namen ab und nennt sich fürderhin nur mehr Ritter Allein. Er nimmt das traurige Wort »Allein« in sein Wappen auf. Als er dann im Angesicht des nahen Todes das Chorherrenstift zu Vilshofen gründet, veranlaßt er die Priester, daß sie sein Lieblingswort als Wahlspruch, Gruß und Wappen erwählen und alle Gerätschaften ihres Stiftes und selbst die kirchlichen Gewänder damit bezeichnen. Bald darauf stirbt Heinrich Tuschl völlig allein auf der waldversteckten Saldenburg, die seine Glücksburg (Sälde = Glück) hätte werden sollen und deren tiefe Einsamkeit der Seelenstimmung des Verbitterten so ganz entsprach.

Das also ist eine der vielen Sagen um unseren Heinrich Tuschl. Ein jüngerer Zeitgenosse Aventins, der merkwürdige Dichter und Geschichtsschreiber Kaspar Bruschius, 1518 in der Nähe von Eger geboren und nach einem äußerst lockeren und bewegten Leben, das ihn auch für einige Zeit an den humanistenfreundlichen fürstbischöflichen Hof zu Passau gebracht hatte, 1559 bei Rothenburg o. T. meuchlings ermordet, gab 1553 zu Basel eine Sammlung lateinischer Gedichte heraus. Darin bringt er nebst anderen heimatlichen Stoffen Verse, die lebhaft und ausdrucksvoll das eheliche Mißgeschick des Tuschl besingen.

Dann hören wir im heimatlichen Schrifttum lange nichts mehr vom Ritter Allein, bis ihn das von romantischen Strömungen ge-

tragene Zeitalter des Biedermeier neu entdeckte. Da ist zuerst der vielbefehdete Geschichtsschreiber und Satiriker Karl Heinrich Ritter von Lang (* 1764 in Balgheim, Schwaben, † 1835 bei Ansbach), der sich in köstlicher Weise über die damalige Kleinstaaterei und den Bürokratismus lustig macht. In seinen berühmten »Hammelburger Reisen« (11 Fahrten, 1818 bis 1833) erzählt er als Satire auf die damals so beliebten rührseligen und romantischen Rittergeschichten die Mär »Von dem Herrn Heinrich Tuschel zu Vilshofen und dem Fräulein Nannerl von Ahaim«. Der Ritter von Lang erzählt die Geschichte mit Humor, allerhand Seitenhieben und in lebendiger, erheiternder Sprache. Langs Erzählung hat sich ein Vilshofener Zeitgenosse, der ehrsame Bäckermeister Schattenfroh, säuberlich abgeschrieben. Diese Abschrift ist in Jahrgang 1913 der Zeitschrift »Der Bayerwald« (Straubing) zu finden. Seltene Bilder sind beigegeben.

Der ungemein fleißige und vielseitige Regensburger Schriftsteller Adelbert von Müller (* 1802 in Furth i. W., † 1879 in Regensburg) nahm sich auch um den Ritter Allein an. Er hat mit seinem Landsmann Joseph Rudolph Schuegraf (1790 bis 1861) unser Waldgebirge in das Schrifttum eingeführt und 1846 mit dem Prager Professor Bernhard Grueber den ersten bis heute nicht mehr erreichten Bayerwald-Führer, reich mit Stahlstichen versehen, herausgegeben. In seinen »Sagen und Legenden der Bayern« (Regensburg 1833) steht die zwanzig Strophen umfassende anspruchslose Ballade »Heinrich Tuschl und sein Röslein«. Müller bringt die Sage auch in seinem Bayerwald-Führer und seiner vierbändigen Reisebeschreibung für die Donau (Regensburg 1841/1856). Der Österreicher Eduard Duller (* 1809 in Wien, † 1853 in Wiesbaden) gab das zehnbändige Werk »Das malerische und romantische Deutschland« (Leipzig 1846/47) heraus. In dem Band »Donauländer« ist ebenfalls die Tuschlsage zu finden. Trotz aller Bemühungen konnte ich bis heute nirgends das Gedichtbuch »Bilder aus dem Bayernwald« von Dr. Th. Mörtl (Straubing 1848) auftreiben, das ebenfalls den Ritter Allein behandelt. Professor Alexander Schöppner, München, erzählt die Tuschlsage im zweiten Band von seinem »Sagenbuch der Bayerischen Lande« (3 Bände, München 1852/53), der ersten großen bayerischen Sagensammlung mit 1368 Beiträgen, bis heute ohne Gegenstück geblieben.

Vor mehr als zwei Menschenaltern ist das sagenhafte Schicksal unseres Heinrich Tuschl durch das geschickt angelegte romantische Ritterschauspiel in drei Aufzügen »Wahn und Reue« (Vilshofen 1880) bekannt geworden, verfaßt von Roman Weißmann, Vilshofen (* 1818 in Vilshofen, † 1888 ebenda). Das schlichte Stück gestaltet den Tuschlstoff frei, wurde oft von Vereins- und Wanderbühnen aufgeführt und erfreute sich in breiten Volkskreisen starker Beliebtheit.

Dann wurde es wieder geraume Zeit still um Heinrich Tuschl, bis sich unser Jahrhundert neuerdings seiner erinnerte. In der vierten Folge seiner kulturgeschichtlichen Erzählungen »Vom Bayernwalde« (Freising 1907) bringt Professor Karl von Reinhard-

stöttner (* 1847 in München, † 1907 ebenda), der auch ein Buch über unseren »Wald« geschrieben hat, die weitläufige Verserzählung »Tuschl auf Söldenau«. In einer kürzeren Ballade besang den Ritter Allein der verstorbene Dachauer Lehrer Stuiber, der gebürtiger Oberpfälzer war und sich als Dichter »Ludolf Silvanus« nannte. Sie steht in seinen »Gedichten aus dem Bayerwald« (Passau 1906) und, in Prosa erzählt, in seinem »Sagenkranz des Bayerisch-Böhmischen Waldes« (München 1912). Wir finden die Sage auch in den »Donausagen« (Leipzig o. J.) von Professor Dr. Oskar Ebermann und in den »Niederbayerischen Sagen« (Straubing 1927) von Oberlehrer Michael Waltinger.
Mein unvergeßlicher Freund, der Lehrerdichter Karl Mayrhofer (* Landshut 1894, † Neukirchen v. W. 1935), widmete Tuschl eine schöne Ballade in Jahrgang 1924 der »Monatshefte des Bayerischen Waldvereins« (Regensburg), darin er in poetischer Freiheit den Helden seine Ruhestätte auf dem Domfriedhof in Passau finden läßt. Mayrhofer schrieb das wenig bekannt gewordene niederbayerische Heimatbuch »Ahnenerbe« (München 1927), das Hermann Bahr hoch gepriesen hat. Breit und gemütvoll erzählt das Tuschl-Schicksal der Bezirksarzt Dr. Anton Schmid (* 1846 in Kirchdorf i. W., † 1922 in München), ein edler Menschen- und Heimatfreund, der auch in Regen und Passau gewirkt und mancherlei über seine Waldheimat veröffentlicht hat. Seine Tuschl-Geschichte steht in Jahrgang 1906 der Zeitschrift »Der Bayerwald« (Straubing).
Zu wertvollen kleinen Werken haben den dankbaren Sagenstoff unser Walddichter Franz Schrönghamer-Heimdal und Hans Watzlik (* 1879 in Unterhaid, Böhmerwald, † 1948 in Etterzhausen bei Regensburg) geformt. Schrönghamer bringt in seinem Reimbuch »Wo die blaue Blume blüht« (Ravensburg um 1910) in mittelhochdeutscher Sprache die große Ballade »Allain!«, Watzlik in seiner Sammlung altbayerischer Novellen »Die schöne Maria« (Regensburg 1934) die Erzählung »Ritter Allein«, die vorher in Jahrgang 1932 meiner »Heimatglocken« erschien.
Reiche Angaben über den Ritter Allein und sein Geschlecht haben aus den Archiven geschöpft zwei verdiente geistliche Heimat-

geschichtsforscher, Franz Seraph Scharrer (* 1810 in Waldkirchen, † 1903 in Vilshofen), von 1840 bis 1842 Lyzealprofessor in Passau, Geschichtsschreiber der Stadt Vilshofen, und Pfarrer Michael Härtl (* 1802 in Passau, † 1878 in Niederhausen), ferner der Arzt Dr. Alexander Erhard-Sohn (* 1830 in Passau, † 1899 ebenda) und in neuester Zeit Studiendirektor Dr. Karl Wild, Vilshofen. Dieser hat über die Tuschl anläßlich der Übergabe der erwähnten Gemälde von Eugen Schoch im Rathaussaal zu Vilshofen geschrieben. Die einschlägige Schrift ist 1949 in Vilshofen erschienen. Dr. Wild bereitet auch die Veröffentlichung des Testaments von Heinrich Tuschl vor. Ihre und eigene Forschungsergebnisse langer Jahre habe ich zusammengestellt im Jahrgang 1935 meiner »Heimatglocken« (mit einigen Abbildungen), ferner in einem umfangreicheren Beitrag für die von Dr. Karl Wild 1956 herausgegebene Festschrift »750 Jahre Stadt Vilshofen« (Verlag des Stadtrates Vilshofen): »Schweiker I. Tuschl von Söldenau und sein Sohn Heinrich, der edle Ritter Allein« (mit Abbildung dessen verlorenen Grabsteines).

Es ist und war mir darum zu tun, dieser anziehenden Gestalt, dem Ritter Allein, mit unserer Heimat so eng durch ewiggrüne Sage, Dichtung, Bauten und mancherlei Verdienste verbunden, ein kleines Denkmal zu setzen. Zwischen seinen Waldburgen bin ich aufgewachsen. Sein düsteres Eheschicksal hat schon das Herz des heimatfreudigen Knaben bewegt und erschüttert.

## Das hochzeitliche Bschoadtüchl im heutigen Niederbayern und im alten Rom

Das federnverzierte Plüschhütl schief auf dem lebfrischen Graukopf, ein buntes Kunstblumenbüschl im Knopfloch der Festtagsmontur, in der Rechten den hilfreichen Haklstecken und in der Linken ein weißgetupftes rotes Packerl mit vier Tuchzipfeln — so wackelt der alte Ammerbauer zu nachtschlafender Zeit seiner Heimstatt zu. Weil er gut aufgelegt ist, pfeift er manchmal ein Trumm von einem Landler, einer Polka oder einem Zwiefachen, oder er singt gar ein sternhagelverliebtes Schnaderhüpfl und denkt an die Zeit, da er die ehr- und tugendsame Bauerntochter Margarete Ponigl an den Traualtar geweist hat.
Woher kommt er denn, der Ammerbauer, der schon gutding zehn Jahrl im Austrag lebt und sonst mit den Hühnern ins Bett geht? Der Kenner weiß es! Der Alte war zu einer großen Bauernhochzeit geladen und beim abendlichen Schenken feierlich aufgerufen worden »als der wohlachtbare, ehr- und tugendreiche Herr Matthias Winkler, Ausnahmsbauer auf dem Ammerhof in Bernleithen, als dem Herrn Bräutigam sein viellieber und teurer Freund und Herr Vetter«. Und dann hat der Hochzeitslader die Spielleut noch aufgefordert: »Auf, Musikanten, ihm zu Ehrn laßts eure Instrumenter hörn!« — Denn der Ammervater hat das große, bunte Familien- und Pfarrfest mitgemacht von A bis Z, hat gegessen, getrunken, getanzt und gesungen wie nochmal ein Junger. Der Stamm vom Ammerbauerngut ist ja ein gußeiserner, und seine Sprossen sind in der Gegenwart ebenso lebenskräftig, wie sie es seit drei Jahrhunderten immer gewesen sind auf ihrem Hof, der einst als Amtshof über alle anderen Bauerngüter herrschte.
Der Mond scheint freundlich auf dem Ammervatern sein Handpackerl, und der Mann selber blickt es nicht minder freundlich an. Denn er freut sich schon drauf, wenn er die Liebes- und Erinnerungsgabe seinem Eheweib als willkommenes Bringerl auf den Höhtuchent oder das Deckbett legen kann.

Freilich wird die »Mutter«, wie der alte Ammer seine Hausfrau nennt, seit sie ihm vor mehr als fünfzig Jahren den kernigen Stammhalter in die uralte Hauswiege geschenkt hat, freilich wird sie ihm Vorhalt machen, weil er gar nimmer gescheit wird, der »Vater«, und erst heimkommt, wenn die Hofleut schon fast wieder ans Aufstehen denken müssen und weil er sicher trotz seiner 76 Jahre noch ein paar Tänze gedreht hat.

Aber dann wird der alte Ammervater sagen, indes er sich bedächtig eine Riesenpris Schmalzler auf das rechte Handgrüberl haut: »Sei jetzt staad, Mutter, und sag nix mehr! Schau zerst den schönen Bschoad an, den vielen, und dann schimpf noch, wenn du die Leckerbissen gesehen hast: ein halbes Gansviertl, Gebackenes vom Kalbl, ein Trumm Schweinernes und gar nicht feist, vom Rindfleisch auch ein schönes Bröckl, ein Tortenstückl, zwei Eierweckl und einen ganz mürben Butterbogen! Hätt mich selber schier plangt drum! Hab ihn aber eigens aufgehebt für dich, weil ihn dein Biß leichter zwingen kann!«

Da wird das Gesicht der Altbäuerin gleich um ein paar Grad milder. Aber weil sie in bezug auf Reinlichkeit eine ganz Genaue ist und gern kritisiert (und das tun alle Weiber gern), sagt sie mit hausfraulichem Ernst: »Brav, Vater, daß du auch auf mich denkt hast und einen so schönen Bschoad heimbringst! Aber auf der Stell tust du mir das Zeugs weg da von der Liegerstatt! Machst ja den frisch überzogenen Höhtuchent ganz voll Fettpatzen! Ihr Mannsbilder denkt aber auch an gar nichts!« – – –

Aber der alte Ammerbauer wird sich schon zu helfen wissen, wenn seine Alte trotz des schönen Mitbringsels noch keinen Fried geben sollte. Dann tischt er ihr ein paar jener Schnaderhüpfel auf, die er beim Schenken gesungen hat, spaßhalber nur, damit es was zum Lachen gab:

> Und lusti han i gheirat
> und trauri han i ghaust,
> und a Stubn voll kloa Kinder
> und a Wei, daß 's ma graust!

Und da Ehstand is a Wehstand
für zwoa junge Leut,
wann d' Wiagn aso kneagazt
und 's Kind aso schreit!

U mei, liaber Hochzeiter,
iatz hast halt a Wei!
Jatz hauts dir an Hadern
bald umi ums Mäu!

Gern schau i an Hochzeiter an
mit seiner schön' Braut.
Und i muaß iatz hoamgehn
zu meiner altn Haut!

Man fragt mich nun: Was ist das »Bschoad«? Woher kommt es? Wer je im Altbayerischen eine nahrhafte und reiche Bauernhochzeit mitgemacht hat, der kennt sich aus. Bei einer solchen Festlichkeit muß es nach jeder Richtung hin hoch hergehen. Gewand, Roß, Fuhrwerk, Musikanten, alles muß standesgemäß nobel sein und ankündigen, daß der Hof, auf den geheiratet wird, ebenso geldig ist wie der, aus dem sich der Hochzeiter seine Braut geholt hat. Und weil der Mensch aus Seel und Leib besteht, wird bei einer solchen Hochzeit ein Mahl aufgetragen, das sowohl in der Zahl seiner Gänge als auch in der Güte des Gesottenen, Gebratenen und Gebackenen und in der Größe der Portionen des hohen Tages würdig ist. Mit der süßen Weinbeersuppe hebt das zwölfgängige Mahl an, und mit dem buntfarbigen Tortenstückl hört es am sinkenden Abend auf. Die Musikanten spielen über das Mahl, das erlesene Hochzeitsbier fördert die allseitige übermütige Stimmung.
Freilich, an so einem Tag kann sich auch der gesündeste Bauernmagen überessen, und weil man dem Herrn Wirt nichts schenken will und das ansehnliche Mahlgeld nicht umsonst ausgegeben werden darf, hat man einen sehr lobenswerten Ausweg gefunden. Man läßt sich in der Mitte des Mahls durch einen »Nachi-

geher« oder eine »Nachigeherin« (ein anderes Glied der Familie) in der unerschöpflichen Esserei ablösen. Der Vorgeher setzt in der Gaststube drunten sein Trinkgeschäft fort oder eilt übersatt und trunkerheitert heimzu.
Aber auch der Nachgeher kann nicht alles aufzehren, was die überreiche Hochzeitstafel Gutes aufwartet. Drum nimmt jeder Hochzeitsgast vorsorglich und herkömmlich sein saubergewaschenes Bschoadtüchl mit. Der fortschrittliche Wirt legt für jeden Gast noch ein Stück Fettpapier bereit. In Papier und Tuch legt der Tafelsitzer von den gönnerhaften Gängen ein Stück nach dem andern, ein Haxerl, ein Schnitzl, ein Ripperl, nicht zu vergessen das Schmalzgebackene und die Köstlichkeiten der bäuerlichen Zuckerbäckerkunst. Wenn dann das Tafeln ein Ende hat und die große Tanzerei anhebt, packt man die Überbleibsel säuberlich in seinem Bschoadtüchl zusammen, verwahrt es gut und überbringt es dann den Hofleuten als schmackhafte Hochzeitserinnerung.
So kommt es, daß an einem bäuerlichen Heiratstag sowohl am Nachmittag und Abend als auch zu den unterschiedlichsten Stunden der Nacht, zuweilen aber auch erst um die Zeit des ersten Hahnenrufes, lustige rote oder blaue oder auch blühweiße Bschoadpackl den Dörfern und Einschichten zustreben, roglich in den Händen getragen oder früher von stabbedürftigen Mannsleuten an den fast mannshohen zwiegegabelten Haselnußstecken aufgehängt, wie man sie heute noch oft sieht, wenn Vorstadt- und Vereinsbühnen, sog. Bauernkomiker und »Gebirgstrachtenerhaltungsvereine« bäuerliches Wesen mehr oder minder glücklich nachahmen.
Nun, glaube ich, kennen wir zur Genüge das altbayerische und insonderheit niederbayerische »Bschoad« und das »Bschoadtüchl«. Das Wort »Bschoad« lautet im Papier- und Schriftdeutschen »Bescheid«. Bei uns Landhausenden spricht man vom »Bescheid trinken«, wenn man einem achtbaren Tischnachbarn oder guten Freund im Wirtshaus zuprostet.
Nun ist ein weiter Weg vom Niederbayerischen nach Rom, und es liegen zwei Jahrtausende und noch etliche Jahre zwischen unserem Zeitalter und dem klassischen des hochgebildeten alten

Rom. Ja, nun staune man und gebe wieder einmal dem oft gerühmten alten und weisen Ben Akiba recht, der vor genau 1800 Jahren hingerichtet wurde. Denn von ihm stammt der Spruch: »Alles schon dagewesen!« Daß es nichts Neues unter der Sonne gibt, das beweist nun auch unser an sich so nebensächliches Bschoad und erst recht das heimatliche Bschoadtüchl. Denn bereits die antiken Römer, die Römer des genannten hochkultivierten Zeitalters, kannten und schätzten beides. Und daß die wohlgebildeten vornehmen Römer, wenn sie in ihrer edlen Toga von einem Hochzeitsmahl ihren Palästen oder Villen zuwanderten, ein regelrechtes Bschoadtüchl mit nach Hause trugen, nein, das hätte ich mir denn doch nie träumen lassen! Allein es ist wirklich so! Alles schon dagewesen! Im kunstgeadelten Speisesaal eines römischen Patrizierhauses hat man es bei der Hochzeitstafel ebenso gemacht wie bei uns in den niederbayerischen Tavernen: man hat während des üppigen Brautmahls ein Reststücklein nach dem andern sorgfältig in ein bereitgelegtes Tuch getan und am Schluß der oft überreichen Gasterei den Zuhausegebliebenen das Bschoad mitgebracht.

Woher weiß ich das, der ich mich im Niederbayerischen viel besser auskenne als im Altrömischen? Im 25. Heft der »Tusculum-Schriften« des Heimeran-Verlages, in dem Bändchen »Die Frau im alten Rom«, erzählt der Verfasser Hans Fischl folgendes: »Bei den Hochzeitsmählern des alten Rom brachte jeder Gast eine Serviette mit, die man die ›mappa‹ nannte (daher kommt unser Wort ›Mappe‹). In diesem Mundtuch nahm man beim Nachhausegehen Speisen vom Nachtisch und kleine Geschenke mit, was also nichts anderes ist als unser heimatliches Bschoad. Daß es bei den römischen Gastmählern gelegentlich der Hochzeiten hoch herging, läßt sich denken.« Der genannte Verfasser berichtet, daß dort eine Hochzeitsfeier zuweilen nicht weniger als 10 000 Mark gekostet hat. Freilich gab es auch Paare, die ihre Vermählung in aller Stille auf dem Lande feierten, wie es auch bei uns immer mehr Mode wird, daß sich bäuerliche Brautleute in irgendeiner fremden Kirche in aller Stille trauen lassen, was ihnen lieber ist als der endlose und anstrengende Trubel einer großen, freilich heut meist recht nüchtern und eintönig gewordenen Bauernhochzeit.

# HERBSTGÄNGE

# Vom Weinbau des alten Klosters Niederalteich

Im umfangreichen und weitgespannten Wirtschaftsbetrieb des alten Klosters Niederalteich spielte der Anbau von Wein und auch der Handel mit diesem edlen Getränk eine bedeutsame Rolle. Noch vor wenigen Jahrhunderten war auch bei uns in Bayern der Wein ein Lieblingsgetränk des breiten Volkes. Später wurde er durch das heutige Nationalgetränk, das Bier, aus seiner beherrschenden Rolle verdrängt. In Niederbayern befanden sich viele Weinbaugebiete, namentlich an den Hängen der Donau und der Isar. Noch heute wird unweit der niederbayerischen Grenze, an den sonnigen Donauhängen bei Kruckenberg unterhalb Wörth, guter Wein gebaut. Viele Orts- und Flurnamen und besonders der bei uns oft vorkommende Familienname »Weinzierl« (gleich Weinbauer oder Winzer) erinnern noch an den alten niederbayerischen Weinbau.

Guten Ruf genoß einst unser Isarwein, der sogar am bayerischen Fürstenhof gern getrunken wurde. Aber mit der Zeit verminderte sich dieses Rebengetränk so sehr, daß man ihm den Spitznamen »Dreimännerwein« aufbrachte. Man sagte ihm nach, daß zu seinem Genuß drei Männer notwendig seien: einer, der ihn zu trinken wagte, und zwei, die den Mutigen halten mußten, damit er den Säuerling ohne Widerstand annahm.

Besonders starken Bedarf an Wein hatten die alten Klöster mit ihren großen Konventen. Er diente kirchlichen Zwecken und war in den Refektorien ein beliebtes Tafelgetränk. In der Regel hatte jeder Mönch vertragsgemäßen Anspruch auf eine bestimmte tägliche Weinmenge. Wer diesen Wein nicht aufbrauchte, konnte sich den entsprechenden Geldwert herauszahlen lassen, den er dann für beliebige persönliche Zwecke verwenden durfte. Niederalteich bekam schon bei seiner Gründung im Jahre 741 seitens der agilolfingischen Herzöge Odilo und Tassilo nebst anderen bedeutenden Grundstücken auch Weinberge verliehen. Es besaß im Mittelalter und auch noch in späteren Zeitläuften Weinberge bei Hof- und Breitenweinzier (bei Bogen), bei Pfelling (unterhalb Bogen), in Schwarzach bei Hengersberg, also in unmittelbarer Nähe der Abtei, in Hengersberg selbst, in Flintsbach, Neßlbach und bei Pleinting, also durchwegs an der Donau, ferner in der Vorwaldgegend von Otterskirchen. Bei Schwarzach legte das Kloster selbst Weinberge an. 1545 erwarb es dort einen weiteren Weinberg. 1351 hatte das Stift ein Gut auf dem Weinberg zu Hengersberg inne. In Flintsbach gab es eine ganze Sippe von Weinbauern, die im 15. und 16. Jahrhundert Weinberge an das Kloster veräußerte. Manche dieser Weinberge sind wohl schon von den Römern angelegt worden. So fand man vor einigen Jahrzehnten auf dem sonnigen Hang nördlich von Pfelling an der Donau, der noch heute »Weinberg« heißt und eine eigene »Weinbergkapelle« trägt, einen römischen Gedenkstein.

Die größten und besten Weinberge besaß Niederaltaich in der vielbesungenen Wachau, im schönsten Abschnitt des deutschen Donaulaufes, zwischen Melk und Krems in Niederösterreich, also vor den Toren Wiens. Schon Karl der Große hatte im Jahre 741 der Abtei in der Wachau einen Besitz von 40 Höfen geschenkt, zu denen viele Weinberge gehörten. Weitere Weinberge legte in diesem Gebiet das Kloster selbst an. Kaiser Ludwig der Deutsche, der dem Kloster im Jahre 857 die Reichsunmittelbarkeit verliehen hatte, schenkte ihm in der Wachau zehn weitere Weinberge. Zahlreiche Adelige, Bürger und Bauern der Wachauer Gegend vermachten dem Kloster zur Stiftung von Seelengottesdiensten Weinberge. Der Hauptort des niederaltaichischen Weinbaues in der Wachau war der malerische Marktflecken Spitz, der bis 1803 Eigentum der Abtei und Sitz einer Propstei war. Im ganzen hatte Niederaltaich in der Wachau 61 Weinberge inne, worunter 40½ allein bei Spitz lagen.

Unweit von Spitz steht der Erlachhof, ein edles schloßartiges Gebäude, in dem die Verwaltung des altaichischen Klosterbesitzes in der Wachau untergebracht war und in dem der Propst von Spitz seine Sommerwochen verbrachte. Beim Erlachhof hatte das Kloster seine großen Weinkellereien. Darin lagerten im Jahre 1792, also elf Jahre vor der Aufhebung des Klosters, 2302 Eimer Wein. 1797 waren es 3588 Eimer und 1801 3224 Eimer. Damals verkaufte das Kloster in Österreich aus seinen Kellereien jährlich Wein um durchschnittlich 2100 Gulden. Vielgerühmter Wein wuchs und wächst noch heute auf dem Tausendeimerberg, an den sich das romantische Spitz schmiegt. Seinen Namen soll der Berg der Tatsache verdanken, daß er allein in guten Weinjahren 1000 Eimer des köstlichsten Rebengewächses lieferte. Mit der Aufhebung des Klosters Niederalteich und seiner drei Propsteien ging auch sein herrlicher Grundbesitz in der Wachau in das Eigentum des österreichischen Staates über.

Im Jahre 1578 lagerten in den weiträumigen Kellern der Abtei Niederalteich 133 Eimer bayerischen und 457 Eimer österreichischen Weines. Ein Eimer umfaßte 7 bis 11 Kannen. Ein Teil dieses Weines wurde durch Handel vertrieben. Für die Weinbeförderung zwischen der Wachau und dem Kloster, die auf dem Donaustrom erfolgte, bildete sich mit der Zeit eine eigene Schiffergilde heraus, die genau festgelegte Rechte und Pflichten besaß. Mit dem blühenden Bau und Handel von Wein hing auch die günstige Entwicklung des Standes der Küfer oder Binder zusammen, die die Holzfässer anzufertigen, auszubessern und zu liefern hatten.

Als Abt Tobias Gmeiner (erwählt 1648) 1651 seine Regierung niederlegte, um Wohnung im Pfarrhof zu Schwarzach bei Hengersberg zu nehmen, verlangte er von seinem Stift alljährlich u. a.: 12 Eimer Wein, Klostergewächs, 3 Eimer bayerischen Wermutwein, 20 Eimer Bier und 12 Köpfl Branntwein. Ein Köpfl hielt drei Viertel der alten Maß. Für Weinbau, Pflege und Handel benötigte die Abtei einen ganzen Stab von Dienstleuten, wie überhaupt das große und reiche Kloster ein kleines Heer von Beamten, Angestellten und Bediensteten zu ernähren hatte. Die höheren unter ihnen hatten vertragsgemäß Anspruch auch auf Weinzuteilung. So bekam unter Abt Plazidus Kramer (1667 bis 1672) der Hof- und Propsteirichter täglich seine 3 Köpfl Wein und der Klostermedikus, der Arzt, in Deggendorf jährlich 2 Eimer Wein.

Mit dem Besitz der umfangreichen Weinberge waren für die Abtei auch allerlei Unannehmlichkeiten und Streitigkeiten verbunden.

Zuweilen versuchten Adelige Weinberge auf unrechtmäßige Weise an sich zu reißen. Unter den Winzern, die altachische Weinberge in Pacht hatten, gab es vielfach Unfrieden und Streit. Eine schlimme Gefahr für die Weinbeförderung auf der Donau bildete die berüchtigte »Grundruhr«. Wenn ein Donauschiff auf einer Sandbank sitzenblieb oder auch nur das Ufer streifte, war das Fahrzeug samt aller Ladung und seiner Besatzung jenem Herrn verfallen, der Eigentümer des betreffenden Grundes war. Damit nun Schiffe möglichst häufig »grundrührig« wurden, drängten verwegene Raubgesellen der Grundherren die Schiffe mit Gewalt an die Ufer oder auf eine Sandbank. In dieser Beziehung waren die adeligen Herren der einstigen Burgen Winzer und Hilgartsberg gefürchtet. 1316 schaffte Kaiser Ludwig das Grundrecht auf der Donau ab und ermöglichte so wiederum einen recht- und gesetzmäßigen Handelsverkehr auf dem völkerverbindenden Strom.

Zum Schluß seien ein paar feine Verse angeführt, die davon zeugen, wie sehr die hochmögenden Herren Barockprälaten der alten Donaustifte den Wein zu schätzen wußten. Unweit Spitz liegt das einzigschöne Donaustädtchen Dürnstein mit seiner berühmten Barockkirche. In dem zum ehemaligen Chorherrnstift gehörigen Kellerschlößl, das sich über riesigen Weinkellern erhebt, ließ ein weinfreudiger Prälat des 18. Jahrhunderts folgendes Loblied auf den Rebensaft anbringen:

> Du angenehmes Glas,
> du wunderschöner Wein,
> du mußt doch lebenslang
> mein einzig Labsal seyn!
>
> Wer etwas Liebstes hat,
> der küßt es gar zu gern,
> deswegen ist mein Mund
> von dir auch selten fern,
>
> damit er dich fein oft
> im platten Glase küßt,
> weil du ihm bis in Tod
> sein Allerliebstes bist.

# Sagen um den Rammelsberg

Im unteren Bayerischen Wald, vom vielgerühmten Marktflecken Schönberg einen guten Büchsenschuß entfernt, liegen auf einem aussichtsreichen Hügel die Trümmer des ehemaligen Schlosses Rammelsberg, das der Volkssage nach das älteste im ganzen Waldgebirg gewesen sein soll. Vor Zeiten war es von stattlichem Umfang und wohlgebaut, wie der Stich von Michael Wening und ein Gemälde von etwa 1830 ausweisen. Die Geschichte weiß von dem Edelsitz Besonderes nicht zu melden. Der Wechsel der Herrengeschlechter und das rasche Ende aller Burgenherrlichkeit, dieses Schicksal teilt Rammelsberg mit den meisten unserer einstigen adeligen Sitze. Gehaust haben hier die Puchberger, Wenger, Pfaller, die Tengler von Ried, die Drexel und endlich die Freiherren von Vequel. Als 1830 das Schloß niedergebrannt war, verfielen die Reste des Baues. Der Besitz wurde zerschlagen und kam bald in diese, bald in jene bäuerliche Hände. Die mit dem Schloß verbundene Brauerei wurde durch den großen Brand ebenfalls zerstört. Später wurde sie unweit der Ruine neu erbaut. Vor mehreren Jahren ist sie eingegangen. Zum Wiederaufbau des nahen Marktes Schönberg, den in alter Zeit fünfmal schwere Feuersbrünste heimsuchten, wurden Steine der Burg Rammelsberg verwendet.

Zum Schloß gehörten zwei Kapellen, die heute verwüstet sind und deren Trümmer einen wehmuterregenden Eindruck machen. Niemand kommt mehr hierher, um seine Andacht zur hl. Mutter Anna zu verrichten, die einst auf dem Rammelsberg hoch verehrt wurde. Verfall und Vergessen spinnen ihre düsteren Reize um den Schloßberg mit seinen versinkenden Mauerstümpfen und Turmresten. Gewölbe, Keller und Verliese sind aufgerissen und gähnen hinein in den hellen Tag. Gesträuch und Gestrüpp umwuchern die Ruine. Wer hier von Nachdenklichkeit und Schwermut überfallen wird, schaue von hoher Warte aus hinein ins mittägige Waldland und namentlich ins Dreiburgenland, dann mag seine Seele wieder froh werden.

Und dann steig den Berg hinab! An seinem Hang steht noch die alte Schloßwirtschaft, in der einst die Bürger und Beamten von Schönberg gern einkehrten, namentlich an heißen Sommertagen, und man mit Ausflüglern unter den schattigen Bäumen des Schloßkellers gemütlich zusammensaß. Denn das Bier von Rammelsberg genoß einst guten Ruf.

Was aber den Rammelsberg ringsum und weit ringsum dem Volksgemüt unvergessen macht, ist die rohe und hartherzige Wöcklin, die Unerlöste, eine Baronin von Vequel, die einst als unerbittlich strenge Herrin auf dem Rammelsberg hauste. Dutzende von unheimlichen Geschichten könnte man von diesem Unweib erzählen.

Landgerichtsdirektor Hermann Wagner, Deggendorf, der die Geschichte der Stadt Grafenau (Deggendorf 1954) herausgegeben hat, schrieb auch das Büchlein »Die böse Wecklin von Rammelsberg« (Grafenau 1955). Darin geht der gründliche Forscher der angeblich so bösen Schloßfrau nach. Sie war die Tochter von Johann Ulrich Baron von Drexel († 1748), Herr der Hofmarken Rammelsberg, Frohnreuth, Fürstberg und Grattersdorf, und seiner Gemahlin Freiin Maria Franziska von Tengler († 1738), deren Geschlecht Rammelsberg seit 1572 besaß. Die böse Wecklin oder Wöcklin, Maria Maximiliana Genofeva Freiin von Drexel, wurde 1712 auf Rammelsberg geboren. Dort beschloß sie 1772 ihr bedrängtes Leben. Sie erbte Rammelsberg und vermählte sich mit Johann Baptist Valentin von Weickel, der es zum Generalmajor brachte und schließlich Stadtkommandant von Straubing wurde. Er starb 1778. Die Weickel oder Weckel schrieben sich später Vequel. Ein Nachkomme des Geschlechts besitzt das Schloßgut Kronburg in Schwaben.

Zur Zeit der Wöcklin sah es auf Rammelsberg um die Bewirtschaftung der zugehörigen Güter schlecht aus. Der Gatte war die meiste Zeit abwesend. Seine Gattin verstand wenig von der Landwirtschaft. Dafür suchte sie durch übertriebene Strenge und Herzlosigkeit den vielfachen Wirtschaftsnöten zu steuern. Die

Untertanen weigerten sich, ihre Söhne und Töchter der Schlossfrau als Dienstboten zu überlassen. Die Wöcklin gab ihnen nur sehr geringen oder gar keinen Lohn, dazu miserable Kost und schlechtestes Brot, liess sie auf dem Boden auf Stroh schlafen und schlug sie, wenn sie den Willen der gestrengen Frau nicht erfüllten oder sich Misserfolge zeigten. Häufig liess sie Knechte und Mägde in die Fronfeste in Schönberg sperren. So befanden sich dort einmal zu Weihnachten gleich ihrer vier in recht unweihnachtlichem Gewahrsam. Ringsum in der Gegend war die Wöcklin gehasst und gefürchtet.

Was nun in ihrer Zeit auf Rammelsberg Ungutes geschah, behielt das Volk bis heute in frischer Erinnerung. Es dichtete allerhand Schlimmes dazu und übertrug Untaten anderer auf sie, wie solche ihrer Vorfahren und zeitgenössischer Verwandter. So schuf sich das Volksgemüt mit der Zeit eine Schreckgestalt, der man Wahres und Unwahres nachsagt und die man in der Sage fortleben lässt.

Man braucht nur den Namen der Wöcklin zu nennen, dann gruselt es dem Einheimischen schon. Ihre grösste Freude war es, ihre Untertanen und Dienstleute zu kunieren und zu misshandeln. Wenn die Schnitter und Mäher die Sensen wetzten, schimpfte sie mit zornigen Worten: »Was streicht ihr denn so, ihr Faulenzer?! Arbeitet weiter und vergeudet mir keine Zeit! Mähen müsst ihr und nicht streichen!«

Dass die Wöcklin eine Hexe war und mit dem Teufel im Bunde stand, erwies sich haarklar nach ihrem Tod. Als man den Sarg mit ihrer Leiche zum Schlosstor hinaustrug, um sie in Schönberg zu begraben, wurde die Tote so schwer wie Blei, so dass die sechs Leichenträger den Sarg kaum weiterzuschleppen vermochten.

Als der Leichenzug an jene grosse Linde kam, die noch heute am Weg nach Schönberg steht, stürzten sich aus ihren Ästen kreischende Raben herunter und liessen sich auf den Sarg nieder. Und siehe da! Auf einmal war der Sarg so hupferlgering, dass die Träger meinten er sei leer. Das Volk hält fest an dem Glauben, dass damals wirklich eine leere Totentruhe begraben, die Tote aber vom Teufel geholt worden sei.

Noch heute versammeln sich die Raben und Krähen gern auf besagter Linde und machen dann eine Mette, als wollten sie sich die Schauergeschichten von der Wöcklin erzählen. Weil der Baum wegen der Begebenheiten mit der Wöcklin vom Volk gemieden wurde, ließ man die Steinfigur des hl. Johannes Nepomuk, die bis dahin beim Schloß oben stand, unter dieser Linde aufstellen. Allein auch hier hatte sie kein Bleiben. Denn die Bürger von Schönberg erbaten sich das Kunstwerk, das 1737 Freiherr von Drexel auf Rammelsberg hatte anfertigen lassen, und stellten es auf ihrem noblen Marktplatz auf. Dort ist das Standbild des Heiligen noch heute zu sehen.
Nun zurück zur Wöcklin, um zu vermelden, daß sie selbst noch nach dem Tod keine Ruhe fand. Immer wieder erschien die Ruhelose in gewissen Nächten, um die Schloßbewohner oder nächtliche Wanderer zu ängstigen und zu erschrecken. Als nun jener Papst — den Namen weiß ich nicht mehr — alle Geister in den unergründlich tiefen Rachelsee verbannte, mußte auch die Wöcklin in dem weltvergessenen Waldsee Wohnung nehmen. Von diesem See erzählt man sich viel unheimliche Geschichten. Zuweilen haben es vorwitzige Menschen versucht, seine Tiefe zu ergründen. Dann brach ein ungeheures Unwetter los in dieser wilden Urwaldwelt. Die Baumriesen krachten und ächzten, die schwarzen Wasser des Sees gerieten in drohende Wallung, und aus den grollenden Fluten kamen die warnenden Worte:

»Gründst du mich,
so schlünd ich dich!«

Nur auf neunundneunzig Jahre vermochte jener Papst die Geister in den Rachelsee zu verschaffen. Für hundert Jahre hat seine Macht nicht ausgereicht. Bald sollen jene neunundneunzig Jahre vorüber sein, dann sei uns aber Gott gnädig! ...
Die tote Wöcklin aber wartete das Ende dieser Bannzeit nicht ab und erschien bald wieder an der Stätte ihres verruchten Lebens. So sah man sie nicht selten dem Rammelsberg zufliegen. Dann trug sie goldene Pantoffel. Man sah sie auch, wie sie zu nächt-

licher Stunde Wäsche aufhängte und auch bei dieser Gelegenheit das kostbare Schuhwerk anhatte.
Seitdem die Wöcklin auf dem Rammelsberg gehaust hat, ist dort das Glück verschwunden. Alle Besitzer haben abgehaust und sind, wie man bei uns sagt, verdorben.
So kaufte einer das Schloßgut, der war so reich, daß er sein Silbergeld in einer riesigen Eisentruhe mitbrachte. Er kam auf die Gant und sein Nachfolger auch. Der wanderte nach Amerika aus und verbrannte dort elend in einem Pechkessel. Und wie war er angesehen, als er noch der Herr Bräu vom Rammelsberg war! Er ritt gern auf einem prächtigen Hengst und führte den andern, der zu dem wertvollen Paar gehörte, immer mit. Er ritt stolz um den Schloßberg herum und in den Markt hinein, wo ihm die untertänigen Bürger vom Roß herunterhalfen. Hat so schrecklich enden müssen und ist einst so reich gewesen!
»Ja, ja! Der Rammelsberg hat schon viel Geld gefressen!« rief die blinde Frau aus, die mir all diese Geschichten erzählt hat. Und sie seufzte schwer, denn der Rammelsberg ist einmal auch ihre Heimat gewesen.
Beim Bräu zu Rammelsberg hat einmal ein Bauernsohn aus der Schönberger Pfarr als Knecht gedient. Der ging eines Nachts in ein benachbartes Dorf ans Kammerfenster. Als er wieder zurückgekehrt war, ging er durch den Stall, um schneller zu seiner Schlafkammer zu gelangen. Kaum hatte er einen Fuß in den Stall gesetzt, da hub da drin ein wahrhaft höllischer Lärm an. Das ganze Vieh war rebellisch und gebärdete sich wie besessen; Besenstiele, Melkeimer und Futterkörbe flogen wie verhext in der Luft umher. Da verlor der Bursch den Mut, verließ eilends den Stall und suchte auf Umwegen sein Schlafstüberl auf.
Als am anderen Morgen die Dirn den Stall betrat, fand sie alles in gewohnter Ordnung. Sie hatte auch den Lärm gehört und befürchtete, im Stall ein wildes Durcheinander zu finden. Die Sache redete sich herum. Leute, die mehr wußten und konnten als andere, gaben dem Bräu einen guten Rat; denn der Mann hatte ständig Unglück im Stall. Auf diesen Rat hin ging der Bräu am nächsten Karfreitag dreimal um sein Anwesen herum und sprengte

Weihwasser aus. Daraufhin ist es mit dem Vieh ums Kennen besser geworden.

Auf dem Rammelsberg ist es nie ganz geheuer gewesen; man könnte ein ganzes Buch schreiben über die Geschichten, die man sich von ihm erzählt. Bald hat man dies gesehen und bald das, und dann hat man wieder allerhand gehört, was auf natürliche Weise nicht zu erklären war.

So ist einmal der feurige Drache über Rammelsberg hinweggeflogen. Es war am späten Abend. Die Wirtsfamilie kniete in der Kuchl und verrichtete das Abendgebet. Da hörte man auf einmal einen furchtbaren Sauser. Sssssss — so pfiff es ganz unheimlich, und die Kuchl war für einen Augenblick ganz hell. Am anderen Morgen sagten Leute, die um jene Abendstunde noch im Freien geweilt hatten, daß sie wirklich und wahrhaftig den feurigen Drachen über den Rammelsberg hatten dahinfahren sehen.

Was aber das gewesen ist, was jetzt kommt, das kann kein Mensch erklären. Wird halt auch wieder die Wöcklin gewesen sein, die ihr unheimliches Spiel mit den Menschen getrieben hat.

Im Bräuhaus zu Rammelsberg sitzen ein paar gestandene Männer beim Kartenspiel beisammen. Auf einmal öffnen sich sämtliche Türen des Hauses, ohne daß man etwas gehört oder auch nur den leisesten Luftzug verspürt hätte. Den Spielern wurde so scheusam zumut, daß sie alle die Karten hinwarfen und das Geisterhaus auf der Stelle verließen. Das hat der alte Buchbinder von Schönberg soundsooft erzählt, denn er ist selber bei den Kartenspielern gewesen damals. Tröst ihn der liebe Gott!

Auch in der Umgebung von Rammelsberg ereignete sich früher allerhand Seltsames. So kam zu einer Bäuerin unweit des Schlosses die Hutmacherin von Schönberg, um Schmalz zu kaufen. Die Bäuerin sagte zu ihrer Tochter: »Hol das Schmalz, nimm aber ja kein Feserl aus dem gestöckelten Haferl!« Die Tochter, durch das Verbot der Mutter stutzig geworden, gab nun ausgerechnet der Hutmacherin das Schmalz, das sie hätte zurückhalten sollen, und obendrein noch das gestöckelte Haferl dazu. Als nun die Hutmacherin zu Hause das Schmalz aus dem Topf stach und auf

den Grund des Gefäßes kam, saß da eine ganz abscheuliche Kröte. Aber sie sprang sogleich heraus und war verschwunden.
Anderswo in dieser Gegend kannte man ein Bauernweib, das hat auch ohne Kuh melken können. Sie nahm einfach um Mitternacht eine Kitze, das ist ein großes grobes Linnentuch zum Grasheimbringen, hängte sie an der Holzdecke der Stube auf und zeidelte ganz gemütlich an den vier Eckquasten. Und aus den Quasten floß — was es nicht alles gibt! — beste Milch in Strömen. Allein solche Künste sind rar und nur teuer zu erkaufen; denn man muß dafür dem Teufel seine Seel verschreiben.

In der Nachbarschaft des Rammelsberges ist ein Pfarrhof — ich nenn seinen Namen nicht gern —, da hat es vor Zeiten geweiherzt oder gespukt. Jedem Pfarrherrn, der neu aufgezogen ist, hat man das erzählt, aber keiner hat es glauben wollen, bis er dann selber draufgekommen ist. In diesem Pfarrhaus befand sich eine eigene Bücherstube. In diesem Raum war es nicht geheuer. Denn oft hörte man es um Mitternacht, wie dort Schritte umherschlürften, wie eine Geisterhand ein Buch nach dem andern aus den Schränken zog und unmutig wieder hineinstellte, wie eine Stimme seufzte und jammerte. Schlag ein Uhr war aller Spuk verschwunden.

Da hat sich einmal ein tapferer Pfarrer das Herz genommen, in dieser Geisterstube bis zur Mitternacht zu wachen und den Geist anzusprechen, als er sich wieder hören ließ. Da hat die fremde Stimme geantwortet: »Erschrick nicht, Amtsbruder, ich bin einer deiner Vorgänger! Zu mir ist einmal ein Weib gekommen und wollte beichten. Es hatte seine Sünden aufgeschrieben und gab mir den Zettel, damit ich ihn ruhig und langsam möchte durchlesen. Ich steckte das Papier in ein Buch und vergaß völlig darauf. Unversehens holte mich der Tod. Nun kann ich in der Ewigkeit keine Ruhe finden, weil ich den Sündenzettel nicht gelesen und nicht vernichtet habe. Ich muß deshalb so lange in diesen alten Büchern suchen, bis ich ihn gefunden habe. Eher kann ich nicht zur Anschauung Gottes kommen. Hilf du mir suchen, lieber Amtsbruder, vielleicht kannst du mich erlösen.«

Am Tag darauf suchte der Pfarrer mit allem Fleiß nach dem vermißten Sündenzettel. Er fand und vernichtete ihn, ohne ihn gelesen zu haben. Dann las er zum Seelenheil seines Vorgängers einige Messen. Nun war der vergeßliche Beichtiger erlöst, denn fürderhin blieb die nächtliche Bücherstube von allem Spuk verschont.

## Von außergewöhnlichem Kindersegen in alter und neuer Zeit

Vor 250 Jahren gab es auf dem angesehenen Gut des Hiendlhofbauern zu Entau, unweit des rechten Donauufers und von Straßkirchen bei Straubing gelegen, eine Gäubauernhochzeit großen Stils. Der uralte Hof, der seit dem 11. Jahrhundert zum Prämonstratenserstift Osterhofen gehörte und im Mittelalter der Sitz von Adeligen war, umfaße nahezu 400 Tagwerk Grund, eigene Behausungen für Tagwerker und eine romanische Kapelle.
1694 fand also die besagte Trauung statt, und zwar zu Pfelling jenseits der Donau, wohin die Entau eingepfarrt ist. An den Altar traten der erst 20 Jahre alte Erbe des noblen Hiendlhofes Josef Mayer und die um acht Jahre ältere Bauerntochter Maria Leiderer von Roith bei Niederlindhart. Die Volksüberlieferung der Gegend weiß zu berichten, daß sich die Hochzeiterin, erfüllt von starkem Drang nach einer großen Schar von Kindern, eine Anzahl von Kleinkinderfiguren in ihr Brautkleid hatte sticken lassen. Ihr Verlangen nach Kindersegen ist in fast wunderbarer Weise gestillt worden, wie die Matrikelbücher von Pfelling einwandfrei und genau nachweisen.
Von 1695 bis 1715 schenkte die wackere Bäuerin ihrem Gatten 13 Kinder. Nach dem frühzeitigen Tod des Bauern im Jahre 1717 heiratete sie ihren Baumann Stefan Fischer, dem sie von 1719 bis 1739 15 Kinder gebar. Ihr letztes und 28. Kind brachte die fruchtbare Hofmutter mit 72 Jahren zur Welt. Zehn Jahre nach der Geburt ihres Nesthäkchens, 1749, schied sie im Alter von 82 Jahren aus dieser Zeitlichkeit.
Dem Hiendlhof blieb der Kindersegen auch unter den nächsten beiden Geschlechterfolgen treu. In der dritten Generation aber schied mit dem Kinderreichtum auch das Glück vom Hof. 1838 verschwand der Bauer spurlos für immer; sein Weib hatte von einem Knecht ein Kind geboren. Schon vorher, 1803, war der stattliche Hof in den Besitz des bayerischen Staates übergegangen

und der Zertrümmerung anheimgefallen. Auf einem Teil der veräußerten Grundstücke entstand der schöne Sophienhof. Auch wurden ein paar Söldneranwesen abgezweigt. Der Stammhof ist heute nur mehr ein mittleres Bauernanwesen. Die 100 Tagwerk Wald erwarben die Grafen Bray-Steinburg.

Von Entau aus sieht man den nahen hohen Bogenberg. Dort finden wir an der weit in die Lande schauenden Pfarr- und Wallfahrtskirche, welche den Platz der Stammburg der 1242 ausgestorbenen Grafen von Bogen einnimmt, eine Grabplatte für den ehemaligen Oberalteicher Mönch Pater Anselm Zächerl, gestorben 1807. Er entstammte, wie das Grabmal besagt, einer Familie, der von zwei Müttern 32 Kinder geboren waren.

Da ich dies niederschreibe, erfahre ich, daß in meiner Nachbarschaft, im Dorf Dösingried, der Landwirt Johann Sedlmeier das Zeitliche gesegnet hat. Seine erste Gattin hatte von ihm 20, die noch lebende zweite Gattin 12 Kinder, zusammen also 32 Kinder, von denen die Hälfte noch am Leben ist.

Vor einem Jahrzehnt wirkte in der Straubinger Gegend ein Pfarrherr, dessen damals noch lebende Mutter, eine kleine und schmächtige Frau, 26 lebende Kinder hatte. Zur gleichen Zeit stellte ich in der Gegend von Lohberg im oberen Bayerischen Wald eine Inwohnersfrau fest, die Mutter von 20 lebenden Kindern war. Aus Bauernblut und kleinem Volk schöpft die Nation Kraft und Nachwuchs.

Im Friedhof zu Hohenwart bei Burghausen, unweit der niederbayerischen Grenze, erzählt uns ein Grabstein von dem doppelt bemerkenswerten edlen und festen Herrn Michael Ringhammer, der mit einer einzigen ehelichen Hausfrau 42 Kinder erzeugt hat und 1557 im biblischen Alter von 105 Jahren starb. Zum bleibenden Nachruhm dieser außerordentlichen Eltern ließ ihre Tochter Babara Ringhammer, Äbtissin zu Neuburg am Neckar, diesen Grabstein errichten.

Wenn man von märchenhaftem Kindersegen alter Zeiten berichtet, darf man ein anderes steinernes Dokument unserer engeren Heimat nicht vergessen. In der Taufkapelle bei der Pfarrkirche zu Hailing im Landkreis Straubing steht das berühmte anderthalb

Meter hohe, reich mit Bildwerk verzierte Denkmal aus Kalkstein in Form eines Epitaphs, das 1617 gefertigt wurde. Es ist das Grabmal für den 1631 gestorbenen adligen Herrn Urban von Stinglheim zu Thürnthenning usw., der Pfleger zu Teisbach, Erbkämmerer des Hochstiftes Regensburg und fürstlicher Rat war, und zugleich Denkmal für seine Vorfahrin Frau Brigitta Stinglheim aus dem Geschlecht der Pfaffing, die 1410 verschieden ist und ebenfalls zu Hailing bestattet wurde, wie ein ihr gewidmeter eigener Grabstein besagt. Auf dem Epitaph von 1617 ist in Versen zu lesen, daß Frau Brigitta 1390 und das Jahr darauf, also zweimal, je sieben Söhne geboren haben soll. Der Bildhauer stellte auf dem Stein diese ritterliche Frau dar, wie sie ihre vierzehn Söhne liebreich unter ihrem Schutzmantel birgt. Auf die Möglichkeit einer siebenfachen Geburt soll hier nicht eingegangen werden.

Die einst reichen und mächtigen Grafen von Bogen, in ihren letzten Vertretern wegen ihrer Fehdelust und ihrer Untaten berüchtigt geworden, sollen Abkömmlinge der namhaften Grafen von Abensberg, der Babonen, gewesen sein. Stammher der Abensberger war Graf Babo I., der um 1020 gestorben ist. Der Letzte seines Geschlechtes, Graf Nikolaus, wurde 1485 vor den Toren Freisings im Auftrag des Herzogs Christoph von Bayern ermordet. Von dem Stammherrn Babo berichten glaubwürdige zeitgenössische Geschichtsquellen, daß er mit zwei freigeborenen ehelichen Gattinnen 32 Söhne und 8 Töchter erzeugt habe. Alljährlich wurden zum Gedenken daran 32 Rinder geschlachtet und 32 Schaff Korn verbacken und am Tag des hl. Nikolaus an die zu Tausenden hereinströmenden armen Leute verteilt. Wegen eingeschlichener Mißstände wurde diese Spende gegen Ende des 18. Jahrhunderts in eine Geldleistung zugunsten der Armenkasse umgewandelt.

In mancherlei alten Bildwerken wurde Graf Babo mit seinen 32 Söhnen und den 8 Töchtern verherrlichend dargestellt. In Geschichte, Sage und Heimatdichtung ist von diesen 40 Kindern eines einzigen Vaters die Rede. Sie sind auch verewigt in einem Werk der Weltliteratur, in dem Roman »Der Landprediger von Wakefield«, den Oliver Goldsmith 1766 herausgegeben und der Goethe entscheidend beeinflußt hat.

## Von den Erdmännlein im Bayerischen Wald


Nach dem uralten und unzerstörbaren Glauben des Waldlervolkes hausen mitten unter uns allerhand geheimnisvolle Wesen, die zu gewissen Zeiten und an gewissen Orten dem Menschen erscheinen, um ihn mit Furcht und Schrecken zu plagen. Die Drud und die Hexe, der Wassermann und der Bilmeßschneider, der feurige Drach und das Haarhauswaberl, die Gäste des wilden Gejaids und erst gar der leibhaftige Gottseibeiuns selber, sie alle haben es darauf abgesehen, uns Menschenkinder zu peinigen oder gar zu vernichten.

Eine rühmliche Ausnahme unter diesem Volk aber machen die putzigen Zwergerl, die tief drinnen im Holz und hoch droben auf den Waldbergen in schönen unterirdischen Kammern hausen und ein abgeschlossenes, friedliches Leben führen, in das nur selten ein menschliches Auge zu dringen vermag.

Den Zwergerln nahe verwandt sind die Erdmandl und Erdweibl, absonderliche kleine Geschöpfe mit häßlichen verhutzelten Gesichtern und unermeßlich hohem Alter. Aber sie sind recht gutmütig und dem Menschen wohlwollend gesinnt. Darum suchen sie seine Wohnungen auf, und es steht gut um das Haus, unter dem sie in heimlichen Gängen und Höhlen wohnen. Ihre Nähe bringt uns Glück und Segen, und ohne daß wir es ahnen, fördern sie das Wohlergehen des Hauses und das Glück der Familie.

Um die Heimstatt, in deren Bereich die Erdmandl wohnen, flicht der ewige Volksglaube einen wunderbaren Kranz von Mären und Sagen, und seit unvordenklichen Zeiten strahlt von einem solchen Haus geheimnisvoller Zauber in alle Spinnstuben und Heimgärten der ganzen Umgebung.

Freilich, in der lauten Stadt drinnen, wo die Leute gar so hell auf der Platten sind, da mögen die Erdmandl nicht bleiben. Aber in unserem schönen Wald, zwischen den ewiggrünen Bergen, im Schatten der alten Fichten und in der Nachbarschaft himmelhoher

Felsen, am Ufer des klaren Waldbächleins, da haben sie ihr angestammtes Reich. Neumodische Häuser aus Stein mögen sie nicht leiden. Aber da schlagen sie gern ihre Wohnstatt auf, wo behäbig und breit der holzgezimmerte Waldbauernhof mit dem steinbeschwerten Schindeldach von seiner seligen Einschicht weit ins Land hinausschaut, wo im farbenreichen Bauerngärtlein Flieder und Pfingstrose blühen, wo unter der mächtigen Urväterlinde der Herrgott am Kreuz hängt und die Schwalbe ihr Nest baut in Hausflur und Stall.

Zuweilen ist es Waldleuten geglückt, einen geheimen Eingang zu den unterirdischen Wohnungen der Erdmandl zu entdecken. Sie haben sich ein Licht mitgenommen und sind hineingeschlüpft. Da fanden sie dann ein ganzes Wirrsal von unregelmäßigen Gängen und Höhlen, alle etwa meterhoch, schmal und mitsammen verbunden. Ihre Beschaffenheit läßt deutlich erkennen, daß sie von Menschenhänden gebildet worden sind. Merkwürdigerweise hat man aber noch nie irgendwelche menschliche Gebrauchsgegenstände in diesen Räumen gefunden, höchstens einige Kohlen- und Aschenreste. Vor gutding fünfzig Jahren ist in meiner Heimat im Dreiburgenland, in Gehersberg, ein Bauernhof abgebrannt. Als man den Schutt wegräumte, stieß man auf einen Eingang zu Erdmandlhöhlen. Damals sind auch wir Buben hinuntergestiegen in diese verlassene Welt und spähten vergebens nach ihren Bewohnern.

Der Erdmandl werden es leider immer weniger. Die Zeit wird ihnen zu laut und friedlos; auch der Glaube an sie ist im Abnehmen. Aber da und dort, in recht abgelegenen Waldgegenden, hausen sie auch heute noch unter dem Waldvolk. Was die Erdmandl tagsüber treiben, weiß man nicht. Allbekannt ist die Tatsache, daß sie nachts ihre unterirdischen Gemächer verlassen, sich in die Wohnungen der Menschen begeben und dort mit freundlicher Geschäftigkeit und edlem Fleiß allerlei nützliche Arbeiten verrichten.

Wenn der Waldlerbauer und sein Weib, die Kinder und die Ehehalten auf dem harten Strohsack von den Mühen ihres Tagewerks ausruhen, dann tummeln sich in Stube und Kuchl, in Schupfe und

Stadel, in der Flötz und im Waschhaus die fleißigen Erdleute umher und arbeiten und schaffen mit Windeseile, ohne Hast und ohne jegliche Unterbrechung. Sie setzen das Werk der Ruhenden fort und vollenden, was der Menschen Hände nicht mehr zustande bringen konnten.

Da wundern sich dann die Mannerleut, wenn sie des Morgens ihre Arbeit schon getan sehen: Die Besen sind gebunden, die Schwingen und Kirmen gezäunt, die Böhmschuh geschnitzt und das Gsott ist geschnitten. Das haben die guten Erdmandl getan.

Dem Frauenvolk aber sind die Erdweibl zu Hilfe gekommen. Sie haben, voraus in Samstagsnächten, den Fußboden so sauber gefegt, daß man darauf essen könnte, das Kuchelgeschirr rein gespült, die Wäsche blühweiß gewaschen, das gerissene Gewand so sorgfältig geflickt, daß man kaum einen Stich auffinden kann.

So haben es die Erdmandl seit uralten Zeiten gemacht, und so machen sie es noch heute, freilich nur in ganz vergessenen Gegenden nur mehr, wo man sie nicht stört und noch für wert hält. Drum schätzen die Waldbauern ihre kleinen Freunde und haben sie lieb, wenngleich man sie kaum einmal im Leben gesehen hat. Denn die Erdmandl sind recht schüchtern, scheu und bescheiden und vermeiden das Zusammentreffen mit uns Menschen.

Und welchen Lohn fordern sie für ihre Dienstleistungen? Gar keinen. Bloß das begehren sie von den Menschen, daß man sie in ihrem dunklen Reich in Ruhe und Frieden walten läßt. Und wo das der Fall ist, da dienen sie in Fleiß und unwandelbarer Treue Geschlecht um Geschlecht, schirmen und segnen sie den Hof, der auch ihre Heimstatt ist und dem sie nachfolgen im treuen Festhalten an der ererbten Scholle.

Wer einmal das Glück gehabt hat, eines der Erdmännlein zu Gesicht zu bekommen, freilich immer nur recht flüchtig und heimlich, der kann von ihnen wunderliche Dinge erzählen. Obwohl das kleine Erdvolk in den menschlichen Behausungen so hingebend für Ordnung und Reinlichkeit sorgt, sah man die Leutchen immer nur in ganz alten, geflickten, verschossenen oder gar völlig zerrissenen Kleidern, die im Lauf des jahrhundertelangen Lebens allen Schnitt und alle Farbe und somit jeden Reiz verloren haben.

Und man stellt sich doch dieses putzige Volk so gern in netter und sauberer Gewandung vor! Ja, zuweilen hat man die Erdmandl sogar gänzlich nackend gesehen! Da haben sich dann manchmal die Waldbauern der Armen erbarmt und ihnen schöne warme Kleider, gute Strümpfe und zierliche Schuhe bereitgestellt. Sie sind aber bös angekommen! Die Erdmännchen fühlten sich arg beleidigt, weil man sie für ihre Dienste entlohnen wollte, ließen die Kleidungsstücke unberührt, flohen voller Wilden und kehrten niemals wieder in ihren finsteren Irrgarten zurück. Die Waldler haben ihnen bitter nachgetrauert. Hat aber alles nichts geholfen. Die Erdmandl blieben verschollen für alle Zeiten.
Wie gesagt, man hört da und dort noch heute raunen, daß immer noch Erdmandl unter uns leben. Aber sie sind recht selten geworden. Denn die neumodische Zeit brach immer mehr ein in das stille Waldgebirg und will alles alte Volksgut und schöne Vätersitte in die Rumpelkammer werfen. Das hat vielen Erdmandln nicht gefallen wollen. Sie haben ihre grüne Waldheimat heimlich in nächtlicher Stunde verlassen, verlassen für immer, und niemand weiß, wo die Ausgewanderten jetzt ihr verborgenes Reich haben.
Es ist schade um sie, haben sie doch den Waldbauern so viel Glück und Segen gebracht, ihnen die Heimstatt umzaubert mit den Reizen des Geheimnisses und so viele Sagen in die trauliche Abendstube getragen, wenn der Kachelofen purrte, das Spinnrad schnurrte und die Herzen zu reden begannen von Dingen, die hinausgehen über alle menschliche Gescheitheit.
Wenn man manchmal schön gemütlich beisammensitzt, redet man heute noch gern von den gutherzigen und emsigen Erdmandln und ihren Behausungen. Nun sind diese Höhlen fast alle leer. Manchmal kommt ein gelehrter Mann mit Brille, Bleistift, Papier und einem kleinen schwarzen Kästlein und Blitzlicht. Er schlieft hinein in die engen Gänge, mißt sie genau ab, macht Aufnahmen mit seinem Bilderkästlein und schreibt sich alles genau auf, was ihm über diese Gänge und ihre Bewohner erzählt wird.
Und der gelehrte Mann aus der Stadt hält der uralten weisen und glaubenssicheren Ahnfrau einen aufklärenden Vortrag: »Diese

Höhlen da drunt unter eurem Hof sind von Menschenhand geschaffen worden. Das mag freilich schon Jahrtausende her sein. Und da drinnen haben Wesen gehaust, die einem längst ausgestorbenen Urvolk angehörten. Oder die Gänge und Erdlöcher sind in Zeiten böser Kriegsnot entstanden und haben den bedrängten Waldleuten als sichere Zufluchtsstätten und Aufbewahrungsräume gedient. Aber«, meint der Gelehrte und reibt sich die Hände, »nichts Gewisses weiß man halt nicht!«
Da lächelt die waldlerische Großmutter leise und ein wenig mitleidig, denn sie kennt die Tage noch ganz gut, an denen die braven Erdmandln unter ihrem Hof gewohnt und in nachtschlafender Zeit so getreulich für sie und ihr Hauswesen gearbeitet haben.

## Die Erdweibl von Grünbach

Viel wissen alte Leut noch zu berichten von den Erdweibln zu Grünbach in der Pfarrei Kirchdorf im Wald. Sie kamen im Auswärts mit den Zugvögeln und zogen sich im toten Herbst wieder zurück in ihre Felsen- und Baumhöhlen vom nahen Grünberg. Wann die Bauern im Sommer auf Wies und Feld emsig schafften, taten die Erdweibl heimlich ihre Arbeit in Haus und Hof. Sie lauschten der Sprache der Menschen und verstanden auch die Stimme der Vögel und der anderen Tiere. Ihr liebster Arbeitsplatz war das Binzingersachl. Dank der treuen Hilfe der Erdweibl, die nichts begehrten als Milch und Brei, kamen die Binzingerleute zu Wohlstand und reichem Besitz. Eine gesegnete Ernte folgte der andern; die Ställe füllten sich immer mehr mit schönem Vieh und sogar Rossen; und schließlich konnte sich der Binzinger ein stattliches neues Haus erbauen, das erste gemauerte des Dorfes.

Da wollte man den ärmlich gekleideten Helfern eine Freude machen und ließ für sie prunkvolle rote Kleider anfertigen, die mit Goldborten gesäumt und mit Perlen besetzt waren. Als nun diese Gewänder bereitlagen, erzürnten die Erdweibl, zumal sie die rote Farbe hassen, und verließen schleunigst den Hof. Als man später im gleichen Dorf wieder ein neues Haus errichtete, ließ man im Keller eigens ein Schlupfloch für die Erdweibl offen. Aber sie kamen nicht wieder und blieben aus für ewige Zeiten.

# Der Friedhof von St. Peter in Straubing

Der Nachmittag des Kirchweihmontags war grau. In dörflicher Ruhe und Abgeschiedenheit lag die bäuerliche Altstadt von Straubing, die ich nachdenklich durchwanderte, um wieder einmal nach St. Peter zu wallfahrten, jener einzigartigen Begräbnisstätte, die frommer, opfer- und kunstfroher Sinn zu einem der eindrucksvollsten Fleckchen bayerischer Heimat gemacht hat. Schon in jungen Jahren habe ich hier mein Herz entzündet und an den unzählbaren Zeugen einer fast siebenhundertjährigen Kunstgeschichte erbaut.

Man muß langsamen Fußes durch die Straubinger Altstadt gehen. Hier ist alles still und besinnlich, ist die Stadt noch Dorf, trägt die Gegenwart das Gesicht der Vergangenheit. Zuweilen werfen wir einen raschen Blick über die nahe Donau auf eine weite Landschaft. Graue Flore verhüllen heute die Sicht auf die Waldberge. Schwermütig still endet die Altstadt. Schon tauchen ernst und groß die Türme des grauen romanischen Münsters von St. Peter auf, das, einer Gottesburg gleich, auf einem sanften Hügel steht, samt seinen Kapellen und alten Grabstätten umschirmt von einer festen Mauer.

Vier hohe Pappeln halten vor dem barocken Portal des Friedhofs Schildwache. Leicht steigt der Weg an. Wir betreten das fast unheimlich stille Reich der alten in Gott schlummernden Straubinger Geschlechter. Sofort umweht uns der Zauber längst entschwundener Zeiten. Undurchdringliche Mauern halten allen Lärm fern. Ist das erste Erstaunen überwunden, fühlen wir den tiefen Frieden, der über allen Gräbern liegt. Nicht erschreckend erscheint uns das Sterben mehr, keineswegs schauerlich das Begrabenwerden. Man ist versucht, zu fragen: »Tod, wo ist dein Stachel, wo dein Sieg?« Denn hier haben Kunst und Natur dem Tod alles Beängstigende genommen.

Es muß ihnen wohl zumute sein da unterm Rasen, den alten

Bauern, Bürgern und Adeligen, den Amtsleuten und Priestern, unter dem Rasen, auf dem sich ein ungehemmter Blütenflor entfaltet, aus dem Efeu und Rosen, Immergrün und wilder Wein emporwachsen an Kreuz und Stein und Wand. Niemand beschneidet die Trauerweiden, niemand die Zypressen. Vögel nisten und singen in ihren Zweigen, Amseln hausen hier in Scharen und erschrecken nicht vor dem einsamen Wanderer. Wie der Mensch, sei er tot oder noch am Leben, genießt hier alle Kreatur das Recht ungestörten Friedens und volle Freiheit. Selbst die Reihen der Grabhügel brauchen sich keinem Zwang zu unterwerfen, keiner neumodischen Gradlinigkeit. Sie biegen sich in sanften Schwingungen an Mauern, Münster und Kapellen entlang.
Leise sinkt das Laub von Büschen und Bäumen, indes man, ganz allein in diesem Totenreich, anfängt, die Fülle von Grabdenkmälern zu betrachten. In wahllosem Durcheinander stehen sie,

die Zeugen von sechs Jahrhunderten, unter Bäumen, in Hügelreihen, an Friedhofsmauern, an Wänden der Kirche und der drei Kapellen. Kunstreiche schmiedeeiserne Kreuze des 18. und 19. Jahrhunderts zeigen alle Formen einer ausgestorbenen Handwerkskunst. Freilich, der Rost frißt an ihnen, die Inschrift hinter manchem Türchen ist längst unleserlich geworden, Farbe und Gold sind verblaßt. Aber noch springt auf dem Grabkreuz des Posthalters Pammer von 1835 das stramme Rößlein, auf dem der posthornblasende Tod reitet.

Feierlich stehen zwischen den Weiden und Zypressen die eisernen Kreuze der klassizistischen Zeit mit ihren Lorbeeren und Girlanden. Steindenkmäler dieser Jahre zeigen als Sinnbilder des Todes geborstene Säulen und zerbrochene Kerzen, gesenkte Fackeln, abgelaufene Sanduhren, Urnen. Betrübte Engel, trauernde Mütter und Genien lehnen an den verwitternden Mälern. Die romantische Zeit vor hundert Jahren errichtete neugotische Grabsteine. Aus dem Jahre 1843 stammt der Grabstein des Straubinger Scharfrichters Josef Zankl mit dem Bild seines Richtschwertes, das noch heute im Stadtmuseum verwahrt wird und so oft sein blutiges Amt auf dem Hagen geübt hat. Unter die Erzeugnisse der guten alten Friedhofskunst mischen sich auch einige nüchterne und wertlose Kreuze aus Gußeisen. Gottlob wurde der Friedhof von St. Peter geschlossen, ehe die Unkultur unserer Zeit mit der Verschandelung und Entseelung der Begräbnisstätten einsetzte.

Aus früheren Jahrhunderten finden wir eine fast verwirrende Fülle von Grabmälern aller Stilarten aus Granit und Marmor, Kalk-, Sand- und Tuffstein, dazu andere Bildgruppen aus Stein, Kreuzwegbilder und Bildstöckl, Madonnen und Darstellungen des Erbärmdechristus, Vesperbilder und Lichthäuschen. Alles, was die Grabmäler der alten Kunstzeiten so sehenswert und beredt macht, sehen wir hier: figurenreiche Reliefs, marmorne Ritter und Priester, Bürger und Ratsherren, herzogliche und kurfürstliche Beamte, Frauen und Kinder, seltsame Inschriften, lateinisch und deutsch, rührsame und schwulstige Verse, Sinnbilder aller Arten, stolze Wappen, volkstümliche Darstellungen, schlichte und höchste Kunst.

Da rühmt mit Gefühlsüberschwang eine Grabschrift den edlen Staatsmann, Gelehrten und Menschenfreund Max Josef Wetzstein, Hofgerichtsrat, gestorben 1760: »Die Thränen der Armen benetzen die Blumen seines Grabes, bestimmt, empor zu blühen, jenseits ein schuldloses Haupt zu krönen; da, wo ewige Weisheit und Liebe die Geheimnisse der Welt enthüllen und freudiges Staunen die ewig Glücklichen belohnt.«

Wo ist ein Grabmalmuseum wie dieses, so reich und alt, so würdig und ohne alle Absichten, so unerschöpflich und groß? Man denkt an einen andern Petersfriedhof, an den zu Salzburg, der von aller Welt gerühmt wird, indes unser Gottesacker nur wenigen bekannt ist.

Wir schreiten weiter. Sooft man einen neuen Schritt macht, immer entzücken neue Bilder, neue Durchblicke zwischen Gräbern und Bäumen, auf malerische Gruppen von Kreuzen und Steinen, auf Wände und Dächer der Kapellen, auf die Apsiden der Basilika, deren Quadern rauh und fest ineinandergefügt sind. Auch um die Pforten der Kapellen schlingt sich Efeu; Gras und Blumen wachsen auf den Schwellen und Stufen. Ein heiliger Dornröschenschlaf hält diese verzauberte Totenwelt umfangen.

Menschenleer ist das kühle und dumpfe Münster, in dem nur mehr selten die Messe gefeiert wird, seit eine günstiger gelegene Kirche die Aufgaben der Peterspfarr übernommen hat. Nachdenklich stehen wir in der gotischen Kapelle der Agnes Bernauer vor dem Grabstein der Unglücklichen, die ihren Aufstieg von der Baderstochter zur Straubinger Herzogin mit dem Tod in der Donau bezahlen mußte. Sanft ruht ihr edles Haupt auf dem Kissen, so sanft, als wüßte sie nichts mehr von ihrem grausamen Ende. Mehrere künstlerisch bedeutsame Epitaphien des frühen Barocks und ein herrlicher Steinaltar schmücken das Innere der Kapelle, die der herzogliche Schwiegervater zur Sühne seiner Untat an der schönen Bernauerin erbauen ließ. In neuerer Zeit wurde hier auch jener Grabstein von Hans Leinberger mit der meisterhaften Darstellung der Vision des Propheten Ezechiel untergebracht, darin die Auferstehung allen Fleisches am Jüngsten Tag ergreifend geschildert ist.

Trostreich hell ist der feine Raum der Toten- oder Seelenkapelle, der durch drei Säulen in zwei Schiffe geteilt wird. Dieser gleichfalls gotische Kirchenraum ist bekannt und volkstümlich geworden durch den großen Totentanz, der seit 1763 in Dutzenden von redseligen Rokokobildern mit Versen, gemalt von Meister Felix Hölzl, von der Gewalt des Todes über alle Menschen predigt. Eine enge Treppe führt hinunter zu dem offenen Karner mit den Backofengrüften, darin viele angesehene Bürgersleute und Adelige der Stadt und ihrer Umgebung ihr Ruhebett fanden. Unter den Grabsteinen, die an den Wänden der Kapelle aufgestellt sind, bewundern wir den Stein der jung verstorbenen Frau Anna Ulein oder Utz von 1363, das älteste Grabmal von St. Peter und mit dem Leinbergerstein zu den wertvollsten Grabdenkmälern dieses Friedhofs gehörend. Die Figur der Frau Anna hat vermutlich der unbekannte Meister der berühmten Verkündigung Mariens im Dom zu Regensburg gemeißelt. Da der Stein lange im Freien aufgestellt war, sind viele Einzelheiten und die Umrisse der Figur der Entschlafenen verwischt und verwittert. Dafür erscheint die holde Gestalt der edlen Dame unwirklich wie eine Geistererscheinung.
Stets geöffnet und von Betern gern besucht ist die älteste der drei gotischen Kapellen, das kleine Heiligtum zu Unserer Lieben Frau, dem Heil der Kranken. Hier hat sich ein bescheidener Wallfahrtskult entwickelt. Das Volk verehrt das anmutige Gnadenbild, die spätgotische Madonna auf dem Barockaltärchen. An der nördlichen Außenwand des Kirchleins faßt ein reizvoller Dachvorsprung drei monumentale Grabsteine für Angehörige des berühmten Straubinger Patriziergeschlechtes der Dürnitzl zu malerischer Einheit zusammen.
Fast verwirrt von der Fülle des Gesehenen begeben wir uns an die nördliche Kirchhofsmauer, die so nieder ist, daß der Blick auf die weite Donaulandschaft nicht gestört ist. Die grauen Nebel sind verschwunden, die Gegend hat sich aufgehellt und ist fast unheimlich klar geworden, die Abendsonne fällt auf die Türme des Münsters. Amseln hüpfen sorglos umher. Auf den Donauwiesen weiden Rinder unter silbernen Bäumen. Groß und ernst blaut jenseits des Flusses die Riesenwand des Waldgebirgs. Leise

rauschen die Wellen der Donau. Berg und Flur und Strom senden den Heimgegangenen in St. Peter ihre Grüße. Hier ist Friede. Hier ist Schönheit Hüterin der Toten.
So sagt der Dichter Nikolaus Lenau in seinem Sonett »Der Friedhof von St. Peter«, das einem anderen, freilich berühmteren und bekannteren alten Gottesacker, dem zu St. Peter in Salzburg, gewidmet ist, darin ich oftmals herumgewandelt bin, wenn ich in meiner Lieblingsstadt weilte. Das Gedicht lautet:

> O schöner Ort, den Toten auserkoren
> zur Ruhestätte für die müden Glieder!
> Hier singt der Frühling Auferstehungslieder,
> vom treuen Sonnenblick zurückbeschworen.
>
> Wenn alle Schmerzen auch ein Herz durchbohren,
> dem man sein Liebstes senkt zur Erde nieder,
> doch glaubt es leichter hier: wir sehn uns wieder,
> es sind die Toten uns nicht ganz verloren.
>
> Der fremde Wandrer, kommend aus der Ferne,
> dem hier kein Glück vermodert, weilt doch gerne
> hier, wo die Schönheit Hüterin der Toten.
>
> Sie schlafen tief und sanft in ihren Armen,
> worin zu neuem Leben sie erwarmen;
> die Blumen winkens, ihre stillen Boten.

# Ein Prälatenbegräbnis in alter Zeit

In dem alten Hengersberger Bürgerhaus der Müller-Salegg haben sich Handschriften erhalten aus dem ehemaligen Benediktinerkloster Vornbach am Inn, das 1094 gegründet und 1803 aufgehoben wurde. Unter diesen Aufschreibungen befindet sich auch eine eingehende Schilderung der Feierlichkeiten aus Anlaß des Todes und Begräbnisses des vorletzten Vornbacher Abtes Benedikt II. Moser, der am 3. Mai 1784 verschied. Er wurde am 14. Februar 1720 zu Mauerkirchen in Österreich geboren und am 17. November 1755 zum Abt gewählt. Unter seiner Regierung wurden um 1770 die Türme der Stiftskirche bis auf die unteren Geschosse abgetragen und neu erbaut. Dabei wurden auch die Fassade und die Turmhelme dem Geschmack des Rokoko in vornehmer Art angeglichen. Das Gotteshaus selbst war schon 1728 bis 1733 in einen eindrucksvollen Rokokotempel umgewandelt worden. Vornbach liegt in einer reizvollen Gegend am linken Ufer des Inn, eine Stunde von Schärding und drei Stunden von Passau entfernt. Die Kirche dient seit der Aufhebung der Abtei als Pfarrkirche; der größte Teil der Gebäude des einstigen Stiftes, heute Schloß genannt, ist Privatbesitz.

Nachstehend geben wir die Beschreibung des Prälatenbegräbnisses wieder und bedienen uns zum Teil der zeitgenössischen Ausdrucksweise der alten Klosterhandschrift.

»Gott dem Allmächtigen hatte es gefallen, den gnädigsten Herrn Abt Benedikt II. Moser im 65. Jahre seines ruhmvollen Alters und im 29. Jahre seiner glorreichen Regierung mittels gänzlicher Austrocknung am 3. Mai 1784 in aller Frühe zu sich in die Ewigkeit abzuberufen. Alsogleich wurden Hochdemselben in dem abteilichen Wohnzimmer, allwo er verschieden, Hände und Angesicht mit Wein gewaschen, er wurde balbiert und mit den Pontifikalgewändern bekleidet. Er trug ein blaues Brustkreuz, eine weiße Infel und ebensolche Schuhe.

Alsdann wurde der Leichnam im breiten Gang außerhalb der kleinen Bibliothek auf ein Totengerüst gelegt, das mit schwarzem Tuch verhängt und mit sechs großen Leuchtern mit gelben Kerzen umstellt war. In der Hand hielt der Verstorbene den Hirtenstab. Bei der Nacht ließ man zwei Kerzen brennen. Um 6 Uhr früh wurde mit Läutung aller Glocken der schmerzliche Todesfall kundgemacht. Zur Tag- und Nachtwache bei der Leiche wurden vier Taglöhner bestellt. Sie erhielten außer ihrem Taglohn die Torwartlkost, zu jeder Mahlzeit vier Maß Bier und morgens sowie abends ein Mäßl Branntwein.

Am gleichen Tage wurde der Sohn des Klosteramtmannes zu Pferd nach Griesbach geschickt, damit er dort die schriftliche Einladung zur Sperr, d. h. zur amtlichen Versiegelung der abteilichen Gemächer, bei der weltlichen Behörde überreiche. Zu gleicher Zeit ging der Prior nach Passau und machte, da der Fürstbischof verreist war, den Todesfall mündlich bekannt seinen Vertretern, dem Offizialen Herrn Grafen Breiner und dem Kanzler des Geistlichen Rates, Herrn Wenzl. Da die mündliche Mitteilung nicht erkleckte, mußte sie auch schriftlich überreicht werden.

Am nächsten Morgen wurden drei Boten ausgeschickt. Der erste ging ins Österreichische, und zwar nach Suben, Antießenhofen und Reichersberg, der zweite nach Ruhstorf und Asbach, der dritte nach Fürstenzell und St. Salvator. Jedem wurden 48 Kreuzer gegeben. Nach St. Nikola bei Passau überbrachte die Ordinaribötin die Einladung zum Begräbnis. Bei den Vornehmen in Schärding mußte ein Bedienter zur Leiche einsagen, bei den dortigen Handwerkern der Klostermeier, in Neuburg ein anderer Angestellter. Fünf Bötinnen gingen als Leichenbitterinnen aufs Land. Jeder wurden 24 Kreuzer gegeben.

Mittlerweile waren eine Infel von glattschwarzem Zeug und ein hölzerner Abstab, von unten herauf versilbert und oben himmelblau gestrichen, sowie 33 Wappen angefertigt worden. Man bestellte zwölf Fackeln und belegte die Gruft mit Brettern, weil Wasser eingedrungen war. Der Herr Hofrichter und seine Frau und auch der Kammerdiener erhielten Trauerkleider, sonst niemand. Den beiden Männern gab man auch Trauerflöre, die bis

auf die Wadeln reichten. Den übrigen Dienern gab man schwarze Strümpfe und dritthalb Ellen lange Trauerflöre aus Samt.
Am 4. Mai mußten in Passau der Herr Kanzler, der Ratspedell und ein weiterer Beamter in einem viersitzigen Wagen mit vier Pferden abgeholt werden. Der Prior und die beiden Offizialen empfingen diese Herren am Torwartlbogen. Da dem Kanzler mitgeteilt wurde, daß die weltliche Kommission aus Griesbach noch nicht eingetroffen sei, verfügte er sich sogleich in das Refektorium, wohin alle Mitbrüder und Novizen berufen wurden. Der Kanzler verlas ein Beglaubigungsschreiben und übergab dem Prior alle Vollmacht in geistlichen und weltlichen Dingen. Er verlangte eine Liste mit den Namen aller Religiosen und ein Verzeichnis der Kirchengeräte. Hierauf wurde der Kanzler vom Prior und einigen andren Patres in sein Wohnzimmer geleitet.
Unterdessen war auch die Kommission aus Griesbach in zwei Wägen angekommen. Ihr ritt der Herr Amtman von Mittich voraus. Diese Abordnung bestand aus dem jungen Herrn Pfleger, dem Gerichtsschreiber, dem Oberschreiber, einem Praktikanten und einem Bedienten.
Nunmehr verfügten sich die beiden Kommissäre in das abteiliche Wohnzimmer und verlangten einen Geldvorschuß von 1500 Gulden (!), der seitens des Klosters auch bewilligt wurde. Dann nahmen die Herren die amtliche Sperre vor. Es wurden verschlossen und versiegelt: die Türe von der Kanzlei zur Abtei, die Türen zum Kammerdienerzimmer und zur Schatzkammer und in der Sakristei das Kelchkastl des verstorbenen Abtes. An den beiden ersten Örtlichkeiten hatte Griesbach, also die weltliche Behörde, an den beiden letzteren Passau, d. i. die geistliche Behörde, den Vortritt. Gegenstände, die zur Trauerfeier benötigt wurden, durften herausgenommen werden, mußten aber in das Verzeichnis der Gegenstände eingetragen werden, die man alle gezählt, aufgeschrieben, abgeschlossen und wohl versiegelt hatte.
Bei der Mittagstafel nahm Griesbach den rechten, Passau den linken Platz ein. Nachmittags reisten die beiden Kommissionen wieder ab.
Am 5. Mai wurden die fünf Kirchenbitterinnen aufs neue ausge-

schickt. Von den Herren Bürgern zu Schärding erbat man sich leihweise schwarze Mäntel für die Bedienten des Klosters. Abends traf der Prior von Asbach in Vertretung seines unpäßlichen Abtes als einziger Gast ein.

Am folgenden Tage, dem des Begräbnisses, wurde um halb 6 Uhr morgens der Leichnam vor die Konventtüre gesetzt und die weiße Infel durch die schwarzzeugene ersetzt. Man nahm dem Verblichenen Kreuz und Ring ab, legte ihn in den Sarg, gab ihm den hölzernen Abtstab in die Hand, legte die Leinwand von 5 bis 6 Ellen Länge über den Leichnam und verschloß den Sarg. Dann legte man ein ganzes Stück Leinwand über die Totentruhe und breitete darüber das schwarzsamtene Bahrtuch aus. Am oberen Teil des Sarges wurde ein Kreuz, am unteren ein Meßbuch mit Infel und in der Mitte ein Kelch mit Stola befestigt. Man verzierte den Sarg mit Kränzen und Wappen und stellte ihn auf den langen Totenschragen.

Um halb 8 Uhr trafen die fünf Herren Prälaten von Fürstenzell, St. Salvator, St. Nikola, Suben und Reichersberg ein. Sie kleideten sich um und versammelten sich dann im Wappenzimmer. Nachdem im Chor die Non gebetet war, ließ sich der Prälat von Fürstenzell mit den äbtlichen Gewändern bekleiden. Nun setzte sich der Leichenzug in Bewegung, und zwar aus der Sakristei zum Torwartl, wohin Taglöhner die Leiche getragen hatten. Die Zugsordnung war folgende: Kapitelkreuz und zwei Leuchterträger, der Konvent mit roten Kerzen, die Musikanten mit Posaunen, der Mesner mit den Knaben, der Offiziator mit den Assistenten. Beim Torwartl erfolgte die Einsegnung der Leiche. Nun bildete sich der eigentliche Leichenzug unter Läutung aller Glocken. Er wurde eröffnet durch den Fahnenträger in blauer Kutte und mit blauer Fahne. Der Sarg wurde von acht Kapuzinerpatres getragen. Die Leinwand, die über den Sarg gebreitet war und nach vorne und rückwärts herabhing, wurde von acht Bedienten in schwarzen Mänteln getragen. Ihre mit herabhängenden Flören versehenen Hüte waren abgelassen. Die Bedienten trugen rote Kerzen. Beiderseits der Leiche schritten zwölf Taglöhner in blauen Kutten und mit weißen Kerzen, woran überall ein Wappen hing. Dem Sarge

folgten die Hauptkläger oder Hauptleidtragenden: der Kammerdiener, der Hofrichter, die Prälaten. Diese trugen weiße, alle übrigen Trauergäste gelbe Kerzen.
Die Leiche wurde um die Linden herum bis zum Kirchenportal getragen und in demselben abgesetzt. Alle Gegenstände wurden vom Sarge heruntergenommen und die Wappen am Trauergerüst in der Kirche befestigt. Niemand durfte die Gruft betreten. Am Portal wurde die Einsegnung der Leiche bis zum Paternoster vorgenommen. Das Kapitel begab sich in die Gruft, die Leiche wurde hinabgelassen und dann vollends eingesegnet. Die zwölf Fackelträger blieben über der Gruft stehen.
Den ersten Gottesdienst hielt der Prälat von Fürstenzell. Zum Opfer ging man in der Reihenfolge: der Kammerdiener, der Hofrichter, alle Bedienten in schwarzen Mänteln und mit aufgesetzten Hüten, die vier Prälaten und die anderen Gäste. Den Siebten und den Dreißigsten, die weiteren Gottesdienste, hielten die Prälaten von St. Salvator und St. Nikola. Die Pröpste von Reichersberg und Suben lasen Beimessen mit Assistenz. Während aller Gottesdienste blieben die zwölf Fackelträger außerhalb des Presbyteriums an dem Steingatter stehen.
Nach den beendigten Gottesdiensten wurden in sieben Räumen 170 Personen ausgespeist. Abends war das Mahl im großen Tafelzimmer, aber schier ohne Gäste. Bis zur Abtwahl, die am 19. Juli erfolgte, wurde wie sonst im Refektorium gespeist, zur Mittagszeit wie herkömmlich dispensiert und viermal in der Woche Extrawein gegeben. Kammerdiener und Hofrichter waren immer Gast im Refektorium. Den beiden Pfarrern von Antießenhofen und Ruhstorf, zwei Klosterpfarreien, war es allein bewußt, daß ihnen bis zur Abtwahl Gratiswein gebühre. Jeder erhielt einen Eimer verabfolgt. An die Kranken- und Bruderhäuser in Schärding verabfolgte man sechs Gulden Almosen, an die Nachbarspfarreien acht Gulden. Am Begräbnistage waren beim Torwartl an die Hausarmen 30 Gulden Almosen ausgeteilt worden.
Am 14. Mai wurde für den Verstorbenen in der Frauenkapelle das Bruderamt mit zwei Beimessen gehalten und dabei eine Totenbahre mit den äbtlichen Abzeichen aufgestellt. Am gleichen

Tage wurde P. Gregorius Piazza zum Prokurator oder geistlichen Wahlvorsteher für die künftige Abtwahl ausersehen und ihm solches durch Pater Clarus am Kreuzsonntag gelegenheitlich mitgeteilt.«

# Leinwandopfer bei Beerdigungen

Vorstehender Bericht erzählt, daß beim Begräbnis des Vornbacher Abtes Benedikt II. über den Sarg ausgebreitete Leinwand mitgetragen wurde, ein seltener Brauch, der sich in der Gegend von Passau bis nach dem Ersten Weltkrieg erhalten hat. Bei Beerdigungen Angesehener und Wohlhabender stifteten Hinterbliebene, meistens zugunsten der Kirche, ein Stück (32 Ellen) harbene, d. i. feine Leinwand, die, entfaltet, in der Regel über den Sarg gelegt und so mitgetragen wurde.

Die wenig bekannte Sitte ist im volkskundlichen Schrifttum meines Wissens kaum erwähnt. Ich kann sie nachweisen für mehrere Orte der genannten Gegend. Um 1900 habe ich sie in meiner Heimat Tittling miterlebt. Damals führten das Linnen Männer mit, als ein einstiger Gasthofbesitzer und Metzgermeister bestattet wurde. In Kirchberg v. W. bildeten — es war kurz vor 1914 — weiße Mädchen um den Sarg einer Jungfrau einen wandelnden Ring und trugen die Leinwand. In Dommelstadl waren 1884 bei der Beerdigung eines Pfarrherrn Schulkinder die Leinenträger, ebenso 1908 in Neuhaus am Inn beim Heimgang eines greisen Benefiziaten. Hier war die Leinwand mit weißen Rosen verziert. In Fürstenzell hatten 1885 zwölf weiße Mädchen mit schwarzen Gürteln und Schärpen das Trägeramt inne. Weitere Beispiele haben wir von etwa 1900 aus Grainet, Waldkirchen und Untergriesbach, wo der Kooperator die Leinwand erhielt. Ein ähnlicher Brauch ist für die Gegend von Ruhmannsfelden 1812 bezeugt, wo nach dem Grabgang die Leinwand am Altar niedergelegt wurde.

In Thyrnau starb 1932 die Gasthofbesitzerin Maria Edelfurthner im Alter von 71 Jahren. Sie stammte aus Hartkirchen am Inn. In ihrem Testament hatte sie bestimmt, daß bei ihrer Beerdigung harbene (feine) Leinwand geopfert werden sollte. Das Linnen wurde im Leichenzug von weißgekleideten Mädchen getragen, die zu beiden Seiten des Sarges gingen. Die Leinwand wurde dann der Kirche gespendet.

# In der Klostergruft zu Niederalteich

Am 13. und 14. November begeht der weltumspannende Orden der Benediktiner sein eigenes Allerheiligen- und Allerseelenfest. Dann lobpreisen die Benediktiner ihre vielen Hunderte von Heiligen und Seligen, die seit vierzehnhundert Jahren ihrem Orden entsprossen sind. P. Alfons Zimmermann O.S.B. von Metten hat in seinem viebändigen Werk »Kalendarium Benedictinum, Die Heiligen und Seligen des Benediktinerordens und seiner Zweige« (Metten 1933 bis 1938, zusammen fast 1900 Seiten) die kurzen, auf langjähriger kritischer Forschung beruhenden Lebensbeschreibungen einer ungeheuren Zahl von Söhnen und Töchtern des hl. Benedikt, die zu den hellsten Sternen am Himmel der Gotterwählten gehören, geliefert.

An diesem Fest gedenken die Benediktiner dann auch in feierlichen Gottesdiensten, ernsten Gesängen und Gebeten ihrer im Tod vorausgegangenen Mitbrüder, deren Zahl unberechnete Tausende umfaßt. Am Nachmittag des 13. November hebt sich dann in der Basilika zu Niederalteich am Ostende des rechten Seitenschiffes ein schweres eisernes Bodengitter. Aufgetan wird die stille Gruft des Stiftes. Mönche und Pfarrangehörige steigen hinunter in die friedliche und dunkle Totenkammer und widmen den stummen Schläfern Gebete und ein ernstes Gedenken.

Wenn dann an diesem Nachmittag die Psalmen und Hymnen der feierlichen Totenvesper in den weiten Hallen des Münsters verklungen sind, ziehen Abt und Konvent unter dem Klang der Totenglocke, das ergreifende vierstimmige Miserere singend, die Häupter verhüllt mit der düsteren Kapuze, die enge Treppe hinunter in den prunklosen Raum, den heute späte weiße Astern in Fülle schmücken. Weihrauchwolken ziehen durch die Moderluft, am niederen Gewölbe brechen sich die mahnenden und flehenden Gesänge der Mönche.

Predigt doch diese Mönchsgruft deutlich den Ernst und die Macht

des Todes! Da weiltest du eben noch, voll des Staunens und Entzückens, in dem pracht- und lichterfüllten Raum der Basilika. Nun aber umfängt dich kalt und erschreckend der kühle Hauch einer ganz anderen Welt. Denn hier unten redet der Tod seine Sprache. Hier klingt kein Lied von Jubel und Glanz, hier steigt kein Magnificat empor, braust keine Orgel, frohlockt kein Gloria. Dafür dröhnen hier die erschütternden Weisen des »Dies irae«, fleht die Klage und Bitte des »De profundis«. Und wenn diejenigen, die da hinter den Steinplatten der Grabstätten schlummern, zu dir reden könnten, würden sie dir aus Staub und Asche zurufen: »Sic transit gloria mundi.« — So vergehet alle Herrlichkeit der Welt!
Vorwitzige Maurer haben einmal, vor Jahrzehnten, eines der Prälatengräber dieser Gruft geöffnet. Ein ganz kurzer Blick nur auf die noch gut erhaltene Leiche des reichgewandeten Klosterfürsten, dann sank der Leib und all sein Prunk in ein Häufchen Staub und Moder zusammen. Was war also aus dem hochmögenden, reichen, weitgebietenden und angesehenen Herrn von Niederalteich, der sich mit fürstlichem Glanz umgeben hatte, geworden? Ein kläglicher Rest jenes Staubes, aus dem er einst war gebildet worden. Noch war das Haupt zu erkennen, das einst, vielleicht stolzen Sinnes, die goldgeschmückte Infel getragen hatte. Es hatte sich zum grinsenden hohlen Schädel gewandelt. Verdorrt war die Hand, die hoheitsvoll St. Gotthards ehrwürdigen Stab an hohen Festen führte, eingefallen die Brust, die hochgeschwellt war von großen Plänen und auf der das edelsteingeschmückte Kreuz leuchtete.
Diese Mönchsgruft weist kein hohes Alter auf. Als Abt Joszio Hamberger, der große Bauherr (geboren 1667 zu München, Abt seit 1700, gestorben 1739), zur bevorstehenden Jahrtausendfeier seines Stiftes (1731) Kirche und Kloster vollkommen erneuern und barockisieren ließ, wurde gleichzeitig mit der berühmten Sakristei und dem darüber befindlichen lichtdurchfluteten Mönchschor, beide errichtet durch Johann Michael Fischer, einem der größten Baumeister des bayerischen Rokoko, unter der Sakristei auch die Gruft angelegt. Es war im Jahre 1725. Bis zu ihrer Voll-

endung waren die Mönche in einem Friedhof herkömmlicher Art bestattet worden. Lediglich Äbte, Fürsten, Heilige und Selige, darunter gottgeweihte »eingeschlossene« Frauen, ebenso auch solche aus königlichem Geschlecht, Inklusinnen, hatten eine Grabstatt unter dem Marmel des Münsters gefunden.

Im Lauf der Zeit — die Kirche wurde oft umgebaut und war wiederholt ein Opfer riesiger Brände — sind fast alle diese Grabstätten verschollen. Joszio ließ Grabungen veranstalten. Man fand lediglich das Grab der seligen Alruna († 1045) und die Gebeine des Abtes Altmann aus dem Geschlecht der Degenberger († 1402). Der Leib der einst vielverehrten Fürbitterin bedrängter Mütter, Alruna, wurde durch Abt Joszio in einem Glasschrein auf einem Altar des rechten Seitenschiffes aufgestellt, wo er noch heute zu sehen ist. Altmanns Überreste wurden mit den Gebeinen der Äbte Adalbert Guggemos († 1649) und Karl Kögl († 1700) am 10. Dezember 1726 in die neuerbaute Gruft übertragen. Später wurde auch die sterbliche Hülle des Abtes Vitus Bacheneder († 1666)) in der Gruft beigesetzt.

Joszio selbst, der große, kühne und doch so bescheidene heiligmäßige Prälat, schläft nicht im Kreis seiner Vorgänger, sondern in der Kirche droben. Grad vor dem Speisgitter, an der Seite seines Freundes und Nachfolgers Marian Pusch († 1746), des getreuen und unermüdlichen Geschichtsschreibers seines vielgeliebten heimatlichen Stifts, ruht er in einer kleinen Gruft aus von der überreichen Zahl großer Taten, die er in vier Jahrzehnten einer gottgesegneten Regierung vollbracht hat.

Von den weiteren Nachfolgern Joszios fanden in der Klostergruft ihre letzte Ruhestätte die Äbte Franz von Dyrnhard († 1751), Ignaz Lanz († 1764), Augustin Ziegler (abgedankt 1775, † zu Straubing 1778) und Ignaz Krenauer († 1799). Der letzte Abt des Klosters, Kilian Gubitz, verzog nach der Aufhebung und teilweisen Zerstörung seines Stifts nach Regen und starb dort am 29. Dezember 1824, vom Schmerz gebrochen und des Lichtes seiner Augen beraubt.

Die Gruft liegt unmittelbar unter der Sakristei und breitet sich in der Form eines lateinischen T aus, desen Längsbalken nach Osten

gerichtet ist, während der Querbalken von Norden nach Süden verläuft. Der mittlere Gang ist 11 m, der Quergang 19 m lang. Die Breite und Höhe der schmucklosen gewölbten Räume beträgt 3 m. In der Mitte der westlichen Längswand steht ein steinerner Altartisch. Darüber bemerkt man die Reste eines Freskobildes. In den alten Klosterzeiten wurde auf diesem Altar am Gedenktag der verstorbenen Mönche eine feierliche Seelenmesse gelesen. Drei Fenster erhellen die Gruft.
Die Grabstätten des mittleren Ganges waren für die Prälaten bestimmt. Im ganzen weist die Gruft etwa 80 Öffnungen zur Aufnahme von Särgen auf. Sie messen in der Tiefe fast 2½ m. Eine einfache Kalksteinplatte mit kurzer lateinischer Inschrift bezeichnet jeweils den Mönch, der dort seine Ruhe gefunden hat. Die Ruhestätten der Äbte Vitus, Adalbert und Karl sind mit größeren Grabplatten und ausführlicheren Inschriften geschmückt. Für die Äbte Dyrnhard, Lanz und Ziegler wurden in der Kirche einfache, aber edle Denkmäler aus rotem Marmor errichtet. An die Äbte Joszio und Marian erinnern dort große in Erz gegossene Tafeln, die eingehend Taten und Tugenden der Toten preisen.
Außer den genannten Klostervorständen fanden in der Gruft noch etwa 60 Mönche ihr Grab. Eine merkwürdige Fügung ließ gerade den Stiftsgeistlichen als ersten in die neuerbaute Gruft sinken, der am meisten gegen ihre Erbauung gewettert und wiederholt seine Abneigung gegen die Bestattung in einer Gruft geäußert hatte. Es war der Pfarrvikar von Schwarzach-Hengersberg, Pater Cölestin Reichenberger, der am 3. März 1727 starb. Hier finden wir auch das Grab des apostolischen Protonotars und Mitgliedes der Akademie der Wissenschaften zu München, des Paters Johann Baptist Lackner, der die beste Geschichte Niederaltaichs in lateinischer Sprache schrieb und sie 1779 zu Passau erscheinen ließ. Zwei Jahre darauf mußte der erst 46 Jahre alte bedeutende Gelehrte in die Gruft steigen.
In einer leeren Grabesöffnung entdeckte ich eine verbogene Blechplatte. Die undeutlich gewordene Inschrift wies auf die Ruhestätte eines großen Künstlers im Ordensgewand hin, des Laienbruders Pirmin Tobiaschu, des Meisters unserer herrlichsten Schnitz-

werke, wie der Sakristeieinrichtung, des Orgelgehäuses, der Kirch- und Sakristeitüren und der Bet- und Beichtstühle. Der begnadete Künstler, ein Sohn des benachbarten Marktes Hengersberg, starb, von allen geliebt und verehrt, am 4. Januar 1743 im Alter von 74 Jahren.

Im Jahre 1803 wurde auch das Kloster Niederaltaich, das reichste und eines der größten in Bayern, aufgelöst. Eine kleine Welt, erhaben durch Geschichte, Verdienste, Ruhm und hohe Kunst, sank jäh in Trümmer. Die in der Gruft schlummernden Mönche bekamen lang keinen neuen Schlafgenossen mehr. Im August 1918 erstand das zwölfhundertjährige Niederaltaich neu aus seinen Ruinen. Am 18. Februar 1925 öffnete sich die Gruft wieder, um einen jungen Laienbruder in ihren Frieden aufzunehmen. Seither folgten ihm viele Brüder und Patres, darunter Dr. Gislarius Stieber, erster Abt des wiedererrichteten Klosters, gewählt 1930, gestorben am 19. Januar 1956, hochverdient um den Neuaufbau seines Stiftes. Dort harren sie nun an geheiligter Stätte mit den alten Mönchen der ewigen Urständ.

Hier stehe die im zierlichsten Rokokolatein gehaltene Grabschrift für den Erbauer der Gruft, Abt Joszio, die wir gekürzt in der Übersetzung von Max Viehbacher wiedergeben:
»Nicht achtlos, Wanderer, schreite hier vorüber! Denn überall, wohin du trittst, liegt Rosenzier. Ach, des Lenzes Wonne war er! Jetzt ist er des Wurmes Speise, der Hochwürdigste, Erlauchtigste, Hochmögendste Herr *Joszio*, Niederaltaichs unermüdlichster Abt, des Vaterlandes erster Abt und der Landstände Vertrauensmann, der zur Welt kam in der Hauptstadt des Bayernvolkes. Ausgezeichnet im Leben durch Gottesfurcht wie Abraham, durch Gewissenhaftigkeit wie Jephte, durch Geduld wie Job, durch Seelenmut wie Herkules, durch Mildtätigkeit gegen die Armen wie Joseph von Ägypten, hat er den Armen gespendet, nichts verschwendet. Denn, nachdem er sehr viel hingegeben, hat er nichts verloren. Wie die Denkschrift hier bezeugt. Doch, wenn der tote Buchstab dir mißfällt, dann frage das lebendige Altach! Sein Ruhm glänzt auf in Altachs Münster, das neu erstrahlt, wiewohl

doch nur erneut. O Altachs unseliges Geschick: Joszio, St. Benedikts wahrhaftiges Abbild, ist im Tode erbleicht! Willst du noch mehr erkunden, so wisse: des Toten Mund bleibt stumm. Nun zieh von dannen und lerne von Joszio sterben wie ein Christ!«

## Alter Dorffriedhof


Ich suche auf meinen Wanderungen durch die Heimat gern unsere Dorffriedhöfe auf, denn ich liebe sie und lese gern in ihnen. Sie gleichen einem inhaltsreichen, vielwissenden Buch, das mehr zu erzählen weiß, als man auf einen flüchtigen Blick hin annehmen möchte.

Der echte Dorffriedhof liegt nicht abseits von der Gemeinschaft der Lebendigen. Er legt sich vertrauensvoll um die alte Dorfkirche; denn nach guter Landart wollen die Toten den Lebenden nahe sein. Es ist ja so schön und trostreich, gerade im Schatten des heimatlichen Gotteshauses auszurasten von den Mühen des Daseins. In der Heimatkirche empfing man die Taufe, ging man zum ersten Male zum Tisch des Herrn, erlebte man immer wieder den beglückenden Kreislauf des Kirchenjahres, saß und kniete man so oft während des Gottesdienstes oder allein in stiller Dämmerstunde. Nun will man auch ruhen in ihrer freundlichen Nachbarschaft, damit sie noch segne auch ins Grab hinein.

Man bleibt da so schön in Verbindung mit denen, die noch auf Erden wandeln. Jeden Tag, vornehmlich an den Sonn- und Feiertagen, kommen die Pfarrkinder vorübergeschritten an den Gräbern, bleiben vielleicht still und nachdenklich stehen und halten kurze Zwiesprache mit denen, die ihnen auf dem Weg in die Ewigkeit vorausgegangen sind. Manche liebende Hand sprengt dann ein paar hilfreiche Weihbrunntröpfchen auf das blumengeschmückte Ruhebettlein. Wenn drinnen in der Kirche die Orgel braust und die Lieder von der Empore klingen, dann darf der Grabbewohner auch ein wenig teilhaben an der Gottesfreude der Lebendigen.

Und was noch so schön ist auf dem Dorffriedhof: der Grabgeborgene liegt zwischen lauter Freunden und Bekannten. Da ist es nicht wie in der Stadt, die in ihren Friedhöfen den Fremden zu Fremden gesellt, wo keine vertraute Nachbarschaft die Ruhe des

Grabes mit den Hingeschiedenen teilt. Aber auf dem Dorffriedhof erwächst auch im Tod noch eine wirkliche Gemeinschaft. So viele, die besinnlichen Schrittes das stille Totenreich durchwandern, bleiben bald vor diesem, bald vor jenem Grab stehen, falten die Hände, sagen: »Den hab ich auch gut gekannt!«, sprechen ein Fürbittgebet und spenden des Weihwassers trostreiche Gabe.
Dann ist auf guten alten Landfriedhöfen ihre schlichte Zier erfreulich, die gottlob noch weit entfernt ist von der Gruftprotzerei, dem Marmor, Gold und anderem Gepränge großer Stadtfriedhöfe. Einfach sind die Grabmäler, aufschlußreich die Inschriften, herzlich, innig und nicht nüchtern. Und gar die uralten Grabdenkmäler aus fernen Jahrhunderten! Die Rotmarmorepitaphien mit den Bildnissen edler und gestrenger Ritter, frommer Pfarrherren und angesehener Bürger, die alle gemeißelt wurden in kunstreicher Zeit und von kunstreicher Hand, die schlichten Solnhofener Platten aus der Biedermeierzeit mit ihrer netten graphischen Verzierung und ihren redseligen und empfindsamen Inschriften.
Und ist auch kein kunstvolles Denkmal aus Marmor an der Grabstätte, so erfreut uns vielleicht noch eins der leider immer seltener werdenden hübschen alten Grabkreuze aus Eisen, schön gebildet aus fröhlichem und geschmackvollem Rankenwerk, das einst ein wackerer Dorfschmied in sorgfältiger Arbeit gefertigt hat. Da klappt man gern das geheimnisvolle Türlein auf, hinter dem eine treuherzige Inschrift von dem hier Bestatteten erzählt und unser Fürbittgebet erbittet.
Anheimelnd ist auch die blühende Zier der bäuerlichen Grabstätten. Da leuchten die alten Bauernblumen, wuchert das Immergrün, rankt der Efeu, hat nicht der Gärtner den teuren Hügel geschmückt, sondern die liebende Hand der Hinterbliebenen.
Bäuerlich und volkstümlich bunt und einfach ist auch die Schmückung der Gräber zum Fest aller Toten. Moos bringt man aus den nahen Wäldern, von den herbstlichen Stauden nimmt man die weiße Schneebeere, die leuchtende Hagebutte, die scharlachrote Frucht des Vogelbeerbaumes und malt mit ihnen Ornamente und Figuren auf die frischbraune Erde des geliebten Grabes.

Und wie tröstend und ergreifend ist es dann, wenn am großen Gedenk- und Ehrentag der Toten die ganze Pfarrgemeinde in schwarzen Kleidern unter dem ernsten Geläut aller Glocken zum Friedhof wallt, dahinpilgert zwischen den Reihen der gezierten Hügel, der Priester Weihwasser spendet und betet und ein sanftes Grablied erklingt, das von ewiger Ruhe nach allem Erdenleid kündet. Dann, in solcher heiliger Stunde, werden alle Kinder der Pfarrei, die vor langem und vor kurzem Dahingeschiedenen und die noch mit den Mühsalen des Lebens Ringenden, zur großen und fest zusammengeschlossenen Gemeinschaft, die ein Band der Liebe und der Fürsorge umschließt.

Freilich findet man auch auf dem Lande, und leider nicht selten, verwahrloste, liebelose und liebeleere Friedhöfe. Eine schlimme und schandvolle Wildnis schlingt sich um die nüchternen steinernen und gußeisernen Grabdenkmäler, Unrathaufen türmen sich in

den Ecken des Gottesackers, Grabkreuze morschen, viele Hügel zeigen nicht den geringsten Beweis liebender und treuer Herzen, Unkraut macht sich breit und wandelt den Acker des Friedens in einen Acker der Schmach. Niemand ist, der diese schlimmen Dinge erkennt und den Mut hat, den Friedhof zur gepflegten Stätte seiner Toten zu erheben. Es ist schlimm bestellt um den Geist einer solchen Pfarrei; der Fremde, der einen solchen Friedhof betritt, weiß, daß kein gutes Wohnen sein muß in dieser Gemeinde, die ihre Toten so schnell vergißt und keine Liebe und keine Zeit hat für ihre Gräber.
Gottlob überwiegen aber die Friedhöfe der Liebe und Schönheit! Sie trösten mit der Kirche, die mitten in ihnen steht, mit der umgebenden schönen Landschaft, mit ihrer liebeentsprossenen Zier. Sie bannen das Grauen vor dem Sterben und versöhnen uns mit dem Tod. Denn man spürt es, daß gut schlafen sein muß auf diesen altväterischen heimatlichen Freithöfen, wie ich einmal gelesen habe in der Grabschrift eines dörflichen Gottesackers:

> Hier unten in dem stillen Haus
> Verstummen alle Klagen.
>
> Da bluten alle Wunden aus,
> Die dir die Welt geschlagen.

## Niederbayerische Totentänze

Mit dem Ausdruck »Totentanz« bezeichnet man Bilderreihen und Dichtungen, die unter dem Bild des Tanzes die Macht des Todes über alle Stände und Lebensalter veranschaulichen. Am bekanntesten sind die berühmten Totentanzbilder von Hans Holbein d. J. (1497 bis 1543) und Alfred Rethel (1816 bis 1859) geworden. Die erschütternden Sinnbilder des Totentanzes sind im Mittelalter auch durch Mysterienspiele volkstümlich geworden. Manche von ihnen hat unsere Zeit neu erweckt, auch hat sie neue Totentanzdichtungen geschaffen. Die Totentanzholzschnitte des jüngeren Holbein fanden vielfach Nachbildungen in kirchlichen Wandmalereien, wie zahlreiche noch heute bestehende Kunstwerke beweisen.

In unserem niederbayerischen Bauernland sind mir vier Totentänze bekannt geworden. Den volkstümlichsten und bekanntesten Totentanz birgt die Seelenkapelle des Friedhofs zu St. Peter in Straubing, dem wir bereits einen Besuch abgestattet haben. Wie schon erwähnt, malte 1763 der Straubinger Meister Felix Hölzl, zwar keiner der großen Barockmaler seiner schaffensfrohen Zeit, aber ein echter Altbayer mit gemütvollem Herzen, mit volkstümlichem Pinsel und lebhafter Redseligkeit, für diese Kapelle einen fast fröhlich aussehenden Totentanz in Dutzenden von Bildern, die die Wände des hellen Kirchleins über und über bedecken. Die bunten und bewegten Fresken zeigen, daß kein Stand und kein Alter vor der unbarmherzigen, oft so jähen Sense des Todes sicher ist, der hier als gräßliches Gerippe unerbittlich seines hohen Amtes waltet.

Für die Herstellung des Totentanzes hatte die wackere Straubinger Bierbräuin Maria Barbara Kienberger 100 Gulden gestiftet. Leider hatte 1836 der Straubinger Maler März die Fresken durch unglückliche Übermalung um einen beträchtlichen Teil ihrer Wirkung gebracht. Aber in den Jahren 1914 bis 1916 wurden diese

Übermalungen unter Leitung des Bayerischen Landesamtes für Denkmalpflege beseitigt, so daß dieser Totentanz seine ursprüngliche Art wieder zur Geltung bringen kann.
Viele der Bilder weisen mehrere Figuren auf. In den meisten Fällen gewähren liebevoll gemalte Umgebungen einen köstlichen kulturgeschichtlichen Einblick in Leben und Wohnen jener Zeit. Alle Einzelheiten ergeben in ihrer reichen Fülle einen fast einzigartigen Ausschnitt aus den bürgerlichen, adeligen und anderen Gewohnheiten des späten 18. Jahrhunderts, den zu studieren man nicht müde wird. Lebhaft bewegte Rokokoschnörkel, gelb in gelb gemalt, umrahmen alle Bilder. Jede Darstellung wird durch hochtrabende Verse erläutert. Wir sehen Adam und Eva als Bringer des Sterbens, die Unbefleckte als Überwinderin des Todes und das Letzte Gericht. Die übrigen Szenen zeigen den Tod in seinem gestrengen Amt. Er stürzt Papst und Kaiser von ihren Thronen, sucht den Mönch in seiner stillen Zelle auf, überrascht den Sternkundigen bei seinen nächtlichen Beobachtungen des Himmels, holt das Kind aus der Wiege, die Jungfrau vom Tanz, den Totengräber ins Grab.
Ganz vertieft ist der alte Geldwechsler in sein Geschäft, da tritt unvermutet der Tod an den talerbedeckten Tisch, an die goldgefüllte Truhe; es entspinnt sich das Zwiegespräch:

»Zehntausend von den Zinsen! Wer ruft? Ich hab nicht Zeit!
Fünftausend bleiben noch!« — »Weit mehr hast du zu zahlen!
Bei Gott, o Wucherer, fort in die Ewigkeit!«
»Ich fort von meinem Gelde? Was könnte schwerer fallen?«

Der tatenfrohe und selbstbewußte Ratsherr, stolz auf seine Würde, will sich eben den Mantel reichen lassen, um sich zur entscheidenden Sitzung ins Rathaus zu begeben. Aber jählings ruft ihn der Tod zur wichtigsten Entscheidung:

»Ist es schon Zeit zum Rat? Geschwind den Mantel her!
Heut fallen Sachen vor von größter Wichtigkeit.
Was ich zu sagen hab, ist noch weit wichtiger,
Bereitet Euch geschwind zu Eurem letzten Streit!«

Den ältesten niederbayerischen Totentanz finden wir in dem wäldlerischen Pfarrdorf Haselbach bei Bogen. 1130 ist der erste Pfarrer des Ortes urkundlich bezeugt. 1225 schenkte Graf Albert IV. von Bogen die Pfarrei der Benediktinerabtei Oberalteich. 1667 bis 1673 wirkte in Haselbach als Pfarrvikar der Oberalteicher Pater Balthasar Regler, der später Prior seines Klosters wurde und 1679 eine Schrift über den Bogenberg und seine einst weitberühmte Wallfahrt herausgab, den »Azwinischen Bogen«. Um 1670 erbaute er neben der Pfarrkirche zu Haselbach im Bereich des malerischen Friedhofs, dessen Ummauerung dem Gottesacker etwas vom Wesen einer kirchlichen Festung verleiht, eine Kapelle zu Ehren der hl. Schutzengel, eine interessante Anlage im Stil der Spätrenaissance mit Vorhalle, Laternenkuppel und hübsch bemalter, schön kassettierter Flachdecke. Ihre Gemälde zeigen Engelserscheinungen aus dem Alten Bund. Sechs Innenwände des achteckigen Kapellenraumes sind mit je vier Darstellungen des Totentanzes geschmückt.

Der Haselbacher Totentanz ist eine Nachbildung des Großen Totentanzes von Holbein d. J. Er ist in lichten Farben gehalten und dürfte wohl ein Werk des beginnenden 18. Jahrhunderts sein. Ein Teil der Fresken, zu denen jeweils entsprechende Verse gehören, ist verdorben. Die noch gut erhaltenen Bilder zeigen, wie der Tod unerwünschte Einkehr hält bei Papst, Kaiser, Bischof, Graf, Edelmann, Abt, Pfarrer, Ritter, Richter, Krieger, bei einem Reichen, einem Greis, einer Edelfrau; einem Krämer und einem Narren. Auf dem Abtbild sehen wir, wie der Tod als Gerippe dem Herrn Prälaten Inful und Stab abgenommen, sich selber damit geschmückt hat und den sich sträubenden hohen kirchlichen Würdenträger fortführt in sein dunkles Reich, indem er ihm bedeutet:

»Ihr Gnaden, Herr Abt, es ist an dem,
Daß ein andrer Eure Macht annehm!«

An die Südseite der Filialkirche Jägerndorf der Pfarrei Malgersdorf bei Arnstorf wurde im 18. Jahrhundert eine Seelenkapelle angebaut, in der sich eine Darstellung des Fegfeuers, auf Bretter gemalt, befindet, ein Werk aus dem Anfang des gleichen Jahrhunderts. An die Wände wurden im 19. Jahrhundert acht Totentanzbilder gemalt, die ich bis heute noch nicht habe besichtigen können.

Den vierten und jüngsten niederbayerischen Totentanz finden wir unweit Vilshofen in dem ehemaligen Klosterort Aldersbach, dessen 1803 aufgehobene Zisterzienserabtei 1146 gegründet wurde. Die vor etwa zweihundert Jahren fast völlig neu gebaute Stiftskirche mit ihrem hellen, weiten Innenraum und ihrer prunkvollen Ausstattung, ihren herrlichen Stuckarbeiten und Fresken der Brüder Asam gehört zu den bleibenden Werken der bayerischen Barockkunst. Außerhalb der Ortschaft entstand in der Friedhofskapelle, die in den alten Klosterzeiten als Pfarrkirche diente, seit der Klosteraufhebung immer mehr verfiel und durch den damaligen kunstfreudigen Pfarrherrn Josef Wieslhuber zu neuen Würden kam, ein schöner neuer Totentanz, den 1929 Meister Niedermaier von Hohenbrunn bei München malte, ein volkstümliches und trostvolles Werk, das sich an die bewegten Formen des 18. Jahrhunderts anlehnt und in einem rotbraunen Ton gehalten ist. Stifter dieses Totentanzes war der nunmehr verstorbene Aldersbacher Brauereidirektor Sagmeister.

Im Gegensatz zu früheren Totentänzen ist hier der Tod als gütiger Menschenfreund dargestellt. Nichts Abschreckendes haftet ihm an; er wird hier zum Befreier aus Erdenleid und zum Führer in die Freuden des Himmels. Wir sehen, wie er die Vertreter der vier Menschenalter, das Kind, die blühende Jungfrau, den schaffenden Mann und den müden Greis, in sein Reich holt. Unter jedem der vier Totentanzbilder finden wir einen Vierzeiler, der sich in seiner Schlichtheit gut den beseelten und würdigen Bildern anreiht. Die Verse erdachte eine Schwester des Aldersbacher Pfarrherrn, die Oberlehrerin Franziska Wieslhuber, die im Ruhestand in Altötting lebt. So steht unter dem zweiten Bild, auf dem uns der Tod als stürmischer Werber entgegentritt, der ein blühendes Mädchen heimführt, der Spruch:

> Holde Jungfrau, wonnetrunken,
> in der Jugend Maienzeit

> willst mit deinen Reizen prunken!
> Törin, mir bist du geweiht!

Würdig und sinnig fügt sich auch hier der Totentanz in die stille Welt des dörflichen Friedhofs; wir erschrecken nicht, wenn wir daran denken, daß der Knochenmann über kurz oder lang auch uns mit freundlicher Hand jenen Weg führen wird, den alle Menschen gehen müssen.

# Leonhardifest in Aigen am Inn

In der weiten Innebene zwischen Pocking und Simbach liegt die weitläufige marktähnliche Hofmark Aigen, bekannt als altehrwürdige Verehrungsstätte des hl. Leonhard, des großen Beschützers unserer bäuerlichen Viehställe. Wieso der große Abt, den man mit Ketten in der Hand abbildet, dazu kam, das schwere Amt eines Viehpatrons zu übernehmen, weiß man nicht. Aber er ist mit Notburga, Isidor, Wendelin, Sebastian und Florian einer der größten Nothelfer und Fürbitter des altbayerischen Landvolks und genießt überall Verehrung und hohe Achtung. Allerorts findet man Kirchen und Kapellen, in denen Bauer und Bäuerin ihr Vieh dem Heiligen anempfehlen.

Aigen, einst zum Fürstbistum Passau gehörend, hat eine noble Pfarrkirche mit einem königlichen Turm, ein Hofwirtshaus, das ausschaut wie eine uneinnehmbare Ritterburg, und ein vornehmes Frauenklösterl, das einem anmutet wie ein ländlicher Adelspalast. Diese Gebäude erinnern an alte fürstbischöfliche Glanzzeiten. Die Herren Fürsten aus Passau stiegen hier ab, gaben sich mit ihrer vornehmen und zahlreichen Hofgesellschaft dem Jagdvergnügen hin und rasteten wohl zuweilen hier in der vollkommenen Stille des Landes aus von ihren Regierungsgeschäften und höfischen Verpflichtungen. Das heutige Klösterl war das Jagdschlößchen, und in dem festungsähnlichen Bau herrschte der Herr Pfleger und hauste der Hofwirt.

Das größte und schönste Gebäude aber ist die Wallfahrtskirche von St. Leonhard, die am Saum der Ortschaft in einem hoch- und festummauerten Freithof steht, stolz und behäbig, schlicht und doch voll königlicher Würde. Jede Stadtpfarre und jedes Stift könnte zufrieden sein, wenn man eine solche Pfarr- oder Stiftskirche sein eigen nennen könnte! Das Gotteshaus stammt noch aus der gotischen Zeit, wurde barock verändert und ist reich mit Kunstschätzen ausgestattet. Vor dem Ersten Weltkrieg wurde es sehr glücklich restauriert. Der hohe und stattliche Westturm, der an die beiden herrlichen Türme von Schildthurn und Taubenbach erinnert, verkündet weithin, daß hier eine bedeutsame religiöse Stätte ist.

St. Leonhard bei Aigen ist sicher eine der ältesten und auch eine der bekanntesten Kultstätten des hl. Leonhard. Seltsame, uralte Votivgaben und ein merkwürdiges Brauchtum, wie man es kaum anderswo wiederfindet, stempeln dieses Gotteshaus zu einer der auserlesensten Kultstätten der altbayerischen Lande. Abgelegen vom großen Verkehr, treulich gepflegt von der anhänglichen einheimischen Bauernschaft, immer wieder befruchtet von den noch heimattreuen Bewohnern des benachbarten Innviertels, hat sich hier im Niederbayerischen eines der kostbarsten Stücke alten Volkstums erhalten.

An den drei Goldenen Samstagen des Oktober und am Vorabend des Festes des Viehpatrons wird die große und allgemeine Verehrung des hl. Leonhard von Aigen eingeleitet. Der Festtag selbst ist der Haupttag des Ortes und der ganzen Umgebung. Aigen ist wie zu einer Primiz geschmückt. Von allen Seiten und mit allen möglichen Fahrzeugen kommen die Wallfahrer herbei. Massen pilgern herüber über den Inn, die Innviertler, die besonders treu an Aigen hängen. Haufenweise kommen sie aus dem Rottal; sogar der Bayerische Wald schickt seine Vertreter. Tausende sind es, die den Ort überfüllen und allüberall buntestes Leben erzeugen. Natürlich fehlt auch der Jahrmarkt nicht mit seinen vielerlei Verkaufsbuden und seinen vergnüglichen Unternehmungen. Schaukel und Prater gehen. Die sieben Gasthäuser sind überfüllt. Man kann sich kaum mehr ein Plätzchen erobern und ist froh, wenn man noch ein Eckchen erwischt, in dem man seinen zähen Kalbsbraten verzehren kann. Bayern sitzen unter den Österreichern und Österreicher unter den Bayern, und man feiert im Zeichen des hl. Leonhard große Verbrüderung.

Weltpriester und Ordenspriester, Kapuziner aus Passau und Chorherren von Reichersberg helfen heute aus. Messe reiht sich an Messe, an den Beichtstühlen herrscht großer Betrieb, und viele, viele gehen zum Tisch des Herrn. Um 9 Uhr gibt es hochfeier-

liches, vierspänniges Hochamt mit Festpredigt und uraltem, volkstümlichem Leonhardilied, das während des Offertoriums gesungen wird und ja nicht fehlen darf. Schön singen sie auf dem Chor, die Geigen tun auch mit und der Kontrabaß. Diese Musik paßt gut in das prächtige Gotteshaus mit seinen ernsten gotischen Gewölben und seiner Barockeinrichtung, seinen Gemälden und seinen St. Leonhard geopferten Gaben.
Und nun bitten sie droben auf der Empore:

> An Deinem hohen Feste,
> o heiliger Leonhard,
> schmückt alles sich aufs beste
> zur hohen Kirchenfahrt.

> Gib Segen unsern Pferden,
> beschirme Hof und Haus!
> Auf Fluren und auf Herden
> gieß Deinen Segen aus!

Da schreiten Männer vor zum Hochaltar, junge und alte, und Frauen, tragen in ihren Hüten oder in weißen Tüchern kleine eiserne Tiere, Rosse, Kühe und Schweine und opfern sie dem hl. Leonhard, indem sie die Gaben — genauso viel, als sie auf ihrem Hof solche Tiere besitzen — in einen Korb legen. Wenn der Korb gegupft ist, kommt der Mesner oder der Zechpropst, nimmt ihn weg und stellt einen leeren an seine Stelle. Der gefüllte wird in die Schatzkammer getragen. Sie befindet sich in dem uralten frühgotischen Sattelturm, der noch von der ersten Kirche stammt. Hier kaufen die Bauern ihre Opfertiere, Stück für Stück um ein Zehnerl. Das Opfergeld gehört der Leonhardikirche, die einst so reich war, daß sie z. B. bei der Errichtung des Klerikalseminars in Passau eine Summe im heutigen Wert von weit mehr als 30 000 Mark beisteuern konnte.

Die Opfertiere von Aigen sind aus Eisen geschmiedet und weisen trotz ihrer höchst primitiven Gestalt tiefe Beseelung auf. Diese uralten Werke heimischer Volkskunst rufen das Entzücken eines jeden Kunst- und Heimatfreundes hervor. Es gäbe so viele Liebhaber, die sich ein paar der Stücke nach Hause mitnehmen möchten. Allein sie sind unverkäuflich; mit Entrüstung weisen die Zechpröpste, die sie überwachen, jedes Kaufangebot zurück. Und so wandern diese Tierchen durch die Hände von Geschlechtern und durch eine Reihe von Jahrhunderten und werden immer wieder dem hilfreichen Bauernfreund von Aigen dargebracht.

Nach dem Hochamt eilen Männer und Burschen in die Würdinger-Hütte. Das ist ein sehr notdürftiger Bretterbau, der sich an den stolzen Westturm anlehnt. Dort liegen in einer seichten Mulde des Sandbodens fünf unheimliche und unförmige eiserne Klötze, rohe und ganz ungeschlachte Bildwerke, die so ganz ungefähr die Halbfiguren von Männern darstellen. Die Geschichte dieser merkwürdigen Eisenmänner, die das Volk als einstige Götzenbilder

bezeichnet, ist noch ganz ungeklärt. Es ist nicht ausgeschlossen, daß sie auf heidnische Gepflogenheiten zurückgehen. Auch anderswo waren früher solche Klötze zu finden; aber nirgends haben sich die reiche Zahl und der Kult dieser unförmigen Mannsbilder so gut erhalten wie hier in Aigen.
Schöne Namen haben sie auch, diese unverwüstlichen Männer: Würdinger heißt der größte unter ihnen. Der Kopf ist ihm schon längst abgefallen und kugelt im Sand herum. Dann kommen der Ranagl und das Kolmandl, der Weiberliendl und der Gwandzer-

reißer. Der sechste im Bund, das Fatschenkindl, ist vor einiger Zeit zu Verlust gegangen.

Nun versuchen Burschen und Männer, den Würdinger, der schier drei Zentner hat, zu heben oder zu schutzen. Manche können ihn kaum vom Boden wegheben oder -rücken, andere schwingen ihn mit Leichtigkeit auf die Schulter und finden viel Lob und Bewunderung. Denn jeder, der den Würdinger schutzen kann, zeichnet sich nach altem Volksglauben durch Sittenreinheit und damit durch Heldenkraft aus.

Aber wo ist heute der Mann, der es jener Bäuerin aus dem Rottal gleichtut, die den Würdinger mit Leichtigkeit auf die Steingalerie des hohen Turmes trug, ihn von dort aus unter Lachen in den Freithof herunterwarf und so alle Mannerleut zuschanden machte? Von ihr ist noch viel die Rede; ihr preiswürdiges Andenken wird an der Rott und am Inn nicht aussterben.

Mittags gegen 1 Uhr stellt man sich auf zum altherkömmlichen und hochfeierlichen Leonhardiritt. An die 130 strammen Rosse, alle festlich und bunt geschmückt, und viele Festwagen, ebenfalls geziert, nehmen teil. Es gibt Wagen mit Vereinen, Fahndlbuben, weißen Mädeln, Feuerwehrmännern, Honoratioren, geschichtlichen und sinnbildlichen Darstellungen, einen Bruckwagen mit den lebendigen Schutzpatronen des Landvolks, Wägen mit sonstigen Darstellungen, die alle von den Abertausenden von Zuschauern bestaunt werden. Zwei Musikkapellen spielen, auf zwei Türmen läuten die Glocken, Flaggen wehen im Herbstwind, die Aigner Buben schwingen fröhlich ihre weißblauen Fahnen. Alles vereint sich zu einem eindrucksvollen bunten und mannigfaltigen Bild.

Aber eins fällt auf: kaum ein Bauer, der seine Rosse selbst zum hl. Leonhard führt! Das hat man fast durchwegs den Stallbuben, dem kleinen Knecht, dem Futterer, dem jungen Sohn überlassen; ja ein Gaul wird sogar von einem sechsjährigen Knirps geritten. Aber der Bub reitet daher so sicher und stolz wie ein alter Ulan.

Die Pferde schreiten um die Kirche herum. Manche Reiter führen ihre Rosse durch die offene Halle des Turmes und lassen sie einen kurzen Blick in die Kirche zum Altar des hl. Leonhard tun, auf

daß sein Segen und seine Fürbitte besonders kräftig sein möchten. An der Vorhalle des Gotteshauses stellen sich die Rosse in schön geordneten Reihen auf. Es erscheinen die Priester, hoch zu Roß, die den Umzug beschlossen haben und heut einen schweren, goldstrotzenden Ornat tragen; der Pfarrherr segnet des Bauern Lieblingstiere mit frommen Worten und geweihtem Wasser. Dann ziehen die Pferde ab, und eine hochfestliche Vesper beschließt die Feier.
Aber drin auf der Dult und in den Gasthäusern geht das Fest weiter. Bayerische und österreichische Musikanten spielen auf, Singstimmen erwachen, rauhe und gute, gestimmte und ungestimmte, die Drehorgeln schreien, der Billige Jakob rühmt laut seine Wunderware, ganz Aigen ist ein großer Ameisenhaufen voll bunten bäuerlichen Lebens. Und lange in die Nacht hinein währt die weltliche Lust und Freude, die man allen wohl vergönnen darf, die dem hilfereichen und altbewährten St. Leonhard von Aigen ihre pflichtschuldige Verehrung gezollt haben.

# Geschichten und Sagen aus dem Ruselgebirge

Wer von der guten, freundlichen Stadt Deggendorf zur hochgelegenen und aussichtsreichen Rusel emporwandert, kann auf einer erstklassigen Landstraße die »Hölle« durchschreiten. Das ist eine finstere und enge Schlucht mit himmelanstrebenden steilen Hängen, mächtigen Felsenriesen und schäumenden Sturzwässern. Zu beiden Seiten der »Hölle« breitet sich ein einsames und friedliches Berg- und Waldland aus, in dem ein urwüchsiger Menschenstamm in altväterischer Weise haust. Hier habe ich ein paar unvergeßliche Jahre als Waldschulmeister verlebt und ließ mir am Sonntag, wenn wir im schönen und weltfernen Berg- und Mariendörfl Greising beim Bierkrug saßen, von den Alten vom Berge die ererbten Geschichten und Mären der Bergheimat erzählen.

Gern sprachen die Bergbewohner von den Schrecknissen und Gefahren alter Zeiten. In den schier undurchdringlichen Wäldern früherer Zeiten hausten allerhand wilde Tiere und lauerten, namentlich in harten, hungerreichen Winterszeiten (und wie lang und streng ist doch der Winter da heroben!), auf den einsamen Wandersmann.

In den kalten Winternächten mußten die Einöder und Dorfleute ihre Hofhunde vor den häufig einbrechenden Wölfen in Sicherheit bringen, indem sie ihren braven Wächtern auf dem Schrot ein sicheres Plätzchen anwiesen.

Man redet heute noch von einem Pfannenflicker — Gott hab ihn selig! —, der noch in spätester Abendstunde mitten in wilder Winterszeit den Weg nach Bischofsmais antrat, obwohl er in der Schenke zu Greising rechtzeitig und eindringlich gewarnt worden war. Am andern Tag berichtete ein gräßlicher Fund von dem jähen und schrecklichen Ende des reisenden Handwerksmannes: auf dem blutigen Schnee lagen neben seinem Blechgeschirr des Pfannenflickers Stiefel, und drinnen staken noch die unterhalb

der Knie abgefressenen Beine des Unglücklichen. Ein grimmiger Wolf hatte ihn überfallen.
Der Urahne des Kreuthbauern (er war mit Napoleon in Rußland gewesen) holte zur Winterszeit am Vorabend eines hohen Festes Fleisch in der Stadt Deggendorf. Gleich hatte ein gieriger Wolf den Geruch in der Nase und verfolgte allzu getreulich den flüchtenden Bauersmann. Der aber vermochte sich nur dadurch zu retten, daß er dem ausgehungerten Untier von Zeit zu Zeit ein Stück des Fleisches vorwarf. Gottlob hatte der zu Tod Geängstigte seinen verschneiten Einödhof erreicht, als der Wolf das letzte Bröckel des Festtagsbratens verschlungen hatte.
Oft geschah es auch, daß die wirren Wege und pfadlosen Wälder dem Wanderer zum Unheil oder doch zum Schrecken wurden. Im strengen Winter des Jahres 1672 verirrte sich der Deggendorfer Maler Franz Reischl auf dem Heimweg von Regen dermaßen, daß er allen Glauben an Hilfe und Rettung aufgab. Ellentiefer Schnee hemmte seine Schritte; schier unbezwingbare Schneewehen verriegelten die Pfade. Ohne Ende schien der dichte Wald. Da ist dem armen Maler hübsch zweierlei geworden; es mag ihm vorgekommen sein, als ob bereits der Gevatter Tod auf seinem Genick hocke. In seiner bitteren Angst und Not wandte er sich mit einer innigen Bitte und einem frommen Versprechen an die Himmelsmutter: sollte er bei dem ihm wohlvertrauten Bergdörfl Greising wieder auf den rechten Weg kommen, so wolle er dort eine Säule mit einem Mariahilfbild errichten. Und siehe, es stand nicht lange an, so gelangte unser Maler in Greising an die Straße, die damals nicht durch die »Hölle«, sondern noch auf furchtbar steilen und steinigen Hängen durch dieses Dorf führte. Als es aper wurde, errichtete Reischl seinem Gelöbnis gemäß unmittelbar an der Straße zu Greising das versprochene Denk- und Dankzeichen. Es wurde der Anfang einer schönen und vielgerühmten Wallfahrt, die heute noch manchen Marienverehrer zu dem freundlichen hochgelegenen Barockkirchlein lockt. Eine reiche Zahl alter Votivtafeln erzählt uns von den wunderbaren Gebetserhörungen einstiger Wallfahrtszeiten.
Nicht bloß wilde Wege und reißende Tiere schreckten in den

fernen Urväterzeiten den nächtlichen Wanderer. Denn nicht selten ereignete es sich, daß eine Erscheinung aus dem Geisterreich, freundlich oder bös, in mitternächtiger Stunde auftauchte. Der Glaube an Gespenster ist in dieser abgeschlossenen Berggegend noch überall lebendig und bevölkert heut noch frisch und anschaulich Kreuzstraßen und Hohlwege, Schluchten und tiefe Wälder, Brechhäuser und Kapellen, Totenbretter und Martersäulen.
So wird von der einst so gemiedenen Höllschlucht erzählt, darin der Leibhaftige den späten Wanderer bedrohte. Da soll noch vor gutding fünfzig Jahren der Herr Bezirksamtmann von Deggendorf gar grausige Dinge erlebt haben, als er in einer düsteren Herbstnacht nach Greising fuhr, um beim Brand des Schulhauses helfend einzugreifen.

In manchen stürmischen Novembernächten haben die Bergleute in den Lüften den feurigen Drachen fliegen sehen. Sein Schweif war lang wie ein Wiesbaum, der ganze Körper glühte, haufenweis sprühten die Funken davon. In irgendeinen Rauchfang ist das Unding hineingeschloffen. Ein böses Zeichen das; denn es muß nicht geheuer gewesen sein in dem Haus, das der Drache mit seinem Besuch »beehrte«. Oder es stand das Unglück vor dem Hoftor.

Dort, wo die Höllschlucht ihren Anfang nimmt, öffnet sich ein zweiter wilder Felsentobel. Er gähnt noch viel wilder, ist weitaus enger und finsterer und führt den unfeinen Namen — mit Verlaub! — Saulochschlucht. In jenen schmalen, von zuweilen haushohen Felswänden und riesigen Hängen eingeengten Abgrund hatte der Teufel einst seine Kugelstatt aufgeschlagen. Hier hat er mit seinen Genossen mit einer goldenen Kugel und ebensolchen Kegeln in unheimlichen Nächten gespielt. Bis sie in ihrer Leidenschaft nicht mehr an den nahenden Morgen dachten. So erklang allzufrüh für sie die Aveglocke von Ulrichsberg. Da wurde die höllische Kegelbahn in lauter Trümmer zerbeutelt. Noch heute kann man die Zeugen jener schaurigen Begebenheit betrachten, die Unzahl von wild durcheinandergeworfenen Felstrümmern, vom Volk das »Steinerne Meer« genannt. Von Goldkugel und Goldkegel aber hat kein menschliches Auge mehr etwas gesehen.

Geht man über Greising zum zukunftverkündenden heiligen Hirmon in St. Hermann bei Bischofsmais, jener einzigartigen Kultstätte mit den drei ehrwürdigen Kapellen, der reichen Geschichte und der großen Volkstümlichkeit, so kommt man droben auf dem luftigen Gebirgskamm an der »Josefstafel« vorbei. Da ist der Satan — was ihm nicht alles einfällt! — gar in den weiten Ästen einer mächtigen Buche geknockt und hat auf die nächtlichen Wanderer gelauert, so lange, bis ihn ein kluges Bäuerlein mit einer treffenden Antwort für immer verjagt hat. Geht nämlich unser wackerer Waldmann um Mitternacht heimwärts, fährt ihn gleich der wütende Teufel an: »Der Tag gehört dein und die Nacht gehört mein!« Drauf der Bauer: »Sind ja Josef und Maria auch

bei der Nacht gereist!« Das konnte der Teufel nicht hören und entschwand. Der Bauer aber ließ ein Bild mit der Darstellung des hl. Josef an der Buche anbringen und nahm so dem Bösen alle Lust zur ferneren Wiederkehr. Noch heutzutage bleiben Waldler vor der »Josefstafel« stehen und verrichten ein kurzes Gebet.
Drüben, jenseits der »Höll«, auf dem Weg nach Schaufling, steht bei Freiberg eine hölzerne Wegsäule, die über und über rot angestrichen ist. Auf diesem Platz überfielen grausame Räuber den Pfarrherrn von Seebach, der einem Sterbenden auf der Absätz den lieben Heiland bringen wollte. Der Priester flehte die Unbarmherzigen an, ihn doch um des Kranken willen verschonen zu wollen. Allein er fand kein Gehör. Die Räuber ermordeten den würdigen Pfarrer und benetzten mit seinem Blut die Wegsäule, die von da an die »Rote Marter« genannt wurde.
Freundlich wieder ist jene Geschichte, die sich an die »Hölzerne Hand« knüpft. Wer zur windumtosten Breitenau wandert, kommt an dieser geheiligten Stelle vorüber. Hier, im Greisinger Hochwald, haben sich einst fromme Wallfahrer zur Nachtzeit verirrt. In ihrer großen Not riefen die Geängstigten den Himmel um Hilfe an. Und siehe da! Es erschien in der Luft eine wunderbare glänzende Hand und wies den richtigen Weg aus der zwiefachen Nacht. Die Verirrten fanden ihren Pfad wieder und dankten Gott. Noch heute erinnert eine aus Holz gefertigte Hand, in einem kleinen Schrein verwahrt und auf einer Säule aufgestellt, an die wunderbare Erscheinung. Gern zieht der Waldler seinen Hut und betet, vom Hochwaldwind umweht, ein stilles Vaterunser vor der »Hölzernen Hand«.
Zu den lieblichen Sagen gehört auch jene von dem Greisinger Wirtstöchterlein, das beim Grummetabladen im Stadel verschüttet wurde. Das Kind war verschollen. Die traurigen Eltern wähnten, eine durchziehende Bande habe das brave Kind entführt. Im folgenden Winter hörte der Knecht beim Heuraufen ein flehendes Stimmlein: »Stich mich nöt, stich mich nöt!« Er glaubte ein Gespenst zu hören und meldete den Wirtsleuten den Vorfall. Sie suchten und fanden zu ihrer größten Freude und Überraschung ihr längst totgeglaubtes Kind frisch und gesund wieder. Als man

das Dirnlein fragte, ob es denn nicht furchtbaren Hunger gelitten habe, meinte es in Treuherzigkeit und Einfalt: »O nein! Das schöne Frauerl, das neben unserer Straße auf der Tafel abgebildet ist, hat schon für mich gesorgt! Es hat mir jeden Tag ein Schüsselchen voll Essen gebracht!« Daraufhin hat man zu Greising die hölzerne Wallfahrtskapelle zu bauen begonnen, zu der sich dann bald das schöne gemauerte Kirchlein gesellte.
Auf der aussichtsreichen Rusel, wo einst die Mönche des Klosters Niederalteich ihre Alm hatten, saß ein Steinklopfer bei seiner Arbeit. Es war ein heißer Tag, und dem Mann wurde so warm, daß er seinen leinenen Janker auszog und ihn auf den Steinhaufen legte. Gleich kam die Natternkönigin (nach der so viele Menschen vergeblich ausspähen), setzte sich drauf und sonnte sich in aller Behaglichkeit. Herrlich glitzerte das güldene Krönelein auf ihrem Haupt. Bloß einen Glanger hätt es den Steinklopfer gekostet, und das verzauberte Tier und all seine unermeßlichen Schätze wären sein gewesen! Allein er kannte gewisse Geheimnisse nicht! Das Garn nämlich, aus dem der Leinenjanker gefertigt war, hatte ein siebenjähriges Mädchen gesponnen, das an einem Sonntag auf die Welt gekommen war. So wäre es für ihn ein leichtes gewesen, für sein Lebtag reich zu werden. Hat halt nicht sein wollen!
In der Hirmonsklause bei Bischofsmais hängt ein großer Stein, den man nach Farbe und Gestalt für Käse halten möchte. An diesen Stein knüpft sich folgende Sage. Eine geizige Bäuerin wollte beim hl. Hirmon gelübdehalber ein Stück Käse opfern. Schon hatte sie ihre Gabe am Altar niedergelegt, da fuhr der Geizteufel in sie, und sie wollte noch einen Teil für sich behalten. Der Rest lange auch, so meinte sie. Allein, in dem Augenblick, da sie nach ihrer Opfergabe griff, war diese in puren Stein verwandelt. Zu ewigem Gedächtnis hing man den Stein an einer Kette in dem Heiligtum auf, zugleich als Warnung für alle Geizigen.
Zwischen der Rusel und Kirchberg i. W. liegt unweit Dösingried in einsamer Gegend die verrufene Tote Au, ein über hundert Tagwerk großes Hochmoor, unwirtlich, unheimlich, völlig versumpft und giftige Luft ausströmend. Sie hat Stellen, die angeblich noch

nie eines Menschen Fuß berührt hat. Hier findet man allerlei seltene Moose und Pflanzen anderer Art, auch Preisel- und Moosbeeren. Hier stehen merkwürdig geformte Tannen und Kiefern, kümmerliche Krüppel, die immer nur zweimal Mannshöhe erreichen und dann absterben und verdorren. Der Dorfhirt von Dösingried durfte sich einst sein Brennholz in der Toten Au holen. Hat ihn aber niemand beneidet drum.
Auf der Toten Au soll vor undenklicher Zeit eine fürchterliche Schlacht stattgefunden haben. Sie tobte mit solcher Heftigkeit, daß sich der Boden mit dem Blut der Gefallenen so rötete, daß er noch heute rötlich schimmert. Die Urheber der Schlacht ließ unser Herrgott in dem Sumpf umkommen. Vor Jahren ist hier ein Fuhrknecht mit Roß und Wagen versunken für immer. Einst stand auf der heutigen Toten Au eine glänzende und reiche Stadt, deren Bewohner sich sündhaft üppigem Leben hingaben. Ordnung, Sitte und Glaube verkamen ganz. Niemand ging mehr zur Kirche. Am tollsten trieben es die jungen Weibsbilder. Da ließ Gottes Strafgericht die entartete Stadt in Grund und Boden versinken. Noch vor hundert Jahren sah man das goldene Kreuz des Kirchturms aus dem Sumpf ragen. Der Fluch des Himmels liegt für immer über der gemiedenen Stätte.

## Totenwacht im Bayerischen Wald

Das Sprichwort, daß selten ein Schaden entsteht, der nicht auch von einem Nutzen begleitet wird, bewahrheitet sich in meiner Waldheimat auch in den Fällen, da das wimmernde Zügenglöcklein das Hinscheiden eines Lebensmüden verkündet. Denn schon vor dem Begräbnistag, der »Leich«, erwartet die Dorfleute allerhand Kurzweil, freilich nicht durchwegs fröhlicher Art, aber doch reichlich unterhaltsam und so anregend, daß die dörfliche Langeweile recht angenehm unterbrochen und belebt wird, hauptsächlich an den Abenden, da man für den Verewigten Totenwache hält oder, wie man bei uns sagt, zum »Aufbleiben« geht. Dieses abendliche Zusammensein im Haus des Toten hat sich wie manch andere menschliche Einrichtung mit unterschiedlichen Mißbräuchen vermengt, so daß sich die Kirche bestrebte, die bäuerliche Totenwacht aus der Mode zu bringen und sie durch eine würdige Totenandacht in der Kirche zu ersetzen. Ist da und dort schier gelungen, aber nicht überall, denn wir Waldler ehren die Ursitten der Heimat.

Selbst dann, wenns so war, wie es die geistliche Obrigkeit wünscht, daß sich auch Beter bei der kirchlichen Andacht eingefunden hatten, füllt sich auch die spätabendliche Bauernstube des Sterbehauses mit einer Schar alter und junger, männlicher und weiblicher, verwandter und nichtverwandter Leidtragender. Die Zahl der Teilnehmer steigt und fällt mit Reichtum und Ansehen des Hofes. Hat der Verstorbene zu den Großbauern gezählt, dann wird nicht selten die weite Bauernstube zu eng, dann müssen auch noch Kuchl und Stubenstübl die Gäste bergen helfen.

Das Aufbleiben hat seinen vielfältigen Sinn. Der Waldler ist kein Freund der Leichenhäuser, in denen es nun einmal meistens recht geschäftsmäßig zugeht; bei ihm soll der liebe Tote noch im Haus verbleiben bis zum Begräbnistag, in der vertrauten Umwelt und im Kreis der Hinterbliebenen. Im Allerweltstotenhaus könnte der Entschlafene Zeitlang bekommen nach der geliebten Heimstatt. So denkt der Waldler, der seine zärtlichen Gefühle im Innersten begräbt; drum weist er dem Toten als letzte Liegerstatt das beste Bett und die reichste Zier in der »schönen Stube« an. Andererseits aber ist der Waldler erfüllt von einer starken und geheimen Scheu und Furcht vor der Macht des Todes. Darum hat ers gern, wenn an den Abenden, da der Tote noch im Haus liegt, Freunde in reicher Zahl kommen, die Totenwache mit ihm teilen und sein Grauen mindern und lindern helfen. Es ist erwünscht, daß die Wachenden für mehrere Stunden auf Ruhe und Schlaf verzichten, daß sie lange mit den Leuten vom Hof aufbleiben, woher sich der landesübliche Titel »das Aufbleiben« für diese bäuerliche Totenwacht hält, die zunächst der Ehrung und dem Seelenheil des Hingegangenen dienen soll.

Die Stallarbeit ist getan, die Abendsuppe eingenommen. Jetzt kommen die Aufbleiber aller Gattungen, die frommen und unfrommen, die ernsten und fröhlichen. Es wird noch diese und jene Rede getauscht und der Tote laut und eindringlich gepriesen, seine Arbeitsamkeit über alle Maßen gelobt. Dann, wenn das Flämmchen des geweihten Wachsstockes aufleuchtet, wird alles mäuserlstill, läßt sich auf die Knie nieder und faltet die rosenkranzumwundenen Hände. Eine mundgewandte Person, meistens langerfahren in diesem Geschäft, betet nun zum Trost des Abgeschiedenen den Allerseelenrosenkranz und die ergreifende Litanei für die Toten. Würdig beten zumeist die Älteren, ganz umweht von Andacht und den Schauern des Todes. Aber die Jungen, die rutschen auf den ungeduldigen Knien hin und her und können es kaum erwarten, bis das Fürbittgebet geleistet ist, mit dem die Himmelsleiter des Verstorbenen um einen Sprießling verlängert wird und die Majestät des Todes ihr Recht bekommen hat.

Jetzt gehören die Aufbleiber wieder dem nun einmal so schönen Leben. Die Erde hat sie wieder. Müd ist man geworden von weiten Wegen, vom langen Knien, und trocken ist der Mund, da kann es nicht schaden, wenn nun nach guter Waldlersitte allerhand Eß- und Trinkbares auf den schrägbeinigen Urvätertisch gestellt wird. In einfacheren Häusern genügen Bier und Ordinari-

schnaps nebst Hausbrot. Bleibt man aber in einem großen Hof auf, so muß schon eine ganze Speisenfolge aufmarschieren. Wenigstens war es in meiner Jugendzeit in meiner Heimat, im Dreiburgenland, so üblich. Die Reihenfolge der Gerichte stand seit ewigen Zeiten unverrückbar fest, und den Beschluß machte immer schlafvertreibender Kaffee mit Prachtkrapfen; denn bis in die Morgenstunden hinein dauerte die Aufbleiberei, wobei man sich freilich das nächtliche Mahl mit mehreren Rosenkränzen erkaufen mußte, die zwischen die üppigen Gänge eingeschoben wurden.
Das stärkste Lockmittel für die Aufbleiber sind und bleiben aber die Männer, die in Kopf und Herz die Sagen, Mären und Schwänke der Heimat verwahren und heut freigebig austeilen, jedes Ohr auf- und jeden Mund zumachen und die Trauerstube in einen unterhaltlichen Heimgarten umwandeln, auf den sich jedermann gefreut hat. Da gab es in jedem Landstrich Märchenerzähler von Ruf und Rang, die an solchen Abenden eigens geladen und mit größter Sehnsucht erwartet wurden. Waren sie auch bloß Dorfhirten oder Kohlenbrenner, Kirmzäuner oder Pechsieder, Sauschneider oder Scherenschleifer, Umfuhrleute oder Armenhäusler, sie wurden mit besonderen Ehren empfangen und bei der Bewirtung bevorzugt. So erfreute sich in meiner Jugend in Tittling und Umkreis dieses Marktes der alte »Flex«, seines Zeichens ein ehrsamer Schleifer, einer großen Berühmtheit als erstklassiger Märchenerzähler. Den Brüdern Grimm hätte er mit Leichtigkeit ein zweites und drittes Buch echter Volksmärchen liefern können. Damals hätte in meiner Heimat keiner vom Paradebett aus ins Grab steigen und dann in den Himmel auffahren mögen, hätte nicht der alte Flex beim Aufbleiben seine Wundergeschichten aufgetischt, lange und breiterzählte Märchen, in denen edelsteinüberladene Prinzessinnen und unglaublich blutgierige Räuber die großen Rollen spielten. Ewig schad, daß die Geschichten des unerschöpflichen Flex niemand aufgeschrieben hat!
Begehrter als die Märchen waren an jenen Abenden, die im Zeichen des Todes standen, die Geistergeschichten, die Sagen von Hexen und Druden, von Sterbenden, die sich »anmeldeten«, von Toten, die im Grab keine Ruhe finden und namentlich in den Allerseelen-

nächten als Lichtlein oder feurige Gestalten erscheinen; von geizigen und habgierigen Bauern, die zu Lebzeiten die Marksteine ihrer Fluren verrückt haben und nun umgehen müssen; vom Nachtgejaid und vom feurigen Drachen, vom Teufel und vom Bilmesschneider; von Verstorbenen, die auf Grund einer Verabredung wiederkehrten, und von anderen Dingen mehr, von denen sich unsere Schulweisheit nichts träumen läßt. Da ist es dann mäuserlstill geworden in der gemütlichen Bauernstube, so still, daß man hätte ein Haar auf den Boden fallen hören. Wir Kinder zogen die Beine auf die Bank herauf, fürchtend, es hätte uns ein Unhold packen können; die Weibsbilder überlief die eiskalte Gänsehaut; die Mannerleut spielten die Ungläubigen, rissen aber Augen und Maul fast noch weiter auf als das andere Geschlecht. Da ist dann die Zeit rasch vergangen, und auf einmal hat die alte Uhr feierlich die zwölfte, die Geisterstunde, gerasselt. Und man hat fast drauf gewartet, daß nun irgendeine der so gefürchteten Spukgestalten im Haus des Toten erscheinen würde.

Das ist meines Wissens nie geschehen, aber zuweilen haben sich bei solchen Gelegenheiten andere Dinge ereignet, die einem die Haar geberg trieben. So zum Beispiel ist vor nicht allzulanger Zeit beim Zaglauer in Abtschlag (bei Regen) der brave Hausvater hinten auf der Bank aufgebahrt gewesen, also nicht in einem Prunkgemach, sondern in der Wohnstube, damit er bis zum Antritt der letzten Fahrt den Seinen möglichst nahe sein könnte.

Ich denk diese seltsame Sitte noch gut. Auf der ungeschmückten feichtenen Bank, die an zwei Stubenseiten entlangläuft, lag hinten im Eck der Tote. In schneeweißen Hemdärmeln, wenns ein Mannsbild war, die Zipfelhaube auf dem stummen Haupt und an den Füßen die unerläßlichen weißen Socken. Denn mit andersfarbigen Strümpfen mochte bei uns kein Gestorbener den Weg in die Ewigkeit antreten. Auf dem Fensterbrett standen Kreuz, Weihbrunngefäß und Totenlichtl. So lag der Tote in der Wohnstube mitten unter den Lebenden und den abendlichen Aufbleibern und hat noch redlich teilgenommen an allem, was unter ihnen vorging.

Genauso wars also auch beim Zaglauer in Abtschlag, wo die Stube vollgepfropft war mit Aufbleibern, alle in eine gruselig-

schöne Spukgeschichte vertieft. Da plötzlich ein lauter Rumpler, ein messerscharfer Schrei der Weibsbilder, ein paar Schwächezustände — denn der tote Bauer fliegt mit einem Male von der Ruhebank auf den Stubenboden herunter. Der grausige Vorfall hatte aber eine sehr einfache, wenn auch verwerfliche Ursache. Die Wand des hölzernen Hauses, an der unser Toter aufgebahrt lag, hatte von jeher eine kleine Öffnung, wie man das öfter an alten Holzbauten findet. Durch dieses Loch hatte ein Knecht, der gern so dumme Stückl lieferte, mit dem Rechenstiel den Verstorbenen in frevlerischer Art von seiner Bank gestoßen.
Und weil es damals schon sonderbar zuging, ist am Abend drauf im gleichen Haus ein zweites aufregendes Geschehnis vorgefallen. Mitten unterm Beten reißt einer der Söhne, der vergebens drauf gewartet hatte, den schönen Hof zu erben, den toten Vater von der Bank, rüttelt und beutelt die Leiche mit waldlerischer Urkraft und bestürmt ihn immer wieder: »Gelt, Vater, *ich* krieg den Hof! Sag ja, Vater, sag ja, sonst ists aus!« Der Vater aber hat seinen stummgewordenen Mund nicht wieder geöffnet.
So haben Anno dazumal im Stubeneck hinten die Toten teilgenommen an allen Äußerungen des Lebens und den vielfältigen Dingen des Aufbleibens, haben gelauscht auf Weinen und Beten, auf Leutausrichten und Erzählungen, auf Klingen von Schüsseln und Krügen, auf verhaltenes Lachen und heimliche Geständnisse, auf heilige und unheilige Worte und Dinge. Auch auf die kräftigen und leidenschaftlichen Rufe der kartenspielenden Mannsbilder, die vorn am mächtigen Tisch beim Tarock oder Schaffkopf saßen.
»Du kimmst außer!« mahnte der eine Spieler.
»Rot ists!« meldete sich der andere.
»Gstochen!« jubelte ein dritter und zog den Trumpf ein.
Hinten im Eck aber, wo das Totenlicht flackerte, lächelte einer ganz leise. Einer, der es wußte, daß den größten Trumpf *er* ausgespielt hatte.

## Haarhauswaberl, komm heraus!

Weitab von den waldlerischen Dorfschaften, in einsamen Tobeln, am Saum stiller Wälder oder gleich mitten im finsteren Holz, an felsichten Hängen zwischen Gestrüpp und Gesträuch oder sonstwo an entlegenen und gemiedenen Stätten, da standen sie einst, die düsteren und verrufenen Brech- oder Haarhäuser mit ihren verblichenen Strohdächern oder steinbeschwerten Legschindeln, gebaut aus rohen Bruchsteinen und schwerem Balkenwerk — altersgrau, geheimnisumwittert, gruselnerregend und sagenumsponnen wie sonst kein Gebäu des Waldlandes. Weil das Haarhaus der Tummelplatz aller bösen Geister war, mochte kein redlich Dorf einen solchen Hexenkessel in seiner Mitte dulden. So erklärt sich der Volksglaube die einschichtige Lage der Haarhäuser. Der nüchtern Denkende aber sagt: um alle Brandgefahr zu verhüten, mußten sich die Brechhäuser weit vors Dorf hinaus flüchten.

Das war in den Zeiten, als noch überall im späten Frühjahr die zarte Blüte des Flachses oder Haars einen wundersamen blauen Schleier über so viele Bauernfelder legte; als das edle Linnen noch der Schatz und Stolz der Hausmütter, Haustöchter und Mägde war; als allenthalben Leib- und Bettwäsche und bäuerliches Alltagsgewand aus dem selbstgefertigten Linnen hergestellt wurde.

Unsäglich viel Fleiß, Liebe und Mühe kostete es, bis sich der unscheinbare Flachs oder Haar in die grobfädige rupfene oder gar in die feinschimmernde kostbare harbene Leinwand verwandelte.

Im toten Herbst wanderte der im späten Sommer geerntete und bereits vielfach bearbeitete Flachs zum Rösten und Brecheln ins Haarhaus. Das Rösten geschah in der niederen rauchgeschwärzten Brechelstube, das Brecheln mit Hilfe hölzerner Vorrichtungen in der offenen Vorhalle des Brechhauses. Das Brecheln befreit die feine Gespinstfaser von der unbrauchbaren Hülle.

Die Brechhausarbeit war von jeher meist Sache und Pflicht des Weibervolkes. Im späten November und im frühen Winter belebten sich in den stillen langen Nächten die einsamen Haarhäuser mit den eifrigen Frauen und Mädchen, die alle eine genau bestimmte Menge von Flachs zu rösten und zu brecheln hatten. Damit man dem Tag freie Stunden gewinnen konnte, nutzte man, gern auf den Schlaf verzichtend, die Nacht. War alle Brechhausarbeit beendet, gab es auf dem Waldhof ein fröhliches abendliches Fest mit Musik und Tanz und anderer Kurzweil, das Brechelfest oder den Brechelbrei, wobei üppiges Essen aufgetragen wurde.

Wenn nun, etwa in der Allerseelenwoche oder im Advent oder zur Zeit der gespensterreichen Rauhnächte, ein einsamer nächtlicher Wanderer um die Geisterstunde am Brechhaus vorüberging, schreckte ihn ein Bild, das alle Züge des Unheimlichen aufwies: auf dem Herd der rußigen Brechelstube brannte ein helles Feuer; wildes Lachen und Scherzen, Jauchzen und Schäkern ließ sich hören. Denn wo junge Weibsbilder werken, fehlen junge Burschen nicht. Und daß am heißen Brechelofen auch manches junge Herz heiß wurde, daß es da nicht immer zuging wie bei einem braven Sittenfest, läßt sich leicht ausmalen.

Was nun Glaube und überreiche Sage des Waldvolkes an unholden Gestalten kennt, das gab sich in den finsteren Haarhäusern ein Stelldichein. Der düstere Jäger mit der Hahnenfeder am grünen Hütl und dem versteckten Bockfuß war da ebensooft zu Gast wie Hex und Drud und allerlei seltsames Getier.

Hier hat der Teufel mit spielwütigen Männern um Mitternacht gekartet. Hier haben höllische Katzenviecher mit dem Schweif im Maul eine grausige Musik gemacht. Hierher hat sich einmal, in der Bischofsmaiser Gegend war es, um die Geisterstunde eine kecke junge Dirn, das Katherl, gewagt, um Heimgartengästen zu beweisen, daß es sich vor dem Brechhaus nicht fürchte. Und wie es nach Stunden immer noch nicht zurückgekehrt war, hat man nachgeschaut. Da hörte man das Haarhauswaberl höhnisch frohlocken: »Dem Katherl sein Häutl hängt schon heroben am Stangl!«

Ja, das Haarhauswaberl, die Gebieterin des Haarhauses! Ein ganz winziges verzwergtes Weiberl, das ein zottiges Gewand trug wie eine Hummel und von dessen Haupt der herrlichste goldene

Flachs in leuchtenden Strähnen floß, rundum die Gestalt der Alten wundersam verhüllend. Es hatte seine Heimstatt in der rußigen Brechelstube, saß aber an strahlenden Hochsommertagen gern auf dem Rauchfang seines einsamen Palastes, um sich da zu sonnen und sich vielleicht an der Schönheit des Waldes zu laben. Es lockte schmeichelnd arglose Kinder in sein gemiedenes Reich und umschlang die bösen unter ihnen so lange mit der Fülle seiner Flachshaare, bis ihnen der Atem ausging für immer.

Jaja, ich weiß sie noch gut, die Zeit, da noch das Haarhauswaberl sein Zepter über das Brechhaus führte! Wie oft sind wir Schmiedbuben in unserer Heimat vorbeigeschlichen am düsteren Haarhaus des sagenreichen Schachertwaldes nordwärts von Tittling, darin im Sommer 1943 die versunkene Burg Hohenwart wieder aufgedeckt wurde. Dann narrten und ängstigten uns die älteren Brüder, indem sie laut und feierlich die Beschwörungsformel sprachen, das Gesicht verwegen auf den Rauchfang des Brechhauses richtend: »Haarhauswaberl, komm heraus!« Sie sprachen die Zauberworte zum zweiten Male und begannen sie zu unserem Schrecken auch noch ein drittes Mal. Wehe uns Jüngeren, wenn diesmal der Ruf wäre zu Ende gesprochen worden! Aber immer wieder fand unser Flehen und Betteln Gehör. Und so kam es, daß wir niemals das zottige Haarshauswaberl wahrgenommen haben.
Längst ist auch jenes Haarhaus am Schachertwald verfallen. Ein karger Rest von rußigen Steintrümmern ist das armselige Denkmal des Brechhauses und seiner Gebieterin. Brennesseln, Unkraut und Beerenranken verdecken mitleidig die letzten Steine. Vielleicht sonnt sich manchmal an sommerlichen Mittagen die Schlangenkönigin auf dem Gipfel des niederen Trümmerhaufens?
Fast überall sind die Haarhäuser verschwunden. Und das Haarhauswaberl, wohin mag es ausgewandert sein? — — Freilich, vergessen ist es nicht. Es lebt fort in der Erinnerung der Waldheimat gleich vielen anderen Gestalten der düsteren Sagen und unheimlichen Geschichten, die dem Brechhaus sein gruselnerregendes Wesen und seinen — Reiz gaben.

## Überfahren!

Wer von uns Zeitgenossen ein Menschenalter oder mehr auf dem Buckel hat, ist hineingewachsen ins Zeitalter des Verkehrs, das sich so rasch und reich entwickelt hat und noch weitere Steigerungen bringen wird. Die meisten Verkehrsmittel haben sich den Forderungen unserer hastenden Gegenwart angepaßt und besitzen das, was man zunächst von ihnen verlangt: Tempo! Tempo!
Bis auf ein wichtiges und uraltes heimatliches Verkehrsmittel, das sich in den meisten Fällen gleichgeblieben ist bis auf die Stunde, obwohl es sich auch die Hilfe moderner Technik zulegen könnte.
Wir meinen unsere Seilfähren oder Flußüberfahrten.
Oftmals wird z. B. zwischen Straubing und Vilshofen der Verkehr über unseren Heimatstrom, die Donau, dem uralten Verkehrsweg der Völker und Jahrtausende, lediglich durch solche Fähren ermöglicht, wie etwa zu Irlbach, Mariaposching, Metten, Halbmeile, Niederaltaich, Winzer, Ottach und Hofkirchen. Mehrere dieser Fähren dürften über ein Jahrtausend alt sein; sie haben viel erlebt und manche Wandlung des Stromlaufes mitgemacht. Sie sind viel älter als unsere Brücken, die im Mittelalter selten waren und meistens jedes Jahr im Herbst abgetragen werden mußten, damit sie durch den Eisstoß nicht zerstört werden konnten.
Es ist ein stimmungsvolles, altschönes Bild, das sich an einer solchen Überfahrt auftut. Vor uns liegt eine einsame und stille Landschaft. Zur Linken des Stromes die dunkle und steile Riesenwand des Waldgebirges, am anderen Gestade die feierliche weite Ebene, die nicht selten an die Gemälde niederländischer Landschafter erinnert. Von einem Ufer zum andern spannt sich das mächtige Drahtseil, und an diesem hängt die Fähre, der »Fahrm« des Volksmundes, auf heimatlicher Schopperstatt, zu Niederaltaich oder Windorf, von tüchtigen Meistern aus Holz kunstgerecht gezimmert.
Ein wunderbar erscheinendes Naturgesetz ist es, das sich die Seil-

fähre zunutze macht, das Parallelogramm der Kräfte, wie der Naturwissenschaftler sich ausdrückt. Ohne Aufwand besonderer menschlicher Kraft oder anderer Hilfskräfte kann die Fähre, und mag sie noch so schwer beladen sein, ihren Weg bewältigen. Beim Abstoßen vom Ufer, hin und wieder während der Überfahrt und dann beim Landen ist einige Nachhilfe durch die menschliche Hand erforderlich, die gelenkt sein will von Erfahrung und Überlegung. Im übrigen aber gleitet das Fahrzeug ruhig und feierlich, sicher und gelassen über die unermüdlich rauschenden Wogen hinweg, angetrieben, wie gesagt, von jenem Naturgesetz, das nur der Drahtseile und Klobenräder bedarf.

Was alles hat so ein schlichter und guter Fahrm ans andere Ufer zu bringen! Alles, was sonst die Straßen unserer Zeit bevölkert: Fußgänger und Radler, bäuerliche Fuhrwerke und Kraftfahrzeuge aller Art und anderes noch dazu, so daß sich oft das Schiff seltsam bunt belebt und Gegensätzlichstes friedlich auf seinem festen

Boden vereint. Wer erstmals etwa mit einem Auto an eine Fähre kommt und sieht, daß er seinen Wagen diesem anspruchslosen hölzernen Schiff anvertrauen soll, der staunt zunächst und ist zuweilen nicht ohne Bedenken, manchmal sogar nicht ohne Angst. Aber wenn er dann sieht, wie sich zu seinem Wagen ein zweiter gesellt, dazu vielleicht noch ein unförmiger hochbeladener Lastwagen mit Anhänger oder eine lange Holzfuhre oder ein Fuder Heu, wie alles zusammen so friedlich und sicher seinen Wasserweg macht, wie die Fähre dahingleitet ohne Rucker und Zucker, dann staunt er neuerdings, diesmal aber vor freudiger Überraschung!

Der König des Fahrms ist der Fährmann, den der Volksmund wieder auf seine Art tauft: der Uferer! Auch ein schöner Name; denn der Fährmann ist der Herr des Ufers, wie an der Donau die Überfahrt geheißen wird. Und dieser Uferer hat einen großen Patron, den hl. Christophorus, den Riesen, der einst das Christkind durch den Strom tragen durfte. Der Uferer muß ein wetterfester und furchtloser, ein verlässiger und nüchterner Mann sein, kein Leichtfuß und Bierhansl. Bei schönem Wetter ist ja sein Dienst recht hübsch. Aber im Winter, dann, wenn Eisschollen schwimmen, der Eisgang in Sicht ist, wenn Hochwasser wütet, dann ist sein Dienst schwer und gefährlich, und nicht selten muß er dann seinen Fahrm außer Dienst stellen und sich mit der Zille, dem Kahn, behelfen oder gar für ein paar Tage Feierabend machen. Bei der Nacht wird er manchmal aus den Federn gerufen, der Uferer, und beim Tagesgrauen oder noch früher muß er schon auf seinem Arbeitsplatz sein.

Der Uferer, der seine Behausung nicht immer am Strom hat, braucht auch ein kleines sicheres Heim gleich neben dem Ufer, darin er auf die Fahrgäste wartet und der Fahrgast auf ihn. Das ist die Uferhüttn, wie das Ufererhäuschen in Niederaltaich heißt, wo in alten Klosterzeiten der Herr Abt sein eigenes Prälatenschiff vor Anker liegen hatte. Diese bescheidene Uferhütte, meistens alt und verwittert, umfaßt nur einen einzigen engen Raum. In ihm steht ein winziges Blechöferl, stehen Bänke und ein schmaler Tisch. Da sucht man Unterstand bei Regen und Sturm und wärmt

sich im Winter, wenn der eisige Wind über den Strom fegt. Da findet sich aber auch gerne das Mannsvolk des Dorfes zusammen zu fröhlichem Diskurs, zum Kartenspiel, zu einer frischen Maß oder zwei. Hierher spaziert nach Feierabend und am Sonntagnachmittag der fleißige Bauer und Handwerksmann, tagsüber auch der Dreiquartlprivatier und mancher, der sich ein freies Stündchen gönnen will. Hier hat auch die Dorfjugend ihr beliebtes Stelldichein. Denn hier gehts immer lebhaft zu und gibts immer was zu sehen und Neues zu hören. Hier streicht der große Wind der weiten Welt um die dörfliche Nase.
Besonders belebt ist das Ufer dort, wo sich an die Stromüberfahrt die fleißige Schopperstatt anschließt, auf der mit seinen Gesellen der angesehene Herr Schiffsbaumeister, wie man heute sagt, die Holzschiffe baut, die Fahrme, Plätten und Zillen und andere Fahrzeuge, deren Form sich seit Jahrhunderten kaum geändert hat. Weil die Ritzen zwischen den Balken und Brettern mit Moos ausgestopft oder ausgeschoppt werden, nennt sich der Erbauer dieser Schiffe Schopper. Diese Schopperstätten reichen meistens bis ins Mittelalter zurück und befinden sich zuweilen seit Generationen im Besitz des gleichen Geschlechts, wie etwa zu Windorf bei der Familie Jordan. Seit uralten Zeiten berühmt sind auch die Erzeugnisse des Schoppermeisters Kainz in Niederalteich. In diesen Uferdörfern sitzen noch die Nachkommen der einstigen weitgereisten Schiffmeistergeschlechter der Donau, die ein gutes Stück Welt gesehen und viel Abenteuer erlebt haben, auf die gern die Rede kommt, wenn die Dorfahnen wehmütig von verklungenen alten Zeiten erzählen.
Der Fährmann bleibt seinem Beruf treu sein Leben lang. Er verwächst mit seinem Ufer und seinem Fahrm, dem Strom und seinen Wellen. Und es ist etwas Urweltliches um ihn, etwas Zeitloses, wie um seine Fähre selber, die meist vor Generationen grad so aussah wie heute.
Sagen um Fähren – so könnte man einen hübschen kleinen Sagenkreis überschreiben. Denn oft in bewegten Zeiten wandelte sich das stille Ufer zum geschichtlichen Schauplatz, überquerten auf dem Fahrm Gestalten von historischem Ausmaß den Strom, kam

der bäuerlich einfache Uferer unmittelbar in Berührung mit den Wellen großer Ereignisse. Oder es wand um ihn, der jahraus, jahrein, tagaus, tagein immer mit derselben Gelassenheit und Ruhe bei Tag und Nacht den einsamen Strom überbrückt, der lebt mit Wind und Nebeln, mit Regenschauern und grollenden Fluten, es wand um ihn die immergrüne Sage des Volkes den Kranz ihrer Wunder und Geheimnisse, sie umgab ihn mit den Schauern unheimlicher Begebenheiten, die sich am einsamen nächtlichen Ufer und auf den dunklen Wellen abspielten, die der Sturmwind trieb.

Am Inn wars, unweit Pettenau bei Prienbach. Da ist nun auch eine uralte Fähre. Einmal nachts wird der Uferer aus seiner warmen Liegerstatt gerufen mit seltsam feiner Stimme, dann mit mehreren seltsam feinen Stimmchen. Er begab sich, etwas unwillig, auf seinen Fahrm. Da wurlt und wallt ein merkwürdig kleines Völkchen daher, mit Sack und Pack, fast kurzweilig und drollig anzusehen, aber doch von einer Art, wie sie sonst nicht da ist auf Erden. Die Kleinen, Gedrungenen drängen zur Eile. Voll besetzt ist die Fähre. Langsam schwimmt sie hinüber ans andere Ufer. Beim Aussteigen drängen sich die kleinen Manderl und Weiberl an den Fährmann, und ein jedes schiebt ihm mit putzigen Fingern ein Händchen voll Sand in die Joppentaschen. Der Uferer weiß nicht, wie ihm da geschieht, und findet die Schneid nicht, sich zu verwahren gegen Entlohnung mit elendem Sand, gegen solche Verhöhnung. Und ehe er sich bedacht hatte, war das unheimliche Völkchen entschwunden, eilig und hastend, war verschwunden im Dunkel der tiefen Nacht.

Der Uferer rudert sein Fahrzeug zornig zurück und entleert während der Fahrt die prall mit Sand gefüllten Taschen des Rockes. Wie er sich zu Hause entkleidet, sieht er zu seinem Ärger, daß in einer der Taschen noch der Sand steckt, der Schmachlohn des kleinen Volkes. Er will den Sand herausnehmen – da hat er pures, wunderbares Gold in der Hand, lauter schwere, strahlende goldene Körner! Oh, er hat in seinem Verdruß einen Reichtum in den Inn geschüttet! – – Und da hat es sich herausgestellt, wer seine Fahrgäste gewesen sind: die Erdmandln! Die haben sich nicht mehr wohlgefühlt drüben in der alten Heimat und sind ausgewandert, wohin, das weiß niemand und hat man auch nie erfahren, wie überhaupt so viele Geheimnisse das Wissen um dieses liebenswürdige, hilfsbereite und gutmütige kleine Volk, das in unterirdischen niederen Kammern haust, verdunkeln. Wie königlich wollten sie den mürrischen Uferer für seinen Dienst entlohnen! Ja, er hat ein Vermögen in den Inn geworfen, und das hat ihn gereut all sein Lebtag.

Dann weiß man von mehreren Ufern zu erzählen, daß dort die Pest übergefahren ist, die dritte schlimme Geißel der Menschheit, die namentlich während des Dreißigjährigen Krieges bei uns geherrscht und viele Städte und Dörfer fast ganz entvölkert hat.

Berühmt in der Heimatsage und viel besungen im Gedicht und sogar im Bühnenstück sind da der Fährmann von Haunreit, wieder am Inn, und der von Heining vor Passau, die beide just das Gleichschaurige erleben mußten. Es kam an einem nebelverhangenen düsteren Abend ein unheimlicher Mann an die Fähre, lang und hager und klapperdürr, und sein Gesicht grinste wie ein Totenschädel. Entsetzen ergriff den sonst so mutigen Uferer. Und wider seinen Willen mußte er auch diesen Gast über den Strom setzen. Aber er hat mit ihm, der die Pest war, den schrecklichen Schwarzen Tod ans andere Ufer und ins jenseitige Land gebracht, das dann bald auf grauenvolle Weise von dem großen Sterben heimgesucht wurde, von dem die Chroniken und Sagen so viel Furchtbares zu erzählen wissen. Pestkapellen und Pestsäulen erinnern an jene Schreckenszeit. Der Pestpatron St. Sebastian ist dazumal zum Volksheiligen und großen Helfer geworden.

Auch von der Moldau, dem dunklen Fluß des Böhmerwaldes, wissen wir, daß dort die Pest die Fähre ausgenutzt hat, um den Anwohnern des jenseitigen Ufers das große Sterben zu bringen. Da ist auch so ein grausiger Gesell am Ufer erschienen. Er trug einen Mantel in der Farbe des Blutes und einen schwarzen Sack, aus dem ein schrecklicher Gestank drang. Der finstere Mann sagte zum Uferer: »Jetzt wird es bei euch so viele Leichen geben, als das Jahr Tage hat.« Allein, es sind ihrer noch viel, viel mehr gestorben im schönen grünen Böhmerwald!

Einmal habe ich eine Geschichte gehört, die wahr sein soll und zum Kapitel der vielgenannten »Anmeldungen« gehört. Es war in unserer Donaugegend ein Uferer, der hatte einen Sohn, der war weit in die Welt hinausgezogen und verschollen. Jahre gingen dahin, und keine Nachricht von dem Vermißten kam zu den bangenden Eltern, die einsam hausten am einsamen Donauufer. Es war im November, im stillen grauen Nebelmond. Da rief in später Abendstunde am anderen Ufer eine jammervolle Stimme: »Überfahren!« Dem Fährmann kam es vor, als sei das die Stimme seines verlorenen Sohnes. Er setzte über und nahm den späten Wanderer, den unheimlichen, mit. Der trat schweigend aus dem Dunkel und den Nebeln der Nacht, tief in seinen Mantel gehüllt, in den Fahrm und redete kein Wort während der Fahrt. Bloß geseufzt hat er ein paarmal recht schwer.

Dem Uferer ist unheimlich zumute geworden, und er hat sich nicht getraut, den Seltsamen anzureden und zu fragen um Woher und Wohin, wie es sonst üblich ist. Als dann endlich der Fahrm am anderen Ufer landet, steigt bloß der Fährmann aus. Der Fahrgast aber war verschwunden, und vergebens war es, nach ihm zu rufen. Nach einiger Zeit aber erhalten die Uferer eine traurige Botschaft aus weiter Ferne. Genau an dem Abend, an dem der Vater den geheimnisvollen Fremdling in sein Boot aufgenommen hatte, war sein Sohn gestorben. Noch einmal hatte ihn selbst oder seine zweite Gestalt, die geisterhafte, die Zeitlang, die Sehnsucht heimgetrieben zu den Eltern, zur Heimat. Kräfte, die wir bloß ahnen, aber zum Teil nachweisen können durch wahrhafte Begebenheiten, waren wachgeworden in dem Sterbenden und hatten bewirkt, was der alte Uferer von der Donau erlebt hatte.

## Winterlicher Abendgesang

Gehts, Leutln, roasts mit mir in »Wald«!
Paßts af, wias enk da drinnat gfallt!
Houh drobn im Berghof kehr ma ei,
da muaß 's iatz doppelt gmüatli sei.

Der alte Hof drobn af der Höh
is ganz verstöckt in lautern Schnee.
Und rundum d' Welt is ganz verschneibt,
so daß ma gern dahoamdn bleibt.

O lusts, wia nur der Schneewind surrt!
Macht nix; der Kachlofa purrt
und sagt: »Kemmts, Leutln, rasts a weng
nebn meiner af der Ofabänk!«

Der bratne Apfi schmöckt so guat;
da Vogl in sein Häuserl ruaht.
So ruahwlö is's und so schä staad,
als wann uns wer verzaubern taat.

So schnell wirds Nacht, und um dö Zeit,
da is der Hof voll Hoamlichkeit,
da gspüart mas erst, da woaß mas gwiß,
wia schä daß 's halt dahoamdn is.

# ERLÄUTERUNGEN ZU ABBILDUNGEN

*Seite 5* — Elternhaus meiner Mutter Maria Peinkofer, geb. Moosbauer, in Spitzingerreut. Sie lebte von 1846 bis 1919, mein Vater Josef Peinkofer von 1846 bis 1899. Das um 1850 erbaute Haus wurde in neuerer Zeit um ein Stockwerk erhöht.

*Seite 11* — Friedhofkirche und Turm der Pfarrkirche Aiterhofen, von Osten. Die Pfarrkirche, romanische dreischiffige Basilika, wurde nach 1200 erbaut. Von den ursprünglich geplanten zwei Türmen wurde nur der Nordturm ausgeführt. Die Rokokoeinrichtung aus dem 18. Jahrhundert wurde 1883 beseitigt. Die Friedhofkapelle (Karner oder Beinhaus) stammt wohl aus dem 17. Jahrhundert. Eindrucksvolle Gesamtanlage. Aiterhofen, früher Hofmark, hatte im Mittelalter große Bedeutung. Im 9. Jahrhundert befand sich dort ein Grafschaftsgericht. Seit 1850 ist es Sitz eines Klosters der Franziskanerinnen mit Mädchenschule.

*Seite 41* — Stiftskirche von Niederalteich, vom rechten Donauufer aus gesehen. An Stelle einer romanischen Kirche ab 1306 als gotische dreischiffige Hallenkirche mit gewaltigen Ausmaßen erbaut. Damals 26 Altäre. Nach vielerlei Veränderungen, besonders durch Brände, 1718 bis 1726 im Innern glänzend barockisiert und durch Mönchschor und Sakristei erweitert. Seit 1932 Päpstliche Basilika.

*Seite 187* — Schloß Moos. Erstmals urkundlich 1207 erwähnt. Häufiger Besitzerwechsel bis 1568. Seither Sitz der Grafen Preysing. Das frühere Schloß 1619 durch Brand zur Hälfte zerstört, dann wiederhergestellt und 1635 vollendet. Der stattliche Renaissancebau geht auf eine mittelalterliche vierflügelige Wasserschloßanlage mit vier Ecktürmen zurück. Malerischer Laubenhof. Einige Räume mit sehr schönen Stuckdecken aus der Renaissance. Der wohlgepflegte Bau verwahrt viele Kunstschätze. Anschließend englischer Garten, angelegt um 1789. Wohnsitz Ihrer Königlichen Hoheit Gundelinde Gräfin von Preysing, geb. Prinzessin von Bayern, jüngste Tochter des letzten bayerischen Königs Ludwig III., Witwe des Grafen Johann Georg von Preysing (1887 bis 1924).

*Seite 200* — Das Pfarrdorf Bischofsmais, im Hintergrund der Bergriegel der Oberbreitenau. Der Ort wurde 1846 durch Brandstiftung fast ganz vernichtet; auch die schön eingerichtete Barockkirche ging zugrunde.

*Seite 219* — Wohnhaus des Mattheisl in Freiberg, nach seinem Tod abgebrochen.

*Seite 229* — Die ehemalige Pfarrkirche St. Vitus in Tittling, gotisch, nach Vollendung der großen neuen Pfarrkirche (1892) abgebrochen. Durch den verheerenden Marktbrand von 1803 wurde die schöne Barockeinrichtung der alten Kirche größtenteils vernichtet. In diesem Gotteshaus wurde der Verfasser 1891 getauft.

*Seite 231* — Natternberg. Die sehr umfangreiche Schloßanlage um 1590. Nach einem Wandgemälde von Hans Donauer im ehemaligen Antiquarium der Residenz München.

*Seite 241* — Die »Waldlaterne« Saldenburg. Ab 1368 erbaut. Um 1682 Innenräume teilweise umgestaltet und barockisiert. Nebenbauten im 18. Jahrhundert größtenteils zerstört und dann verfallen. Das Innere, reich an stimmungsvollen alten Räumen, zeigt noch immer teilweise die Anlage der Erbauungszeit. Seit 1929 Jugendherberge.

*Seite 275* — St. Peter in Straubing. Älteste Pfarrkirche der Stadt, heute Nebenkirche. Als romanische dreischiffige Basilika an Stelle einer früheren Kirche unter lombardischem Einfluß neu erbaut. Später wiederholt verändert, in der Rokokozeit ausstuckiert. 1866/67 barocke Einrichtung beseitigt. Unsere Zeichnung zeigt den Zustand anfangs des 19. Jahrhunderts. 1886 der unvollendete Nordturm ausgebaut, seither zweitürmig. Kunstgeschichtlich bedeutsamer Bau von »frischer kräftiger Schönheit«.

*Seite 305* — Aigen am Inn. Wallfahrtskirche zum hl. Leonhard. Ursprünglich romanisch, im 15. Jahrhundert erweitert und gotisiert, Tuffsteinbau von ernster Würde. Inneres 1647 teilweise barockisiert und barock eingerichtet 1670/1680. Der romanische Nebenturm von der früheren Kirche.

*Seite 312* — Die Rusel an der Bundesstraße zwischen Deggendorf und Regen. Angelegt um 1625 von der Abtei Niederaltaich, die hier riesige Waldungen besaß, als Viehschwaige und Forsthaus. Der im Bild gezeigte Holzbau, 1718 von Abt Joszio Hamberger aus Lärchenholz errichtet und mit einer Hauskapelle versehen, 1904 durch Brand vernichtet. Nach 1803 Gasthof und Sommerfrische. Der nach 1904 erbaute neue Gasthof wurde 1930 in ein Sanatorium umgewandelt. Die Rusel wird schwärmerisch beschrieben in der ältesten Schrift über einen Ort des Bayerischen Waldes: J. R. Schuegraf »Meine Wanderung über die Rusel im baierischen Walde« (Straubing 1824).

# VERZEICHNIS DER PERSONEN UND FAMILIEN

*1. Heilige und Selige*

Alruna 290
Bartholomäus 205
Christophorus 328
Degenhard 206
Englmar 166 ff.
Florian 303
Franz von Assisi 40
Gotthard 134, 289
Gunther 14, 201, 206
Hermann 204 ff.
Johannes Nepomuk 174, 223 ff., 227 ff.
Isidor 303
Laurentius 205
Leonhard 303 ff.
Luzia 24 ff.
Nikolaus 21, 24
Notburga 303
Sebastian 303, 331
Thomas, Apostel 25
Thomas von Aquin 26
Wendelin 303

*2. Kirchliche Würdenträger*

Bacheneder, Vitus, Abt 290 ff.
Breiner, Anton E. F. Graf von, Offizial 281
Degenberger, Altmann der, Abt 290
Dyrnhard, Franz von, Abt 290 ff.
Freundorfer, Joseph, Bischof 202
Gmeiner, Paulus, Abt 254
Gmeiner, Tobias, Abt 255
Gregor XI., Papst 236
Gubitz, Kilian, Abt 290
Guggemos, Adalbert, Abt 290 ff.
Hamberger, Joszio, Abt 75, 181 ff., 289 ff., 336
Hermann, Abt 135 ff.
Kögl, Karl, Abt 290 ff.
Kramer, Plazidus, Abt 254
Krenauer, Ignaz II., Abt 290
Kuchelmund, Johann II., Abt 181
Lanz, Ignaz I., Abt 136, 290 ff.
Moser, Benedikt II., Abt 280 ff.
Ow=Felldorf, Dr. Sigismund Felix Freiherr von, Bischof 43
Peter I., Abt 181
Poppo I., Abt 134 ff.
Prokop, Dr. Dominikus, Abt 196
Pusch, Marian, Abt 290 ff.
Rampf, Dr. Michael von, Bischof 227
Riemer, Dr. Franz Seraph, Prälat, apostol. Protonotar, Dompropst und Generalvikar 43
Ringhammer, Barbara, Äbtissin 266
Rupert, Propst 167
Stieber, Dr. Gislar, Abt 42, 183, 292
Ziegler, Augustin, Abt 290 ff.

*3. Fürstliche Personen*

Agnes, Herzogswitwe 230
Bayern, Gundelinde Prinzessin von Bayern — s. Preysing, Gräfin Gundelinde von
Bernauer, Agnes, Baderstochter, später Herzogin 277
Berthold, Herzog 76
Bismarck, Otto Fürst von 195
Christoph, Herzog 267

Diokletian, Kaiser 24
Elisabeth, Prinzessin 231
Friedrich Barbarossa (Rotbart), Kaiser 254
Georg, Herzog 140
Heinrich der Ältere, Herzog 231
Heinrich der Heilige, Kaiser 134
Heinrich III. (Hezzilo), Herzog 76
Heinrich XV. der Natternberger, Herzog 230 ff.
Hezzilo (Heinrich III.), Herzog 76
Karl IV., Kaiser 232
Karl der Große, Kaiser 75, 103, 254
Konrad II., Kaiser 201
Ludwig der Bayer, Kaiser 181, 231
Ludwig II., König 234
Ludwig III., König 335
Ludwig der Deutsche, Kaiser 254
Napoleon I., Bonaparte, Kaiser 311
Odilo, Herzog 75
Preysing, Gundelinde Gräfin von, geb. Prinzessin von Bayern 335
Rotbart (Friedrich Barbarossa), Kaiser 243
Tassilo III., Herzog 75

## 4. Adelsgeschlechter

Abensberg (Babonen), Grafen von 267
Babonen (Grafen von Abensberg) 267
Ahaimer 237
Bogen, Grafen von 134 ff., 166, 186, 230, 233, 266 ff.
Bray-Steinburg, Grafen von 10, 266
Drexel 257
Hafenbrädl, Freiherrn von 194, 203
Hilz, Freiherrn von 194
Kiesling, von 194, 203
Lier 227
Nußdorfer 227
Ortenburg, Grafen von 135
Pfaffing 267
Pfaller 257
Poschinger von Frauenau, Freiherrn 194
Preysing, Grafen von 186 ff., 232, 335
Puchberger 227, 257
Rumpeltshofer 227
Schaetzl, Freiherrn von 227
Tauffkirchen, Grafen von 227
Tengler von Ried 257
Vequel, früher Weickel und Weckel, Freiherrn von 257 ff.
Weickel oder Weckel — s. Vequel
Wenger 257
Ziegler 227

## 5. Adelige

Abensberg, Babo I., Graf von 267
Abensberg, Nikolaus Graf von 267
Ahaimerin 237
Berchem, Kaspar Freiherr von 186
Berger, Freiherr von 237
Bischofsmais, Berthold von 202
Bogen, Graf Albert IV. von 300
Drexel, Johann Ulrich Freiherr von 258, 260
Egg, Peter von 230
Hals, Leopold Graf von 237
Harcourt, de, Herzog 184
Harrach, Ernst Graf von 232
Jahenstorf, Gertraud von 237
Lang, Karl Heinrich Ritter von 241
Kiesling, Auguste von 194
Mauthner, Elsbeth, von Katzenberg 237
Natternberg, Hartwig von 230
Preysing, Johann Georg Graf von 335
Preysing, Kaspar II. Graf von 186 ff.
Preysing, Konrad Graf von 232

Preysing, Max Graf von 188
Reinhartsmais, Otto von 203
Ritter Allein
 (Heinrich Tuschl) 235 ff.
Staudacher, Albert 237
Stinglheim, Brigitte von 267
Stinglheim, Urban von 267
Tengler, Maria Franziska
 Freiin von 258
Trenck, Franz Freiherr von der 97,
 192, 235
Tuschl, Heinrich, genannt
 Ritter Allein 235 ff.
Tuschl, Otto der Ältere 235
Tuschl, Otto der Jüngere 235
Tuschl, Peter 237
Tuschl, Schweiker I. 235 ff.
Tuschl, Schweiker III. 236
Weickel, Valentin von 258

*6. Gelehrte, Heimatforscher,
Dichter, Schriftsteller*

Aichinger, Georg 13
Akiba, Ben 249
Aventinus (Johannes Turmair) 239
Bahr, Hermann 243
Beitl, Richard 113
Billinger, Richard 10
Bruschius, Kaspar 240
Buchner, Dr. Andreas 140
Dioskurides 102
Duller, Eduard 242
Ebermann, Dr. Oskar 243
Erhard der Jüngere,
 Dr. Alexander 244
Federer, Heinrich 9
Fink, P. Wilhelm, OSB 230
Fischl, Hans 250
Fontane, Theodor 9
Goethe, Johann Wolfgang von 267
Goldsmith, Oliver 267
Gotthelf, Jeremias 9
Grimm, Brüder 319
Gryll, Dr. Lorenz 140
Hansjakob, Dr. Heinrich 10
Härtl, Michael 244
Kriß, Dr. Rudolf 95
Lackner, P. Johann Baptist,
 OSB 291
Lang, P. Gotthard, OSB 14
Lenau, Nikolaus 278
Mally, Dr. Leo Hans 10
Mayrhofer, Karl 243
Megenberg, Konrad von 103
Meidinger, Franz Sebastian 122
Mörtl, Dr. Theodor 242
Müller, Adelbert von 242
Plinius der Ältere,
 Gajus Secundus 102
Raabe, Wilhelm 9
Regler, P. Balthasar, OSB 300
Reinhardstöttner,
 Dr. Karl von 242 ff.
Scharrer, Franz Seraph 244
Schlicht, Joseph 9, 12 ff.
Schmeller, Johann Andreas 159,
 200
Schmid, Dr. Anton 243
Schöppner, Alexander 242
Schrönghamer=Heimdal, Franz
 9, 243
Schuegraf, Joseph Rudolph 242,
 336
Silvanus, Ludolf (Stuiber) 243
Stifter, Adalbert 9
Stuiber (Ludolf Silvanus) 243
Thoma, Ludwig 13
Turmair, Johannes (Aventinus)
 239
Wagner, Hermann 258
Waltinger, Michael 243
Watzlik, Hans 243
Weißmann, Roman 242
Wild, Dr. Karl 244
Zimmermann, P. Alfons, OSB 288

## 7. Künstler

Asam, Cosmas Damian, Maler und Baumeister 196 ff., 301
Asam, Egid Qurin, Bildhauer und Baumeister 196 ff., 301
Brueghel (auch Bruegel), Pieter, Maler 76
Donauer (auch Thonauer), Hans, Maler 233, 336
Fischer, Johann Michael, Baumeister 289
Grueber, Bernhard, Zeichner 242
Holbein der Jüngere, Hans, Maler 298, 300
Hölzl, Felix, Maler 278, 298 ff.
Hosemann, Theodor, Maler und Zeichner 9
Leinberger, Hans, Bildhauer 277
März, Franz, Maler 298
Nagl, Hans, Maler 114
Niedermaier, Anton, Maler 301
Reischl, Franz, Maler 311
Rethel, Alfred, Maler und Zeichner 298
Schmidt, Dr. Heinrich Freiherr von, Architekt 227
Schoch, Eugen, Maler 239, 244
Tobiaschu, Fr. Pirmin, OSB 291 ff. Kunstschreiner
Vogl, Johann Peter, Bildhauer 114
Wening, Michael, Zeichner und Kupferstecher 257
Wöcklin, auch Wecklin, Maria Maximiliana Genofeva, geborene Freiin von Drexel 258 ff.

## 8. Andere Personen und Familien

Afra, angebliche Hexe 86 ff.
Altmann, Gastwirt 194
Amsl, Franz, Schuhmachermeister 180
Bernauer, Agnes, Baderstochter, dann Herzogin 277
Binzinger, Bauern 273
Clarus, P. (Mayr oder Wagner), OSB 285
Daikh, Simon, Gastgeb. 87
Drexler, Adam, Dienstknecht 90
Dürnitzl, Patrizier 278
Edelfurthner, Maria, Gasthofbesitzerin 287
Fischer, Stefan, Baumann 265
Flex, Märchenerzähler 319
Freundorfer, Josef, Bader 210
Friedl, Brüder, Musikanten 215 ff.
Frueth, Hans, Bauer 87, 91
Gerner, Käshändler 176
Grobner, Eduard, Bauer 117
Gugler, Anna, Lehrerswitwe 174
Günther, Josef, Wachszieher 95
Handwercher, Franz von Sales, Pfarrer 12
Heindl, Bruno, Lehrer (heute Rektor) 39
Jordan, Schiffbauer 329
Kainz, Schiffbauer 329
Kastenmayer, Ulrich, Ratsherr 17
Kern, Lukas, Schiffbaumeister und Weinwirt 174
Kienberger, Maria Barbara, Bierbräuin 298
Klee, Johann Nepomuk, Lehrer 32
Krinner, Maria, Hofbesitzerin 9
Krinner, Maria, Oberlehrerin 10
Krinner, Rupert, Hofbesitzer 10
Krönner, Josef, Wachszieher 95
Leiderer, Maria, verehelichte Mayer, Bäuerin 265 ff.
Lorenz, Waisenhausvater 178
Lorenz, J. W., Protokollführer 87
Machhaus, Josef, Kaufmann 33
Machhaus, Martin, Kaufmann 34
Mattheisl (Matthias Schreiner), Musikant 211 ff.
Mayer, Josef, Bauer 265
Mayer, Maria, Bäuerin 265 ff.
Meindl, Praterfrau 226

Muggenthaler, Max, Pfarrer und Dekan, dann Domkapitular 227
Müller=Salegg, Josef, Kaufmann 280
Naller, Ferdinand, Schulmeister und Organist 121
Neumeier, Musiker 32
Pammer, Franz Xaver, Posthalter 276
Peinkofer Josef und Maria, Schmiedemeisters= und Landwirtseheleute 335
Piazza, P. Gregorius, OSB 285
Pichler, Johann Jakob, Fragner und Schiffmeister 174
Prößl, Johann Baptist, Schulrat 139
Reichenberger, P. Cölestin, OSB 291
Reisacher, Ännchen, Tochter eines Hundekochs 237
Reischl, Johann Michael, Stadtpfarrer 120
Ringhammer, Michael 266
Rosenhammer, Gustav, Konditor 34
Sagmeister, Alois, Brauereidirektor 301
Schattenfroh, Bäckermeister 241
Schonauer, Josef, Gerichtsbeisitzer 87
Schreiner, Matthias (Mattheisl), Musikant 211 ff.
Schwebermayer, Georg, Regens 140
Sedlmeier, Johann, Landwirt 266
Selch, Sepperl, Holzmacher und Zitherspieler 178

Simon, Wachszieher 95
Steigenberger, Wachszieher 95
Stockbauer, Franz, Brauereibesitzer, Kommerzienrat 180
Straßer, Wachszieher 95
Strelin, Jakob, Landrichter 191 ff., 195
Ulein oder Utz, Anna, wohl Patriziersgattin 278
Viehbacher, Max, Studienprofessor 212
Voggenreiter, Josef, Schmiedmeister 72
Wagner, Gottfried, Richter 87
Walther, Leo, Verleger 13
Weidmann, Bürger 156
Wenkh, Korbinian, Bader 87
Wenzl, fürstbischöfl. Kanzler 281
Wetzstein, Max Josef, Hofgerichtsrat 277
Wiedemann, Ludwig, Wachszieher 95
Wieslhuber, Franziska, Oberlehrerin i. R. 301
Wieslhuber, Josef, Pfarrer (heute P. Bonaventura, OSB, Geistlicher Rat) 39, 301
Winkler, Auguste, Gastwirtin 194 ff.
Zächerl, P. Anselm, OSB 266
Zankl, Josef, Scharfrichter 276
Zimmermann, Bürger 156
Zirnkilton, Engelbert I., II., III., IV., Karussellbesitzer 154 ff.
Zörnkitl, Georg, Bürger 155

## VERZEICHNIS DER ORTE

Abbach 141
Abensberg 239, 267
Abtschlag 60, 320 ff.
Affecking 44
Aigen am Inn 205, 303 ff., 336
Aiterhofen 11, 16, 335
Aldersbach 39, 113, 197, 203, 238, 301 ff.
Allhartsmais 203
Altach – s. Niederalteich
Altenbuch (Landau an der Isar) 119
Altenmais 203
Altheim (Landshut) 139 ff.
Altötting 39, 162, 236, 301
Ansbach 241
Antießenhofen (Innviertel) 281, 284
Arnstorf 300
Asbach (Griesbach) 281 ff.
Au – s. Schloß Au
Augsburg 13, 112, 202

Balgheim 241
Bärnstein (Grafenau) 98
Basel 240
Berchtesgaden 95
Berlin 112
Bischofsmais 21, 25, 31, 67, 84, 94, 199 ff., 202, 204 ff., 310, 313, 315, 323, 335
Bodenmais 199, 202
Bogen (Bogen) 95, 119, 162 ff., 208, 231
Bogenberg 160 ff., 254, 266, 300
Breitenbach (Deggendorf) 63
Breitenweinzier 254
Burghausen 266

Cham 231

Dachau 243
Deggendorf 63 ff., 83, 95, 97, 115, 139, 162, 191, 194, 202, 203, 208, 211, 218, 220, 230 ff., 255, 258, 310 ff.
Diepoldsmais (heute Hochdorf) 203
Dießenstein (Grafenau) 98, 235
Dietrichsmais 203
Dingolfing 231
Dommelstadl 287
Dösingerried 266, 315 ff.
Dürnstein (Wachau) 256

Eger 240
Egg (Deggendorf) 232
Eisenstein 21, 140
Elsendorf (Mainburg) 118
Englburg 225, 227
St. Englmar 166 ff., 208
Entau 265, 266
Erlach (Pfarrkirchen) 117
Erlachhof (Wachau) 254
Essenbach (Landshut) 140 ff.
Etterzhausen 243

Feldkirchen (Vilsbiburg) 117 ff.
Flintsbach 161, 254
Frauenau (Regen) 97, 204
Frauenbründl (Kelheim) 141
Freiberg (Deggendorf) 213 ff., 314, 335
Freising 236, 242, 267
Frohnreuth (Grafenau) 258
Fürstberg (Grafenau) 258
Fürsteneck 87, 90, 235, 237
Fürstenstein 34, 225
Fürstenzell 52, 281 ff., 287
Furth im Wald 242

Gehersberg (Passau) 269
Geisenhausen (Vilsbiburg) 117 ff.
Geroldshausen 12
Gotteszell 203
Grafenau (Grafenau) 22, 98, 191, 225, 258
Grafenwöhr· 13
Grainet 287
Grattersdorf 191 ff., 258
Greising 31, 38, 61, 97 ff., 211 ff., 310 ff.
Griesbach (Griesbach) 281, 282
Grubweg 72
Grünbach (Regen) 273
Gutwasser (Böhmen) 201

Hackermühle (Deggendorf) 217, 218
Hailing 266 ff.
Halbmeile 162, 326
Hals (Passau) 237
Hartkirchen am Inn 287
Haselbach (Bogen) 300
Haslach (Deggendorf) 202
Haunreit 331
Hausstein 216 ff.
Heining (Passau) 155, 331
Hengersberg 134, 161, 181, 188, 190, 221, 254, 255, 280, 292
St. Hermann 204 ff., 313, 315
Hienheim 118
Hilgartsberg 161, 256
Hochdorf (Regen) 202
Hofkirchen (Vilshofen) 161, 326
Hofweinzier 254
Hohenbrunn 301
Hohenwart (Altötting) 266
Hohenwart (Passau) 325
Holzkirchen (Vilshofen) 160 ff.
Hörmannsdorf (Passau) 61

Inchenhofen 113
Ingolstadt 140, 188
Innsbruck 39

Irlbach (Straubing) 10, 266, 326
Irlmoos 222
Irnsing 118 ff.
Isarhofen (Kurzenisarhofen) 187

Jägerndorf 300 ff.

Kalteneck (Passau) 225
Katzenberg (Innviertel) 237
Kelheim 44, 118, 121
Kerschbaum (Grafenau) 192
Kirchberg im Wald 60, 194, 203, 266, 287, 315
Kirchdorf im Wald 210, 243, 273
Klessing (Regen) 201
Kößlarn 113 ff.
Krems (Wachau) 254
Kronburg 258
Kruckenberg 254
Kühbach (Aichach) 113

Lalling (Deggendorf) 69, 215, 221
Landau an der Isar 21, 117, 119, 231
Landshut 113, 121 ff., 140, 141, 237, 243
Langbruck (Regen) 202
Lichtenwörth 134
Lohberg 266
Loitersdorf (Dingolfing) 12
Loizersdorf (Passau) 61

Mainburg 118
Mais (Südtirol) 199
Mais (verschiedene) 203
Malgersdorf 300
March (Regen) 203
Maria=Plain (Salzburg) 160
Mariaposching 326
Mauerkirchen (Innviertel) 280
Melk (Wachau) 254
Meran (Südtirol) 199
Metten (Deggendorf) 39, 117, 162, 201, 230, 232, 288, 326

Michaelsbuch 64
Mitterfels 26
Mittich 284
Moos (Vilshofen) 186 ff., 232, 335
München 13, 112, 140, 181, 227, 233, 242, 243, 289, 301

Nadling 221
Natternberg (Deggendorf) 64, 230 ff., 336
Neidberg 87 ff.
Neßlbach 161, 254
Neuburg am Inn 281
Neuburg am Neckar 266
Neuern (Böhmen) 243
Neuhaus am Inn 287
Neukirchen bei Haggn 119
Neukirchen=Hl. Blut 119, 154 ff.
Neukirchen vorm Wald 227, 228, 243
Niederaltaich 14, 38 ff., 72, 75 ff., 134 ff., 137, 161 ff., 181 ff., 194, 199, 201, 204, 221, 253 ff., 288 ff., 315, 326 ff., 329, 335, 336
Niederhaus (Passau) 174, 175
Niederhausen (Landau a. I.) 244
Niederlindhart 265
Niedernburg (Passau) 173
St. Nikola (Passau) 154, 281 ff.
Nonnberg (Salzburg) 123

Oberalteich 202, 266, 300
Oberbreitenau (Regen) 83 ff., 207 ff., 314
Oberhaus (Passau) 175
Oberkreuzberg 59 ff.
Oberneumais 203
Oberschneiding 10 ff.
Offenberg 162
Ortenburg 135, 160, 235
Osterhofen (Vilshofen) 21, 75, 231, 265
Osterhofen=Damenstift 197

Ottach 326
Otterskirchen 254
Otzing 116

Passau 43, 52, 59, 72, 79, 89, 90, 95, 120 ff., 154 ff., 166, 173 ff., 202, 212, 215, 218, 225, 227, 235, 236, 240, 243, 244, 280 ff., 286, 291, 303, 304, 306, 331
Perlesreut 32, 86 ff.
Pettenau (Pfarrkirchen) 330
Pfarrkirchen 114
Pfelling 162, 254, 265
Plattling 116, 230, 232
Pleinting 254
Pocking 303
Prag (Böhmen) 242
Prag (Passau) 91 ff.
Preying 6, 227
Prienbach 330
Puch (Salzburg) 113
Rammelsberg (Grafenau) 257 ff.
Ranfels 188, 235, 240
Regen 42, 60, 181, 192 ff., 199 ff., 243, 311, 320
Regensburg 75, 103, 113, 140, 141, 208, 239, 242, 243, 278
Reichersberg (Innviertel) 281 ff., 304
Reinhartsmais 203
Reisbach (Dingolfing) 12
Rinchnach 201
Ringelai 89, 90
Ringelwies 217
Ritzmais 202
Roding (Roding) 124
Rohr (Rottenburg a. L.) 196 ff.
Röhrnbach 86
Roith (Mallersdorf) 265
Rom 43, 248 ff.
Rothenburg ob der Tauber 240
Ruhmannsfelden 208, 287
Ruhstorf (Griesbach) 281, 284
Rusel 310 ff., 315, 336

Ruselabsatz 202

Saldenburg 6, 68, 186 ff., 225, 235 ff., 336
St. Salvator (Griesbach) 281 ff.
Salzburg 160, 236, 277, 279
Schärding (Innviertel) 280 ff.
Schaufling 218, 221 ff., 314
Schildthurn 304
Schloß Au 98, 203
Schneiding – s. Oberschneiding
Schöfweg 203
Schöllnach 188
Schönberg (Grafenau) 67 ff., 225, 257 ff.
Schwarzach (Deggendorf) 254, 255, 291
Schweinfurt 103
See (Landau a. I.) 119
Seebach (Deggendorf) 202, 314
Simbach am Inn 117, 303
Simmling 202
Söldenau 235 ff.
Sophienhof 266
Spitz (Wachau) 254 ff.
Spitzingerreut 6, 67, 335
Steinach (Straubing) 9, 14
Straßkirchen bei Straubing 9 ff., 265
Straubing 9, 13, 14, 15, 16 ff., 95, 119, 120, 208, 241, 242, 243, 266, 298 ff., 326, 336
Suben (Innviertel) 281 ff.
Syrakus (Sizilien) 24

Tattenberg 220
Taubenbach (Pfarrkirchen) 304
Teisbach 267
Tettenweis 21

Thaldorf (Kelheim) 44
Thaur (Tirol) 113
Thurmannsbang 37, 188, 225
Thürnthenning 267
Thyrnau 287
Tittling 28 ff., 58 ff., 61 ff., 63, 67, 69, 223 ff., 287, 319, 325, 336
Trausnitz (Landshut) 186

Ulrichsberg (Deggendorf) 313
Untergriesbach (Wegscheid) 287
Unterhaid (Böhmen) 243
Unterneumais 203

Viechtach 114, 203, 208
Vierzehnheiligen 95
Vilshofen (Vilshofen) 160 ff., 235 ff., 301, 326
Volders (Tirol) 39
Vornbach am Inn 280 ff., 286

Waldkirchen (Wolfstein) 244, 287
Waldmünchen 231
Weißenstein (Regen) 98, 202
Welchenberg 162
Weltenburg 44, 197
Wien 90, 135, 175, 242, 254
Wiesbaden 242
Wieshof (Regen) 192 ff.
Windberg (Bogen) 167, 169
Windorf (Vilshofen) 236, 329
Winklham (Pfarrkirchen) 117
Winzer (Deggendorf) 76, 98, 115 ff., 161, 256, 326
Wittersitt 86 ff.
Wolnzach 12
Wörth an der Donau 254

Zwiesel 119 ff., 202

# INHALTSVERZEICHNIS

Vorwort .................................... 5

## I. Winterliche Einkehr

1. Gäubodenfahrt im Advent ..................... 9
2. St. Nikolaus / Gedicht ....................... 18
3. Luzia und blutiger Thomas ................... 21
4. Advent in der Waldheimat .................... 27
5. Die Krippenlegung in der Basilika zu Niederalteich und im Bistum Passau ......................... 38
6. Totenbewirtung in der Heiligen Nacht ......... 44
7. Mettennacht / Gedicht ....................... 45
8. Wie zu der Schergenfranz das Christkind gekommen ist . 48
9. Unheimliche Mettennacht ..................... 58
10. Die heiligen Dreikönige mit ihrigem Stern .... 65
11. Waldlerisches Sternsingerlied / Gedicht ..... 74
12. Die Speisung der Achttausend im alten Niederalteich .... 75
13. Auf zur Dreschersuppe! ..................... 77
14. Wanns im Wald Winter ist ................... 82
15. Die Hex von Wittersitt ..................... 86
16. Geweihtes Wachs ............................ 93
17. Die Wirtsdirn von Greising ................. 97

## II. Reise in den Auswärts

18. Unsere Hauswurz ............................ 102
19. Palmsonntag im Dreiburgenland .............. 107
20. Von niederbayerischen Palmeseln ............ 112
21. Der weiße Mantel ........................... 125
22. Zerstörung der Stadt Lichtenwörth bei Niederalteich 1226 134
23. Niederalteich in Flammen ................... 137

24. Was die kleine Dirn alles kann / Gedicht .............138
25. Der Altheimer Wettersegen .......................139
26. Der dalkete Hansl ................................143
27. Zwoa — Zwo — Zwä / Gedicht ......................151
28. Erster Kirchenbesuch .............................153
29. Der Passauer Bemperlprater .......................154
30. Die niederbayerische Pfingstkerze ..................160
31. Das Englmari-Suchen .............................160

## III. Bunter Sommer

32. Örtler Kirchweih in alter Zeit .....................173
33. Der Donausegen zu Niederaltaich...................181
34. Graf Preysing von Moos reitet am Sonnwendabend
    auf die Saldenburg ...............................186
35. Büchelsteinerfest und Büchelsteinerfleisch .............191
36. Mariä Himmelfahrt in Rohr .......................196
37. Mais-Orte bei Regen ..............................199
38. Hirmonhopsen und Hirmonkirwa ...................204
39. Mein Freund Mattheisl ............................211
40. Der Brunnkorb von Tittling .......................223
41. Vom Natternberg .................................230
42. Der Ritter Allein in Geschichte, Sage und Dichtung .....235
43. Das hochzeitliche Bschoadtüchl im heutigen Niederbayern
    und im alten Rom ................................245

## IV. Herbstgänge

44. Vom Weinbau des alten Klosters Niederaltaich ........253
45. Sagen um den Rammelsberg .......................257
46. Von außergewöhnlichem Kindersegen in alter
    und neuer Zeit ...................................265
47. Von den Erdmännlein im Bayerischen Wald ..........268
48. Die Erdweibel von Grünbach ......................273
49. Der Friedhof von St. Peter in Straubing ..............274
50. Ein Prälatenbegräbnis in alter Zeit .................280

51. Leinwandopfer bei Beerdigungen ....................287
52. In der Klostergruft zu Niederalteich .................288
53. Alter Dorffriedhof ................................294
54. Niederbayerische Totentänze ......................298
55. Leonhardifest in Aigen am Inn .....................303
56. Geschichten und Sagen aus dem Ruselgebirge ..........310
57. Totenwache im Bayerischen Wald ...................317
58. Haarhauswaberl, komm heraus! ....................322
59. Überfahren! .....................................326
60. Winterlicher Abendgesang / Gedicht .................333

Erläuterungen zu Abbildungen .......................335
Verzeichnis der Personen und Familien .................337
Verzeichnis der Orte ................................342
Inhaltsverzeichnis ..................................347
Brief von Hans Carossa über den »Brunnkorb« ...........350

Hans Carossa schrieb an Max Peinkofer am 5. November 1948 anläßlich der Erstauflage über den »Brunnkorb« umstehenden Brief ▶

Rittsteig bei Passau, den 5. November 1948

Lieber, verehrter Herr Finckher,

es wird Zeit, daß ich Ihnen endlich sage,
welch außerordentliche Freude Sie mir mit der
Übersendung Ihres Heimatbuchs bereitet haben.
Aus manchen Gründen war ich genötigt, andere
Bücher gleichzeitig zu lesen; aber ich bin immer
wieder gern zum „Grünen Ort" zurück - oder
besser: Heimgekehrt. Die Herzenswärme, mit
der jedes einzelne Kapitel geschrieben ist,
die Lebendigkeit der Darstellung, läßt
oft ganz vergessen, wieviel Fleiß, Beobach-
tung, Studium dem Ganzen zugewandt sind.
Die Fall ist zudem selten, daß an
Mann aus dem bayrischen Wald zugleich Dichter und
Schriftsteller von hohen Graden ist, und in dieser
Zeit, wo so vieles Gründiges verloren gehen muß,
ist solch frommes Vergehen ein doppeltes Verdienst.

Hans Carossa